중국의 **꿈**
만들어진 **화교**

– 중국 화교정책 역사 –

최승현(崔承現)

전남대학교 국제학부 교수이다.

北京大學 張注洪선생, 何芳川선생, 宋成有선생으로부터 중국현대역사, 아태지역역사, 동북아역사를 공부했다.

화교, 한중관계, 중국민족정책이 주요 관심사이다.

중국의 꿈
만들어진 화교
– 중국 화교정책 역사 –

2019년 2월 25일 인쇄
2019년 2월 27일 발행

저　자 | 최승현
펴낸이 | 정병석

펴낸곳 | 전남대학교출판문화원
주　소 | 61186 광주광역시 북구 용봉로 77
전　화 | (062) 530-0571~3
팩　스 | (062) 530-0579
등　록 | 1981. 5. 21. 제53호
홈페이지 | http://www.cnup.co.kr
이메일 | cnup0571@hanmail.net

값 15,000 원

ISBN 978-89-6849-615-8 (93300)

이 도서의 국립중앙도서관 출판예정도서목록(CIP)은 e-CIP홈페이지(http://www.nl.go.kr/ecip)와 국가자료공동목록시스템(http://www.nl.go.kr/kolisnet)에서 이용하실 수 있습니다.
(CIP제어번호: CIP2019007057)

中國

중국의 꿈 만들어진 화교

| 중국 화교정책 역사 |

최승현 저

華僑

전남대학교출판문화원

◆ 일러두기

1. 이 책은 저자가 10여 년간 화교를 주제로 학술지에 발표한 논문을 간추려 재구성한 것이다. 이 책에서 언급된 인용문의 출처나 참고문헌의 목록, 혹은 추가적인 설명은 각 장의 끝에 표시된 저자의 해당 논문을 참고하길 바란다.

2. 이 책은 전체적인 서술에 있어 "화교"라는 명칭을 사용한다. 다만 개념상의 혼돈을 줄이기 위해 필요한 경우 "중국의 해외이민", "화인", "화교화인"이란 표현을 함께 사용한다.

3. 표기에 있어 인명과 지명은 현지의 발음을, 그리고 중국의 왕조명 및 이미 일반화된 고유명사는 선례를 따랐다. 인명은 책 끝에 있는 *인명색인을 참조하기 바란다.

■ 머리말

최근 중국에 꿈 이야기가 한창이다. 시진핑이 중국의 최고 권력자로 등장하면서 본격적으로 출현한 이 꿈 이야기는 이제 14억 중국인이 나아가고자 하는 하나의 방향으로 확정되어 있다.

중국의 꿈 이야기와 함께 "중화민족의 위대한 부흥"이란 표현이 빠지지 않고 등장한다. 부흥, 즉 다시 일어난다는 이 단어는 분명 과거 중국이 흥성했으나 지금은 그렇지 못하고 있음을 전제하고 있다.

고대 중국은 국경을 초월하여 동아시아를 호령했을 뿐 아니라 전 인류 발전의 한 축을 담당했었다. 하지만 19세기 중반에 들어서면서 중국은 급속히 몰락하여 동아시아에 대한 패권은커녕 서구 열강의 먹잇감으로 전락하였다. 최근 이삼십년간 중국의 모습은 크게 변모하였다. 1980년대부터 중국의 위상이 높아지더니 급기야 이제는 미국과 경쟁하는 G2의 한 축으로 성장하였다.

오늘날의 중국이 제시하는 미래는 이른바 "두 개의 100년"으로 요약된다.

중국공산당이 창당한 지 100주년이 되는 2021년에 모든 중국인이 중산층의 삶을 영위하는 샤오캉(小康) 사회를 실현한다.

중화인민공화국이 건국한 지 100주년이 되는 2049년에 모든 중국인이 선진국 수준의 삶을 누리는 부강한 사회주의 현대화 국가를 실현한다.

중국이 자신감을 회복하면서 그들의 꿈 이야기는 시작되었다.

미국 심리학자 매슬로우는 인간의 모든 행위가 생리의 욕구, 안전의 욕구, 사랑의 욕구, 존중받고자 하는 욕구, 자아실현의 욕구라는 단계적 욕구에 의해 유발된다고 정의했다. 중국의 행위 또한 크게 다르지 않을 것 같다. 오늘날의 중국에 있어 기본적인 생리와 안전의 욕구는 이미 충족되었다. 세계무대에서 중국의 발언권이 커지면서 중국 스스로의 자부심 또한 크게 높아졌다. 이제는 중국이 자신의 가치를 실현코자 한다. 이것이 다름 아닌 중국의 꿈이다.

화교라 함은 해외의 중국인으로서, 모국인 중국과 현재 거주하는 국가 사이에서 삶을 꾸려가는 존재이다. 그러므로 화교는 자의든 타의든 중국과 거주국을 연결시키고, 또 직접적·간접적으로 중국의 가치를 현지에 유통시킨다. 이러한 의미에서 화교는 중국의 꿈을 해외로 전파하는 운반체이다.

그렇다면 중국의 꿈은 무엇이며, 화교에게 있어 그 꿈은 어떤 의미를 갖는 것인가?

중국의 꿈이 부흥이란 단어와 언제나 함께 하기에, 그 꿈은 분명 과거에도 있었을 터이다. 과거 중국이 꾸었던 꿈은 예(禮)를 통해 인(仁)이 구현되는 대동(大同)사회의 건설이었다. 中國, 즉 "가운데 나라"라는 뜻을 품은 이 이름은 스스로에 대한 사랑과 자부심을 매우 분명하게 드러내고 있었다. 그런데 화교는 이 중국에서 이탈한 자들이었다. 화교는 예를 져버린 바쁜 존재로 이해되었고, 중국은 화교를 부정할 수밖에 없었다.

근대에 접어들면서 중국은 와해되고 있었고, 고달픈 현실 속에서 거창한 꿈은 포기되었다. 여기서 중국은 그간 외면해왔던 화교의 역할을 발견하였다. 당시 동남아에 집중 거주하고 있던 화교는 서구열강의 식민경제에 적극 참여하면서 삶의 기반을 마련하고 있었다. 즉, 화교는 당시 중국에게 필요한 돈, 정보, 지식, 조직을 가지고 있었다. 이에 중국은 재빨리 화교를 국민으로 편입시켰고, 화교 역시 빠르게 충성스러운 중국인으로 변모해 갔다.

사회주의 중국이 탄생하면서 새로운 꿈이 시작되었다. 하지만 불행히도 이 꿈을 지탱할 현실적 조건은 충족되어 있지 못했다. 부실하기 그지없는 토대 위에서 세계혁명의 꿈을 꾼 것이다. 화교는 중국의 이 위험스런 꿈에 동원되어 동남아 현지의 공산당 조직 건설과 혁명 사업에 뛰어들었다. 하지만 동남아 공산혁명의 결과는 비참했다. 혁명이 실패한 곳에서는 좌파척결이라는 이름으로 희생되었고, 혁명이 성공한 곳에서는 결국 부르주아 외국인으로 낙인찍히면서 내쫓겼다. 마지못해 현지의 삶을 정리하고 중국으로 귀국한 화교도 그 처지는 비슷했다. 중국의 이념투쟁 속에서 그들의 신분은 결국 부르주아였고, 타도의 대상이었다.

1980년 이른바 개혁개방이 시작되면서 중국의 목표가 수정되었고, 화교에 대한 중국의 요구도 달라졌다. 20여 년간의 이념투쟁으로 피폐해진 중국은 다시 화교의 돈, 정보, 지식, 조직 그리고 중국에 대한 애국을 요구했다. 하지만 그들은 이미 중국의 국민이 아닌 타국의 국민으로 편입되어 있었을 뿐 아니라 사회주의 중국을 더 이상 신뢰하지 않았다.

중국은 화교를 흡수할 새로운 접근법이 필요했다. 중국공산당과 중화인민공화국이란 이름의 국가조직은 철저히 몸을 숨겼고, 대신 푸젠(福建), 민난(閩南), 광둥(廣東)과 같은 화교의 고향들이, 그리고 왕(王)씨, 천(陳)씨, 리(李)씨 등과 같은 화교의 종친회가 전면에 등장했다. 정치와 이념의 이야기는 배제되었고, 대신 경제와 이익이 주제가 되었다.

화교에 대한 중국의 새로운 접근법은 성공했다. 화교를 통해 개혁개방에 필요했던 돈, 정보, 지식, 조직이 효과적으로 유입되었고, 중국은 빠른 속도로 세계의 공장으로 변모했고, 다시 세계의 시장으로 발전하였다. 중국은 이제 세계의 어느 나라도 무시할 수 없는 국가가 되었다. 중국의 위상이 높아지면서 화교의 지위 또한 높아졌고, 화교의 중국에 대한 신뢰 또한 회복되었다. 기본적인 욕구가 충족되었으니, 이제 중국은 새로운 꿈을 꿀 단계가 도래했다.

오늘날의 중국이 이루고자 하는 꿈이 도대체 무엇인지, 이 책은 감히 밝히지 못한다. 다만 이 책이 이야기하고 싶은 것은 중국의 꿈에 의해 규정받고 동원되었던 화교의 삶이다. 특히 중국의 화교정책은 화교의 생존과 발전에 거대한 영향력을 행사해왔다. 물론 중국의 화교정책은 과거의 그것에 비해서 크게 성숙되었고, 또한 노련해졌다. 이중국적을 인정하지 않는 원칙, 화교의 국적을 기준으로 정책대상을 분리하는 전략, 철저히 상호간의 이익을 중시하는 방향, 그리고 지극히 조심스러운 태도 등이 그 증거이다.

하지만 이러한 중국의 화교정책 속에서 화교는 언제나 중국에 종속되어 있을 뿐, 독립되어 있지 못하다. 이 말인즉, 중국의 꿈에 따라 화교의 이용가치는 달라지며, 심지어 이 꿈에 따라 화교가 희생될 수도 있다는 것이다.

모든 인간의 삶이 그러하듯이, 화교 또한 스스로가 주인인 삶을 영위한다. 그러하기에 저자는 이 책이 그려내는 화교의 삶이 화교의 진정한 모습이 아님을 인정한다. 이 책의 주제는 화교 스스로의 삶이 아니라 중국의 화교정책에 의해 만들어진 화교의 피동적 삶이다. 머리말에서 이 책의 한계를 밝힘으로써 부디 독자의 너그러운 이해가 구해지길 희망한다.

하루하루 치열하게 살고 있을 최화형·최효현.
도닥도닥, 쓰담쓰담 격려를 보낸다.

2019년 2월

419호에서

■ 목 차

■ 부 록

제1장

중국, 中國, China

"중국"의 의미에 대한 질문

유토피아 中國의 역사적 변용

동아시아의 中國

"중국"의 의미에 대한 질문

고유명사로서 "China", 그리고 보통명사로서 "가운데 나라"라는 의미를 지닌 이 이름은 중국 전공자들에게 언제나 "中國"이란 도대체 무엇인가라는 근원적인 문제를 던져왔다.

- 어떻게 수천 년 전부터 오늘날까지 "중국"이라는 이름이 이어올 수 있었는가?
- 기후, 풍토뿐 아니라 언어, 인종마저도 다양한 저 광대한 땅이 어떻게 "중국"이라는 하나의 이름으로 묶어질 수 있었는가?

저자는 유토피아의 개념을 통해 이 문제에 대한 접근을 시도한다. 유토피아, 이 매력적인 이름은 16세기 영국 사상가 토마스 모어가 창시한 것으로써 "이 세상에 없는 곳(Outopia)"과 "좋은 곳(Eutopia)"의 합성어, 즉 실재하지 않는 이상적 공간을 의미한다.

인간은 시간과 공간을 초월해 언제나 꿈을 꾸는 존재이다. 그러하기에 유토피아와 유사한 의미의 이름과 개념은 동양과 서양을 불문하고 여러 시간대에 걸쳐 존재해왔고, 그래서 우리는 유토피아라는 보편화된 명칭을 마련해 준 토머스 모어에 감사할 뿐, 그의 유토피아를 다른 이상사회와 별개의 것으로 취급할 필요는 없을 것이다.

과거 중국에도 유토피아와 유사한 의미를 지닌 여러 모델이 있었다. 산해경(山海經)모델, 무릉도원(武陵桃源)모델, 삼신산(三神山)모델, 대동(大同)모델 등이 그것인데, 그 가운데 대동 모델은 인간적 유토피아라는 중국 이상사회의 전형을 보여준다. 대동의 가치아래 인간은 자연을 다듬어 가면서 온 세상이 평화롭게 번영하는 이상적인 삶을 영위한다. 이러한 의미에서 대동은 실현가능한 유토피아였다.

이제 이 대동을 중국과 연결시켜보자. 중국은 이미 획정되어 있는(혹은 이미 획정되어 있다고 인식되어지는) 지정학적인 현실 공간인데 비해, 대동은 중국뿐만 아니라 모든 인류에 개방되어 있는 이상공간이다. 현재적 관점에서 보면, 즉 중국이라 명명된 지정학적 국가가 존재하고 있는 현실에서 보면, 이 논법에는 아무런 문제가 없다. 하지만 역사 속에서 논의되어 왔던 모든 중국을 현실공간이라고 인성하기에는 쇄 근원적인 문제가 존재한다.

우리가 대동에 관심을 두는 이유는 이 사유체계가 동아시아의 역사 속에서 중국이라는 한정된 공간에만 머무르지 않고, 그 주변에까지 심대한 영향을 주어 왔기 때문이다. 그러하기에 대동은 중국만의 것이 아닌 동아시아의 이상이며 또한 가치관이기도 했다.

여기서 한걸음 더 나아가 중국의 유토피아 문제에 대한 인식은 동아시아 각 국가의 역사와 밀접한 관계를 맺고 있다. "중국"을 국가의 의미로 이해하면 조공(朝貢), 책봉(册封), 정삭(正朔)의 내용을 가진 한중관계에서 한국 역사의 자주성은 보이지 않는다. 더군다나 "하늘에 태양이 두 개일 수 없듯이, 백성에게도 왕이 둘일 수 없다", 혹은 "하늘아래 왕의 땅이 아닌 것이 없다"라고 강조되는 중국의 모습은 지극히 독선적이고 배타적이다.

중국을 현실공간으로만 이해한다면, 이 질서에 참여했던 주변 역사공동체의 역사는 결국 종속적 역사로 해석될 수밖에 없다.

다시 중국으로 돌아간다. 우리는 장구한 동아시아의 역사 속에서 당시의 사람들이 이해했던 중국의 개념에 주의할 필요가 있다. 우선 독자의 이해를 돕기 위해 현실공간으로서의 그곳을 "중국"으로, 그리고 역사적 개념으로서의 그것을 "中國"으로 나누어 표기하겠다.

"中國", 혹은 "China"가 20세기 이후에 비로소 공식적인 국가의 명칭으로 사용되기 시작했던 점을 고려해 볼 때, 그 이전 한자를 공유했던 고대의 동아시아인들은 中國을 "中(가운데)"과 "國(나라)", 즉 "가운데 나라"로 해석했다. 다음은 기원전 1세기 한(漢)나라 전국책(戰國策)에 언급된 "中國"에 대한 정의이다.

> 中國이라 하는 곳은 총명과 예지가 머무는 곳이요, 만물과 재물이 모이는 곳이며, 현자와 성인의 가르침이 있는 곳이요, 인의가 베풀어지는 곳이며, 시서예악이 쓰이는 곳이요, 기이하고 신령한 것과 기예가 시험되는 곳이며, 먼 지방이 우러러 찾아오는 곳이며, 오랑캐가 의를 따라 배우는 곳이다.

위의 정의에서 中國은 당시 한나라의 지정학적 공간을 가리키는 것이 아닌 유토피아 그 자체로 이해되고 있다. 중심, 즉 가운데라는 의미에서 출발한 中國은 중원왕조의 발전에 따라 더불어 팽창하였고, 그 공간은 현대인이 중화의식이라 이해하고 있는 유토피아적 이상으로 채워졌다. 역대 중원의 왕조는 정통이란 이름으로 이 中國을 계승코자 하였고, 문화적 수준을 달리 하고 있던 중원 바깥의 동아시아 각 왕조는 中國에 참여하거나 심지어 中國을 내재화함으로써 해당 왕조의 권위를 인정받고자 하였다.

태평천국(太平天國) 운동을 이끌었던 홍쉬추안의 중국인식은 유토피아로서의 中國에 대한 인식이 19세기 중반까지 이어지고 있었음을 보여주는 중요한 예이다. 그는 태평천국이 바로 천조(天朝)이고, 이 천조가 통치하는 지역이 곧 中國이라 주장했다. 그에게 있어서 중국은 천하의 모든 나라가 함께 향유할 유토피아였음이 분명하다. 한편 조선을 포함하여 일본, 베트남이 때때로 스스로를 中國 혹은 中華라 칭했던 역사는 中國이 결코 지리적 중국에 제한되지 않고 동아시아 세계에 보편적으로 공유되고 있었음을 보여주는 또 다른 사례가 될 것이다.

이번 장에서는 中國에 대한 근원적 의문에서 출발하여 그 개념이 가지고 있는 유토피아적 의미와 함께 고대 중국의 꿈이 무엇이었는가를 추적한다.

유토피아 中國의 역사적 변용

▸ 고대 : 공유된 中國

고대의 中國은 크게 두 가지의 의미를 가지고 사용되어 왔다. 우선 고유명사로서의 China인데, 이는 도자기인 china 혹은 최초의 통일왕조인 진(秦-Qin)에서 유래했다고 전해지며, 주로 고대 중국과 문화체계가 다른 지역에서 통용되어왔다. 다음으로는 보통명사로서의 "中国"이다. 이는 대게 현대의 중국과 지리적으로 가깝고 문화적 교류가 빈번한 지역에서 통용되었는데, 중국을 포함한 동아시아 각국은 근대 이전까지도 中國을 China가 아닌 한자 그대로의 의미인 "가운데 나라"로 이해하였다. 고대 중원의 역대 왕조가 中國의 정통이라 자부하면서도, 왜 스스로의 왕조이름을 中國이 아닌 진(秦), 한(漢), 수(隋), 당(唐), 송(宋), 원(元), 명(明), 청(清) 등으로 명명하였을까? 이 문제는 적어도 中國이란 이름이 어느 한 왕조가 독점할 수 있는 고유명사가 아니었음을 설명할 근거가 될 것이다.

그렇다면 中國은 언제 출현하였는가? 가운데라는 개념의 출현은 사방(四方), 사해(四海), 사이(四夷) 등 방위적 개념과 직접적으로 연관된다. 혹자는 이를 근거로 中國을 포함한 천하(天下), 사방(四方), 사해(四海), 구주(九州), 사이(四夷) 등 개념이 이미 하(夏)나라 이전에 출현했다고 주장하지만, 이를 곧바로 인정하기는 사료가 부족하다. 대신 1963년 샨시(陝西)에서 출토된 유물에 다음의 내용이 쓰여 있다. 이는 中國이란 이름의 최초 출현 시기를 암시하고 있다.

> **주(周)나라의 무왕(武王)이 상(商)나라를 물리치고 하늘에 고하기를, 나는 이곳 中國에 살며 백성을 다스린다.**

이 밖에도 상서(尙書)에는 "하늘이 중국의 백성과 강토를 선왕(先王)에게 주어 개척하게 하였다."이라는 기록이 있다. 여기서 언급된 선왕 역시 주나라의 무왕을 가리킨다. 또한 은(殷)나라 시기 동방(东方), 서방(西方), 북방(北方)에 관한 기록과 함께, 왕실 분묘에서 사방(四方)과 중심개념을 내포하고 있는 "亞" 형상이 발견되었다. 이는 모두 中國의 초기 개념이 은나라 때 이미 출현하였고, 中國이란 단어는 최소 기원전 11세기 주나라 무왕 시대 이전부터 사용되었음을 설명한다.

은나라와 주나라 시대, 가운데라는 개념으로 출현한 中國은 춘추전국(春秋戰國)시대 빈번히 논의되던 천하와 한데 묶어지면서 도덕적이고 이상적인 성격을 부여받는다. 특히 시경(詩經)이 거론하고 있는 中國은 고대 중국의 의미를 추적케 하는 단서를 제공하고 있다. 시경에 "우리 中國을 사랑하여 사방을 편안하게 하다"의 뜻으로 이해될 수 있는 "惠此中國以綏四方"이라는 구절이 있는데, 이는 연속적으로 4차례에 걸쳐 그 의미를 확대하고 있다.

惠此中國以爲民逑
우리 中國을 사랑하여 백성들 벗이 되고자 하다.

惠此京師以綏四國
우리 서울을 사랑하여 주변 나라를 편안하게 하다.

惠此中國俾民憂泄
우리 中國을 사랑하여 백성들 근심을 없게 하다.

惠此中國國無有殘
우리 中國을 사랑하여 나라를 해치는 일을 없게 하다.

이 기록은 가운데라는 의미로 시작된 中國이 춘추시대에 이르면서 아무런 근심 없이 평온함이 넘치는 유토피아로 발전하고 있음을 보여준다.

모든 유토피아가 그러하듯이 中國 역시 그 반대의 개념인 디스토피아를 전제한다. 즉, 유토피아-中國은 언제나 오랑캐인 이적(夷狄)과의 비교를 통해 그 이상을 드러낸다. 예의가 없는 이적은 어떤 경우에도 中國을 따라잡을 수 없는 존재이며, 또한 中國에 대해 결코 능동적 역할을 수행할 수 없는 존재이지만, 끊임없이 中國을 괴롭힌다. 그러하기에 中國 군자의 의무는 이적으로부터

中國을 수호해야 할 뿐 아니라 예의를 통해 이적을 교화시켜 中國에 참여케 할 의무를 갖게 된다.

중국의 역사는 중원지역과 그 주변을 둘러싼 역사공동체가 서로 영향을 주고받으며 탄생한 융합의 결과이다. 즉 하나라, 상나라, 주나라는 중원지역의 초기 역사공동체였고, 춘추전국, 위진남북조(魏晉南北朝), 오대십국(五代十國) 등은 각 역사공동체사이의 융합과정이었으며, 한(漢)나라, 당(唐)나라, 청(淸)나라는 그 융합의 결과였다. 이 과정에서 끊임없이 전개되었던 화하(華夏)와 이적(夷狄)에 관한 논쟁, 즉 유토피아-中國과 디스토피아-이적의 대결에 관한 논쟁에서 이 양자를 구분하는 척도는 예의라 하는 문화(혹은 신념)적 조건이었지, 특정종족이나 특정지역을 뜻하는 절대적 조건이 아니었다. 그렇기 때문에 춘추전국시기 초(楚)나라는 스스로를 오랑캐인 만이(蠻夷)라 낮추었지만, 초나라가 보여준 예의로 인해 中國으로 인정받았고, 반대로 정(鄭)나라는 원래 中國에 속했지만 그 행위가 예의에 부합하지 않아 이적으로 내몰렸다.

민족융합의 시대인 춘추전국시대부터 예의를 기준으로 가해지던 中國에 대한 해석은 위진남북조시대와 송요금(宋遼金) 대치시대를 경과하면서 더욱 심화되었다. 위진남북조시대, 남과 북의 왕조는 각기 스스로를 中國이라 자부하면서 상대를 북방오랑캐, 섬오랑캐 등으로 멸시하였는데, 이는 中國이라는 오직 하나밖에 없는 정통을 둘러싼 쟁탈전이었다.

요나라에 이르면서 중국에 대한 해석은 더욱 확대되었다. 당초 태생은 거란이라고 불리는 오랑캐이지만 이미 중원을 차지하고 있던 요나라는 예의가 있다면 어디든 中國일 수 있다면서 中國을 다원화시켰다. 요나라는 스스로뿐만 아니라 경쟁 상대였던 송나라까지도 역시 中國이라 칭했다. 요나라의 경우와 같이 한족이 아닌 만주족 출신으로 중원을 통치한 청(淸)나라는 이 다원적 中國의 가치를 계승하였다. 청나라 옹정제(雍正帝)는 中國에 대해 다음과 같이 논한다.

> 과거 중국이 통일된 이래 그 강역은 넓지 않아, 그 가운데 중화를 받아들이지 않은 자는 이적으로 배척되었다. 그런데 요순삼대 이전 묘(苗), 형초(荆楚), 험윤(獫狁)은 현재의 후난(湖南), 후베이(湖北), 산시(山西)지역인데, 오늘날 어찌 이적이라 부를 수 있겠는가? 청나라는 만주이며 역시 중국의 일원이다. 순(舜)임금은 동이(東夷)이고, 문황(文王)은 서이(西夷)이지만, 어찌 그 성스러운 덕을 폄하할 수 있겠는가!

심지어 예의를 기준으로 한 中國인식은 중국 땅에만 머물러 있지 않았다. 과거 조선, 일본, 베트남 또한 中國을 자처하였다는 사실은 中國이 갖는 보편적이고 다원적인 의미를 더욱 명확히 보여준다.

일본과 베트남의 각종 사료를 뒤져보면 다음과 같은 구절이 있다.

- 中國에 성(聖)이 있으면 곧 제후가 따른다.
- 신라(新羅)가 中國을 모시지 않는다.
- 中國을 편하게 하다.
- 적들이 中國에 있어 민심이 불안하다.
- 中國의 영웅호걸

흥미롭게도 위에서 언급된 모든 中國은 중원을 가리키는 것이 아닌 일본 혹은 베트남 스스로를 가리키고 있다. 조선의 경우도 예외가 아니다. 조선왕조실록에 다음의 기록이 있다.

> 우리 동방은 기자(箕子)가 오신 이후 교화가 크게 행해져 남자에게는 열사의 기풍이, 여자에게는 정절의 풍속이 만들어져 역사적으로 "작은 중화-소중화(小中華)"라 칭했다.

조선 초기, 조선은 스스로를 "작은 중화"라 낮추었지만, 만주족이 중원을 장악한 이후부터는 아예 스스로를 中國이며 중화(中華)라 선언하면서 오히려 중원왕조인 청나라를 멸시하였다. 중원이라는 공간에 中國을 계승한다던 당나라, 명나라, 청나라가 존재하고 있었음에도 일본, 베트남, 조선은 스스로를 中國이라 자부하고 있었고, 심지어 중원의 왕조를 오히려 "적(賊)"이나 오랑캐라고 멸시했던 것이다.

결국 고대 동아시아에서 이야기되던 中國은 예의만 있다면 어디에나 실현 될 수 있는 이상공간이었다. 그래서였을까? 고대 중원의 모든 왕조는 스스로 中國의 정통을 잇고, 中國을 실현한다고 했을 뿐, 中國이라는 국호를 붙이지 못했다.

예의를 아는 자가 어찌 감히 스스로를 군자라 칭하고, 스스로의 공간을 中國이라 높이겠는가!

▸ 근대 : 전용된 中國

유럽에서 시작된 자본주의에 의해 고대 동아시아의 전통질서는 순식간에 무너졌다. 구체제가 무너지고 새로운 체제를 모색해야 했던 근대의 과정은 말 그대로 혼돈의 과정이었다. 일부 중국학자는 당시 중국 엘리트가 직면한 과제가 중국의 정치제도를 어떻게 개혁하여 이 위기를 극복할 것인가, 즉 "중국이 어디로 가야할 것인가"의 문제에 대한 회답이었다고 강조한다.

그러나 논리적으로 볼 때, "어디로 가야할 것인가"의 문제에 대한 고민은 우선 "누가"라는 행위주체의 설정이 전제되어야 한다. 당시 캉유웨이와 같은 중국 엘리트는 중국의 지배자였던 청나라를 그 행위주체로 설정했고, 쑨원과 같은 혁명가는 오히려 청나라를 타도하고 한족(漢族)이 새로운 행위주체로 나서야 한다고 주장했다.

도대체 누가 중국의 미래를 짊어질 것인가?

1950년대까지만 해노 中國은 여전히 하나의 이상이있지, 지리적·정치적으로 확정된 지금의 중국이 아니었다. 이러한 의미에서 편협한 민족주의, 혹은 민족혁명운동이란 극단적 평가를 가진 태평천국(太平天國)의 존재는 오히려 동아시아의 이상이었던 유토피아-中國을 현실적 정치공간으로 실현시키고자 했던 최초의 시도라 평가할 수 있다.

홍쉬추안을 비롯하여 태평천국의 지도자는 주로 커쟈(客家)출신 한족이었고, 그 핵심부대 또한 중국 남부의 광시(廣西)와 광둥(廣東)출신의 한족으로 구성되었으며, 변질된 기독교를 국교로 삼고 있었다. 이러한 조건을 고려하면, 홍쉬추안이 구상했던 태평천국의 모습은 그 민족적, 종교적, 지역적, 문화적 특색에 근거한 중국남부의 한족 민족국가이어야 했다.

그런데 그들의 꿈은 지역에 한정된 민족국가의 건설이 아니라 예수의 동생이라 믿는 홍쉬추안이 하느님의 위임을 받아 통치하는 평화로운 천국(태평천국: The Kingdom of Heaven)의 건설이었다. 그들에게 있어 태평천국은 中國과 별개의 나라, 혹은 中國의 일부가 아니라 中國 그 자체로 이해되었고, 천부(天父)인 하느님의 강림은 곧 유토피아-中國의 실현을 의미하는 것이었다. 더군다나 태평천국은 과거의 中國과 달리 예의가 아닌 기독교로써 유토피아와 디스토피아를 구분하고 있었다. 즉, 영국 등 서방 국가에 대해서는 형제자매로 이해하였지만, 기독교를 거부하는 청나라와 만주족에 대해서는 "오랑캐는 반드시 멸망"한다, "요괴의 자식을 소탕"하자면서 적대적 태도를 취하였다. 이러한 의미에서 청나라와 만주족을 적대적 타자, 즉 디스토피아로 규정지었던 태평천국의 역사는 결국 中國의 왜곡된 실현이었고, 나아가 그 中國의 필연적 패배를 암시하는 것이었다.

중국에게 있어 역사상 가장 치욕스러웠던 19세기가 끝나면서 中國은 비로소 변모의 조짐을 보이기 시작하였다. 캉유웨이가 "대동이 아니면 백성을 고통에서 구하고 큰 기쁨을 찾아 줄 수 있는 길이 없다"라고 하면서 전통적인 中國의 실현에 미련을 버리지 못하고 있을 때, 그의 제자 량치차오는 드디어 당시 중국의 과제가 "어디로"의 문제가 아닌, 그 행위주체인 "누가"의 설정임을 인식하고 있었다. 량치차오는 캉유웨이의 대동에 대해 국가주의가 부족하다고 정면으로 비판하면서, 中國이란 고대의 이상을 포기하고 대신 민족국가로써의 중국 건설을 가능케 할 민족인 이른바 중화민족(中華民族)을 창안, 유통시켰다.

그는 민족을 다음과 같이 정의했다.

> **같은 종족, 같은 언어, 같은 종교, 같은 습속을 가진 사람들이 서로를 동포라 여기고 독립자주를 꾀하면서 완비된 정부를 조직하여 공익**

을 도모하고 다른 종족에 대항하는 것이 민족이다. …, 집단에 이로움이 있으면 선(善)이고 이로움이 없으면 악(惡)이다.

물론 량치차오가 설계한 중화민족의 중국이 전통적인 中國을 완전히 극복한 것은 아니었다. 중국이 처한 전대미문의 위기, 게다가 적자생존의 진화론이 예견하고 있던 중국 미래에 대한 위기감은 량치차오의 자유롭고 이성적인 사고를 제한하였다. 즉, 량치차오의 민족은 근대의 그것이 전제로써 가지고 있어야 할 계몽, 평등, 자유의 인민주권론에 기초한 시민공동체의 개념이 아니라, 국가의 총동원 명령에 복종해 도덕적 의무와 책임만을 부여받은 새로운 백성, 즉 신민(新民)의 묶음이었다.

더불어 그는 1904년 아직 망하지도 않은 조선의 멸망을 기정사실로 인정하면서 <조선망국사략(朝鮮亡國史略)>을 발표하였다. 그에 있어 조선의 망국이란 조선이란 국가의 국권 상실이 아니었다. 그것은 조선의 中國이탈을 의미하는 것이었으며, 또한 대동에 대한 아쉬움이었다. 이는 곧 현실공간인 중국을 논하면서도 유토피아인 中國을 포기하지 못했던 량치차오의 한계였다.

하지만 량치차오가 제시한 중화민족은 고대의 中國이 근대의 중국으로 변화할 조건을 만들어 내었다. 만주족을 포함시킨 량치차오의 중화민족은 당시 만주족을 타도의 대상으로 삼고 있던 쑨원 등 혁명파와의 격렬한 논쟁을 불러 일으켰다. 량치차오는 만주족이 이미 한족에 동화되어 있기 때문에 중화민족의 일원이 될 자격이 있다고 여기는 반면, 혁명파는 만주족과 한족이 적대관계에 놓여있기 때문에 두 민족은 결코 중화민족이라는 한 민족이 될 수 없다는 입장을 견지하였다.

하지만 이 양자의 격렬한 논쟁은 향후 중국의 행위주체가 과연 누구이며, 근대 중국은 어떻게 발전해야 하는가라는 문제인식을 확산시켰다. 결국 량치차오가 강조했던 중화민족은 훗날 신해혁명으로 탄생한 중화민국의 오족공화(五族共和)란 모습으로 계승되었다. 이로써 中國이란 명칭은 과거 청나라가 가졌던 영토, 주권 및 그 내부의 각 민족을 포괄하는 근대적 국가의 이름으로 변모하였고, 이 과정에서 중화민족은 이 중국이란 근대국가의 행위주체로 설정될 수 있었다.

동아시아 각국의 中國에 대한 결별 선언, 그리고 이어진 청의 멸망과 새로운 중화민국의 탄생으로 이상공간이었던 中國은 현실공간인 중국-China로 변모하였다. 하지만 량치차오의 경우와 마찬가지고 전통적 中國의 이상은 중국 내의 정치세계에서 여전히 관성을 발휘하고 있었고, 후대 중국의 정치가들은 이 中國을 편의적으로 계승하면서 유력한 통치이념으로 활용하였다.

특히 쑨원은 캉유웨이의 대동을 받아들이면서 이미 와해된 中國과 그 역사를 수시로 국내정치에 소환하였다. 그는 오키나와, 태국, 보르네오, 자바, 실론, 네팔, 부탄, 미얀마, 베트남, 조선 등의 국가가 본래 중국에 속한다고 강조하였고, 심지어 향후 조선과 베트남이 중국에 편입을 요청할 가능성이 있다는 기대를 표출하기도 하였다.

이와 같은 中國에 대한 과대망상은 근대시기 연속된 패배로 심각한 피해의식에 휩싸여 있던 당시 중국 엘리트의 정치적 구호였다. 다시 말해, 중국이 위기에서 탈출하기 위해서는 한줌 모래와 같은 중국의 각 구성원을 하나로 묶어내고, 그 에너지를 견인해낼 매력적인 구호가 필요했는데, 그것이 곧 中國이었던 것이다.

中國에 대한 편의적 왜곡은 근대 중국의 고달픈 현실을 잊게 할 마취제였고, 손상된 자존심을 깨워 부흥의 꿈을 꾸게 할 각성제였던 것이다.

그래서였을까? 흥미롭게도 중화민국의 약칭은 여전히 "중국"이 아닌 "민국(民國)"이었다.

▸ 현대 : 위대한 中國

근대 중국은 中國은 잃었지만, 그 중국에 대한 기억은 국내 정치에 적극 활용되었다. 고달프고 위험스러운 현실에서 中國의 구호는 여전히 유효했고, 中國의 재건은 모든 중국인이 함께 짊어져야 할 의무로 강요되었다.

천하의 흥하고 망함에 모든 이의 책임이 있다는 천하흥망필부유책(天下興亡匹夫有責), 혹은 나(小我)를 희생해 우리(大我)의 발전을 도모해야한다는 등의 논리는 중국역사에서 가장 계몽적이라고 일컫는 신문화운동에서도 극복되지 못했다.

신문화운동시기 이바이사는 "공자(孔子)"를 비롯한 중국의 전통을 통렬히 공격하면서 개인주의에 근거한 계몽을 부르짖었다. 그러나 그가 그토록 강조했던 "나"는 여전히 "우리"에 종속되어 있었다. 그는 다음과 같이 말한다.

나(小我)를 희생하는 정신이 곧 우리(大我)의 힘을 북돋는 것이다.

중국 근대 자유주의의 거두 후쓰 역시 "우리"에 종속되어야 하는 "나"를 강조하고 있다. 그는 "가장 중요한 것은 너 자신"이라고 개인의 가치를 강조하면서도, "사회에 이익을 주려고 생각한다면"이라는 전제조건과 최종목표를 제시했다. 후쓰의 이른바 "전반서화(全盤西化)"에 있어서도 中國은 다음과 같이 오히려 강고하게 살아남아 있었다.

> 서구화를 전면적으로 받아들으면 (중국의) 오랜 문화의 타성이 자연스럽게 이를 절충되고 조화된 중국본위의 새로운 문화로 만들어 낼 것이다. …, 우리는 극단을 향해 달려도 좋다. 왜냐하면 중국문화의 타성이 자연히 우리를 절충, 조화의 방향으로 이끌 것이기 때문이다.

결국 후쓰의 "전반서화"는 중국이 실제로 도달하려는 목표가 아닌, 오히려 中國을 신뢰하고, 나아가 도덕적 中國에 도달키 위한 하나의 전략적 수단으로 활용되고 있었다.

19세기 말의 위기 상황, 즉 적자생존의 경쟁구도는 중국의 근대와 현대 역사를 모두 관통하고 있었다. 서구, 혹은 일본과의 적대적 관계에서 탄생한 중국의 집단주의는 中國에 대한 기억과 결합하면서 격정적으로 발전해 갔다. 국가와 민족을 우선해야 한다는 중국 집단주의의 거센 압력아래 신문화운동시기 태동하였던 개인 해방의 계몽주의는 요절하고 말았다. 당대 중국의 저명 철학자인 리쩌호우는 이에 대한 아쉬움을 다음과 같이 표현했다.

> 5·4운동 이후 구국이 계몽을 압도한 후 격정과 혁명의 결합은 거대한 행동역량이 되었고, 이른바 부정의 변증법은 격정을 반영하는 계급의 언어가 되었다.

현대 중국의 역사에서 볼 때, 리쩌호우가 언급한 행동역량이란 일본과의 전쟁을 위한, 나아가 사회주의 건설을 위한 강력한 구심력이었고, 부정의 변증법이란 서구에 대한 부정에서 비롯된 계몽에 대한 부정, 즉 나를 희생하더라도 "위대한 中國"을 건설해야 한다는 열망이었다.

자유, 민주, 평등의 가치를 추구하기보다는 中國에 대한 맹목적 향수를 표출하고 있는 현대 중국 민족주의의 집단적 히스테리는 中國이 여전히 강력한 통치이념으로 작동하고 있음을 증명하고 있다. 1960년대 중반부터 시작된 중국의 문화대혁명이 보여주었던 비이성적 에너지가 무려 10년간 지속될 수 있었던 원인은 무엇일까? 리쩌호우는 중국인의 中國에 대한 도덕주의와 유토피아에 대한 갈망을 그 원인으로 제시하고 있다.

사회주의의 몰락에 따라 중국은 이념적 위기에 봉착했다. 하지만 이 위기 속에 中國에 대한 열망은 더욱 강화되었다. 중국인 개개인에게 각인된 "우리"를 위한 "나"의 희생논리는 개혁개방으로 야기된 빈부격차의 불만을 효과적으로 제어했을 뿐만 아니라 오히려 그 에너지를 개혁개방에 집중시키는 기능을 수행하였다.

이렇듯 현대 중국에서 中國은 여전히 그 사용가치가 높은 하나의 당위로써 작동하고 있다. 이를 대략 정리하면 다음과 같다.

- 中國의 위대하고 찬란한 기억을 가진 중화민족의 각 성원은 그 中國의 회복을 위해 현재의 고통을 감내해야 할 뿐만 아니라, 전 인류의 행복인 대동을 위해 노력해야 한다.
- 중국이 과거의 中國처럼 위대해지기 위해서는 중국 내 모든 소수민족이 중화민족에 통합되어야 하며, "우리"라는 집단의 행복을 위해서는 개인인 나의 이익은 보류되어야 한다.

· "중화민족의 위대한 부흥"을 실현하기 위해서는 중국공산당을 중심으로 단결해야 한다.

中國에 대한 중국인의 열망이 개혁개방을 위한 안정적 토대를 만들었다면, 중국 엘리트의 中國 열망은 개혁개방 이후의 청사진을 만들어내고 있다. 이는 대략 두 가지 영역에서 관찰되는데, 우선은 동북공정이라 우리에게 알려진 中國의 역사 강역에 대한 해석이다.

중국 학계의 어떤 이는 중화인민공화국 국경 내의 각 민족이 공동으로 행한 역사 활동의 무대가 중화인민공화국의 강역이므로, 중화인민공화국의 강역이 곧 중국의 역사 강역이라 주장한다. 여기서 고구려나 발해의 역사는 중국에 포함된다. 또 어떤 이는 역사적으로 가장 넓은 지역을 차지하고 있었던 1750년대부터 1840년 아편전쟁 이전까지의 공간이 중국의 역사 강역이라고 주장한다. 여기서는 고구려, 발해뿐만 아니라 러시아 동부와 몽골공화국 전체가 포함된다. 또 다른 어떤 이는 중화민족의 각 성원이 살아온 범주 내의 모든 정권과 그 정치적 관할 구역이 모두 중국의 역사 강역이라고 주장한다. 여기서는 한국을 포함하여 중국과 국경을 맞대고 있는 거의 모든 국가가 포함된다. 이러한 中國의 역사적 영역에 관한 논의는 모두 과거가 현재보다 더 위대했음을 강조하고, 나아가 현재의 중국이 앞으로 나아갈 방향을 제시하고 있다.

중국역사에 대한 편의적 해석과 함께 중국인의 범주에 대한 무한팽창의 해석도 있다. 신유학파의 대표주자인 두웨이밍은 다음 세 종류의 "중국인"을 제시하였다.

첫 번째 중국인은 중국대륙, 타이완, 홍콩, 마카오 및 싱가포르에 거주하는, 중국과 혈연적으로 엮인 "중국인"이다.

두 번째 중국인은 세계 각지의 차이나타운에 거주하는, 중국과 네트워크로 엮인 "중국인"이다.

세 번째 중국인은 비록 중국과 혈연관계가 없지만 중국문화를 이해하는, 중국과 문화적으로 엮인 잠재적 "중국인"이다.

두웨이밍의 논리에 따르면, 전 세계 공자학원(Confucius Institute)의 활동은 다름 아닌 중국문화를 이해하는 잠재적 "중국인"의 양성임에 분명할 것이다. 중국은 2018년 기준으로 전 세계 154개 국가에 548개의 공자학원과 1,193개의 공자학당을 운영하면서 중국어교사양성, 중국어특강, 명사초청, 해외연수 등의 사업을 통해 중국의 문화와 언어를 전 세계에 전파하고 있다.

동북공정과 위 "세 중국인"이 아직 학술적 담론에 머물러 있는 것에 비해, 세계 각지 화교를 "중국 밖의 중국"으로 활용코자 하는 논의는 이미 중국의 주요한 정책으로 확정되어 있다. 덩샤오핑, 장쩌민, 후진타오, 시진핑 등 개혁개방 이후 중국의 역대 지도자는 전 세계 화교가 "중국이 가지는 세계 유일의 기회"이고, "중화민족의 자원 보물창고"이며, "중화민족의 위대한 부흥을 위한 중요한 역량"이라 강조하였다. 중국 최고지도자의 이런 발언은 모두 중국의 화교정책이 나아가야 할 방향을 제시하고 있다.

중국과 화교를 하나로 묶어 이해하는 중국의 화교정책은 다시 "다시 중국으로"의 의미를 지닌 "재중국화(再中國化)"나 "중화민족 단결역학"등 이론에 의해 지탱된다. 이는 모두 중국혈통의 모든 화교가 결국 중화민족에 귀속되고, 중국의 발전을 위해 활용가능한 훌륭한 자산이라는 논리를 제시하고 있다.

결국 당대 중국은 여전히 中國을 미완의 것으로 인식하고, 나아가 中國에 대한 무한한 집착을 가지고 있음이 짐작된다.

이는 도대체 "마음을 도려서 스스로 먹어, 참맛을 알고자 하노라. 아픔이 극심하니 어찌 참맛을 알 수 있으리?"라는 루쉰의 처절한 시구처럼 결코 끊어버릴 수 없는 中國의 생명력일까?

아니면 천하흥망필부유책을 강조했던 고염무(顧炎武)의 "천하"에 대한 숭고한 사명감일까?

동아시아의 中國

1989년 베이징(北京)시 대학 자치연합회는 <5·4선언>에서 "이미 70년이 지났는데, 다시 70년을 기다려야 하는가!"라는 구호를 제창하면서 1919년 5·4운동의 과제였던 "민주"와 "과학"의 실현을 다시금 주장하였다. 그리고 얼마 지나지 않아 천안문사태가 발생하였다.

오늘날의 중국은 소수민족의 독립투쟁, 도시와 농촌 및 내륙과 연해의 갈등, 빈부격차 등 고질적인 문제를 안고 있다. 사회주의가 통치이념으로서 더 이상 기능하지 못하는 상황에서 "중화민족의 위대한 부흥"의 구호는 분명 강한 매력을 가지고 있다. 하지만 이러한 국가적 목표는 결국 개인의 격정적 희생을 전제할 수밖에 없기 때문에 그 한계 또한 분명하다.

중국은 이미 세계 2위의 대국으로 성장했다. 이러한 중국의 발전과 비례하여 강조되고 있는 "중화민족의 위대한 부흥"의 담론은 오히려 서방세계에서 유통되는 "중국위협론"의 근거가 되고 있다. 서방의 일부학자는 "강대한 중국은 동아시아에서 패권을 장악하여 장래 미국의 동아시아에 대한 전략적 위협이 될 것"이라고 주장하고, 또 심지어 어떤 이는 중국의 위협을 완화시키기 위해 티베트와 타이완의 독립뿐 아니라 일본의 군사대국화를 지지해야 한다는 위험스런 방법까지도 제시한다. 중국에 대한 이런 부정적 평가는 당대 중국의 급속한 발전이 야기했다기보다는 중국이 꾸었던 과거의 꿈에 대한 불편한 기억에서 출발한 것이다.

중국의 꿈은 이제 중국을 넘어 세계를 향해 팽창하고 있다. 중국의 국학을 연구하는 학자들은 "오직 중화문화만이 인류를 재난으로부터 구해낼 수 있고", "전 인류에게 새로운 희망을 가져다주게 될 것"이며, "중국민족은 세계 역사의 발전에 대하여 미룰 수 없는 책임을 갖고 있다"고 주장한다.

물론 中國-China라는 국명의 사용권이 전적으로 오늘날의 중국에 있음은 이론의 여지가 없다. 하지만 이것이 곧 현대의 중국이 과거 中國이 가진 관념적 의미까지도 독점할 수 있음을 의미하지는 않는다. 중국이 中國을 독점하고, 거기에 더 나아가 "인류에 대한 사명"을 운운하는 것은 어불성설이며, 중국학계에서 학술연구의 원칙으로 삼고 있는 실사구시(實事求是)의 정신에도 위배된다.

역사학은 사실에 근거한 과거와 현재의 소통이다. 하지만 가치로써의 中國과 국가로써의 중국에 대한 구분이 모호한 현실을 보면, 역사학이 그간 이 책임을 방기했던 것으로 보인다. 中國에 대한 명확한 해석을 전제로 하는 역사적 과제는 산재해 있다.

- 춘추전국시대, 오(吳)나라, 초(楚)나라, 월(越)나라가 왜 中國이 아닌 오랑캐로 불리었는가?
- 조선, 월남, 일본이 왜 中國에 참여하였고, 심지어 왜 스스로를 중화 혹은 중국이라 칭했었는가?
- 태평천국은 왜 中國이 곧 천국(天國)이라 선언했는가?
- "동북공정"을 둘러싸고 한국과 중국은 왜 갈등하는가?
- 중국의 주변 국가는 왜 중국의 발전을 경계하는가?
- 동남아 각국에 왜 화교를 대상으로 하는 각종의 폭력사태가 끊임없이 발생했는가?

이 모든 문제는 역사학이 中國의 의미를 명확히 움켜쥐고 답해야 할 과제이다.

출전 "유토피아 - "中國"의 역사적 변용", <중국인문과학> 2012년 12월

제2장

중국 해외 이민자의 여러 이름

중국 해외 이민자와 화교

화교(華僑) Overseas Chinese or Chinese Abroad

화인(華人) Chinese Overseas

화예(華裔) Overseas Chinese Descendants

화족(華族) Overseas Ethnic Chinese or Ethnic Chinese

화인 디아스포라(華人族群) Chinese Diaspora

중국의 화교에 대한 시각

화교를 둘러싼 세 가지 시각

중국 해외 이민자와 화교

화교는 중국을 떠나 해외에 살고 있는 중국인이다.

현대의 중국은 국가이익을 위해 화교를 여러 형태로 활용하고 있지만, 고대 中國은 화교의 활용은커녕 중국인의 이민 자체도 인정하지 않았다. 천하의 만물이 中國을 흠모하는데, 정작 중국인이 中國을 떠난다? 이는 中國에 대한 예의가 아닐 뿐 아니라 中國의 체면에 큰 손상을 가하는 일이었다.

이번 장에서는 중국 해외 이민자의 여러 이름과 그 의미를 정리한다. 화교는 중국에서 이탈한 순간부터 화교로서의 삶을 시작한다. 정치·경제·사회·문화 등의 여러 이유로 해외 이주를 선택한 이민자는 당시의 시대상황, 모국과 거주국의 사회적 조건에 의해 자신의 생존과 발전을 규정받는다. 그러한 의미에서 이민자는 이 여러 조건 사이에서 끊임없이 균형을 잡아야 하는 민감한 운동체이다. 그러므로 이민자에 대한 연구는 응당 이 행위주체가 가지는 운동성과 민감성을 긍정하는데서 출발한다.

서방 열강이 경쟁적으로 식민지를 개척하던 16세기부터 본격적으로 출현한 중국의 해외 이민자는 19세기 중반에 이르러 이미 백 오십만의 규모를 넘어서고 있었다. 당시 전대미문의 위기에 처해있던 청(淸)나라는 이들의 존재를 처음으로 인정하였을 뿐 아니라 그들에게 "화교"라는 이름을 부여하고, 이들을 국가이익의 한 부분으로 흡수하기 위한 여러 우대정책을 쏟아내기 시작하였다. 이 정책들은 분명한 성과를 나타내었고, 이에 화교는 "혁명의 어머니"로 변모하였다. 그들은 중국의 일부가 되어 공화혁명, 항일전쟁, 공산혁명, 사회주의 중국 건설 등에 적극적으로 참여하면서 중국에 가장 헌신하는 해외의 중국국민이 되었다.

하지만 중국과 화교의 밀착은 오히려 화교의 생존을 위협하는 결과를 야기했다. 화교의 중국에 대한 헌신과 충성은 거주국 정부와 원주민의 불만을 야기하였고, 이는 동남아 각지에서 보편적으로 발생했던 화교에 대한 폭력사태의 원인이 되었다. 시대에 따라 중국의 꿈이 변하면서 화교정책 또한 요동쳤다. "혁명의 어머니"란 영예는 "반동분자"라는 굴레로 변했고, 칭송받았던 "민족자본가"는 한순간 "타도의 대상"으로 전락하였다.

중국의 개혁개방이 진행되면서, 그리고 이에 대한 화교의 역할이 부각되면서 그들에 대한 긍정적 관심과 연구가 다시 시작되었다. 그런데 수많은 연구결과가 축적되었음에도 불구하고 정작 화교에 대한 정의는 여전히 분명하지 않다. 화교에 관한 여러 명칭이 자의적으로 해석되기도 하고, 심지어는 상호 모순되는 명칭이 한데 묶여 혼용되기도 하는 실정이다.

이번 장의 서술목적은 무엇이 화교이며, 화교는 어떤 구분이 있으며, 또 각기 다른 화교의 이름에 어떤 성격이 구비되어 있는가를 밝히는데 있다.

중국의 해외이민에 대한 이름은 唐人, 華人, 漢人, 中華人, 華民, 棄民, 化外之民, 苦力, 猪仔, 猪花, 新僑, 老僑, 華商, 華農, 華工, 華僑, 華裔, 華族, 華人族群 등으로 다양하다. 이를 우리 한글로 풀어보면, 당인, 화인, 한인, 중화인, 화민, 포기된 백성, 저급한 족속, 쿨리, 돼지새끼, 돼지 꽃, 새로운 교민, 오래된 교민, 화상, 화농, 화공, 화교, 화예, 화족, 화인 디아스포라 등이다.

이러한 이름에는 몇 가지의 분류기준이 존재한다. "당인", "화인", "한인", "중화인", "화민"은 고대 중국 해외이민이 동남아 각 지역에 정착하는 과정에서 스스로를 지칭했던 것이고, "포기된 백성", "저급한 족속"은 고대 中國이 이들을 멸시하면서 명명한 것이며, "쿨리", "돼지새끼", "돼지 꽃"은 중국 연해지역 남녀 노동자가 해외로 송출되면서 불리던 이름이다. 그 다음의 이름은 모두 19세기 중반 이후에 붙여진 것이다. "새로운 교민"과 "오래된 교민"은 해외이민의 시점 및 현지화의 정도에 따라, 그리고 "화상", "화농", "화공"은 해외이민의 경제적 영역에 따라 구분되었다. 또한 모국의 입장과 거주국의 입장의 차이에 따라 "화교", "화예", "화족"이 구분되었고, 최근에는 해외이민의 유동적 현상에 근거해 "화인 디아스포라"라는 새로운 명칭이 주목받기 시작하였다.

다소 번잡스러운 위의 여러 이름은 중국 해외이민의 각기 다른 역사와 성향을 나타낸다. 이 가운데 "화교", "화인", "화예", "화족", "화인 디아스포라"의 이름 및 이의 비교는 모든 화교가 예외 없이 가지고 있는 특유의 운동성을 적절히 설명하고 있다. 그러므로 이번 장은 위 다섯 개 이름의 분석과 설명을 통해 중국 해외이민의 전체 역사에 접근코자 한다.

"화교", "화인", "화예", "화족"의 이름들은 우선 중국 해외이민의 역사적 발전 과정, 즉 "뿌리찾기"에서 "뿌리내리기"라는 시간의 흐름에 근거한다. 다시 말해 중국 해외이민의 역사는 "화교"에서 "화인"으로, 다시 중국과의 정서적 친소를 근거로 "화예", "화족"으로 변모한다.

그런데 해외 이민의 속성에서 보면, 이들은 어느 한 특정 시대에서 시작하여 시간의 흐름대로 진행되는 것뿐만 아니라, 역사의 모든 단계에서 임의적으로 시작할 수 있는 사회현상이다. 다시 말해 "화교"에서 "화예", 다시 "화족"으로 진행되는 이름들은 시간적 발전단계를 가지고 있는 것임과 동시에 실제 거의 동시에 진행될 수 있는 동시성을 지니고 있고, 심지어는 주변조건의 작용에 따라 역방향으로 진행될 수도 있다.

일반적으로 중국 국학을 연구하는 학자나 중국 정치인은 이 해외이민을 중국역사의 확대나 팽창으로 파악하고, 동시에 이를 중화민족의 해외발전역사로 파악하는 경향이 강하다. 이에 비해 화교 자체를 연구하는 학자나 화교출신 학자는 중국 해외이민을 중국과 분리하고, 이들의 역사를 중국역사가 아닌 세계역사의 일부로 인식하는 경향이 뚜렷하다.

이러한 인식의 차이는 해외 이민에 대한 이름과 그 개념을 결정한다. "화인"의 예를 들자면, 어떤 이는 "화인"을 교포나 교민으로 취급하면서 중국인의 범주에 귀속시키지만, 또 어떤 이는 "화인"을 중국인이 아닌 외국인으로 분류한다. 이러한 개념적 혼란의 예는 중국 정치계에서도 쉽게 찾아볼 수 있는 현상이다.

실제 중국 정치계에서 발견되는 중국 해외이민에 대한 개념적 혼용은 중국 정치의 미숙함에서 기인한 것이라기보다는 해외 이민을 포섭하기 위한 전략적 의도에서 비롯된 것이다.

무릇 이름이란 해당 행위주체를 둘러싼 인식주체 사이의 관계에서 비롯된, 그래서 함축적이면서 구체적인 정체성의 표현이다. 그러므로 이름은 행위주체와 인식주체 사이의 관계에 모종의 변화가 발생할 때, 혹은 해당 행위주체의 정체성에 변화가 발생할 때 언제든지 바뀔 수 있는 가변성을 지닌다. 중국의 해외이민을 둘러싸고 그 이름의 형성 및 변화에 직접적으로 영향을 미치는 인식주체는 이민모국인 중국과 이민 수용국인 현지 국가, 그리고 당사자인 중국 해외이민이다.

만약 이들 세 인식주체에 대한 종합적 이해 없이 어느 한 부분만을 고려하면, 특히 모국이나 거주국의 국가이익만을 고려하면 그 성과에 따라 화교의 본질이 왜곡된다. 이에 이번 장은 위 세 인식의 각도에서 중국 해외이민에 관한 여러 이름을 종합적으로 분석하고 정리한다.

화교(華僑)
Overseas Chinese or Chinese Abroad

중국의 정책영역에서 화교란 해외에 정착하였지만 여전히 중국 국적을 가지고 있는 자를 가리킨다. 현재의 중국정부는 화교에 대해 다음 세 가지의 정의를 부연하고 있다.

첫째, 화교는 해외에 거주하는 중국국민으로써 중화인민공화국의 국적을 가지고 있다. 만약 중국이 아닌 타국의 국적을 취득하였을 경우 중국국적은 자동 상실되며, 동시에 화교의 범주에 포함되지 않는다.

둘째, 화교는 중국영토 외의 국가에 정착, 거주하고 있는 자를 말한다. 홍콩, 마카오, 타이완은 중국영토이므로, 이들 지역에 거주하는 이들은 화교가 아닌 동포이다.

셋째, 화교는 현재 외국에서 영주권을 가지고 정착한 자를 가리킨다. 공무를 이유로 해외에 거주하고 있거나 유학하고 있는 자는 화교로 인정되지 않는다.

결국 화교는 지극히 법률적 개념으로써 중국 해외이민에 관한 여러 이름가운데 중국과의 관계가 가장 밀접하고, 중국의 정책범위에 포괄되어 있는 뚜렷한 대상이라 할 수 있다.

그렇다면 화교라는 이름은 언제, 그리고 어떻게 탄생하였는가?

모든 국가의 이민이 그러하듯, 중국의 해외이민 또한 지극히 자연스러운 사회현상이었다. 중국의 수천 년 역사 속에서 전란을 피해, 생계를 위해 중국인이 중국을 벗어나는 일은 빈번했다. 하지만 고대의 중국은 이를 인정하지 않았다.

고대 中國은 천하의 중심이었고, 주변의 모든 오랑캐가 흠모하는 대상이었다. 이러한 세계에서 한 개인이 자신이 소속되어 있는 집과 향촌, 그리고 中國을 이탈하여 해외에 빠져나간다는 것은 국가노동력과 세금수입의 손실이고 황제에 대한 불충의 행위일 뿐만 아니라 中國의 체면을 손상케 하는 것을 의미한다. 中國의 입장에서 이들은 외면되어야 했다.

1603년 필리핀에 거주하고 있던 중국 해외이민 가운데 90% 이상인 2만5천명이 당시 필리핀을 지배하고 있던 스페인 식민당국에 의해 학살되었다. 이 소식을 들은 명(明)나라 정부의 태도는 고대 중국의 해외이민에 대한 기본 인식을 충분히 반영하고 있다.

그들은 모두 고향을 버리고 자신의 이익만을 추구했던 천민들이다.

중국 해외이민은 중국정부가 서방의 것을 배우자는, 이른바 "양무운동(洋務運動)"을 추진하면서 그 존재를 인정받게 되었고,

이 과정에서 비로소 화교(華僑)라는 이름이 출현하였다.

고대에서부터 자연발생적으로 진행되던 중국인의 해외 이주는 서방 열강이 경쟁적으로 식민지를 개척하던 16세기부터 급속히 확대되더니, 19세기 중반 중국이 세계자본주의시장에 편입되면서 폭발적으로 증가하였다. 중국 해외이민은 서방 열강의 동남아 식민지 경영에 참여하면서 경제적 기초를 다지고 있었을 뿐 아니라 이미 자본주의 경제발전의 첨병이 되어 있었다.

서방의 것을 배워야 했던 청(淸)나라는 이들로부터 도움을 받지 않을 수 없었다. 이에 청나라는 1850년대 초부터 본격적으로 이들을 포섭하기 위한 정책을 제시하기 시작하였고, 이는 이민의 인정, 이민의 관리, 그리고 이민에 대한 보호와 포상의 규정으로 구체화되었다.

> 1,800만 원 이상을 투자한 화상(華商)과 2,000만 원 이상을 투자한 화상에 대해서는 각기 이등자작과 일등자작의 지위를 수여한다.
>
> 신식 선박을 만들 수 있는 자, 기차나 엔진을 제조할 수 있는 자, 300미터이상의 철로다리를 놓을 수 있는 자, 발전기를 제조할 수 있는 자는 모두 일등훈장과 함께 이품의 벼슬을 수여한다.

위와 같은 포상 내용을 가진 <화상의 실업과 작위수여에 관한 장정>, <화상회사설립 장려 장정>, <화상의 황무지 개발에 관한 조례>, <화상 실업 장려 조례> 등에서 볼 수 있듯이 상업에 종사하는 중국 해외이민은 이미 화상이란 이름으로 불리기 시작하였다.

"화상(華商)"이란 이름의 의미는 매우 크다. 과거 "포기된 백성", "저급한 족속" 혹은 "돼지새끼", "돼지 꽃"과 같이 불명예스러운 이름으로 해외이민을 멸시하던 중국정부가 이제 그들에게

"화(華)"란 영예로운 이름을 부여한 것이었다.

"화"에 이어 "교"가 출현하였다. 1878년 청나라의 주미사신이던 천란빈의 상소에 "교민(僑民)"이란 명칭이 등장했다. 이는 1870년대 중국정부가 비로소 해외이민을 중국의 국민으로 인정하기 시작했음을 의미한다. 그리고 드디어 1883년 정관잉이 리훙장에게 보낸 보고서에 화교라는 이름이 최초로 등장한다.

화교라는 이름의 등장은 우선 중국이 더 이상 전통의 中國이 아니라는 것을 인정한 것이었다. 시대가 변했고, 국가이익도 변했다. 과거 중국의 핵심 국가이익은 中國로서의 체면과 명분이었고, 이 中國을 향한 구심력의 강화였기 때문에 中國을 스스로 포기한 해외 이민은 인정될 수 없었다. 하지만 19세기의 중국은 구심력의 유지는커녕 멸망의 위기에 직면해 있었고, 이 위기의 탈출이 당시 중국의 핵심과제로 등장했다. 고대 中國에서 천민보다 못한 존재였던 해외이민은 이제 근대 중국이 절대적으로 의지해야 할 대상으로 부상했다.

화교(華僑), 찬란한 中國을 상징하는 "화(華)"란 한자 뒤에, "교(僑)"가 붙었다. 당초 이 교(僑)는 5세기경 중원을 점령한 선비족 정권을 피해 황하 이남으로 피신한 한족 귀족을 일컫는 말이었다. 우리 한국인에게 있어 화교라는 이름은 단순히 "화교"라는 소리로 전달되지만, 중국인에게 있어 화교는 "華僑"라는 뜻으로 전달된다. 즉, 중국인 사이에서 호칭되는 화교는 "고향을 그리워하는 우리 중국의 나으리"였다.

화교라는 이름의 출현에 이어 1909년 청나라는 중국 최초의 국적법인 <대청국적조례(大淸國籍條例)>를 공포하였다. 다음과 같이 부계혈통주의에 의한 국적법은 실제 모든 화교를 중국의 국민으로 포섭하는 것이었다.

> 아래에 해당되는 자는 중국에서의 출생여부를 불문하고 모두 중국국적에 속한다.
> ① 태어날 당시 父가 중국인인 자의 자녀
> ② 태어날 당시 父가 생전에 중국인이었던 자의 자녀
> ③ 태어날 당시 母가 중국인이며 父가 국적이 불명하거나 무국적자인 자의 자녀

황송하기 그지없는 이름뿐 아니라 중국국민의 신분까지 공식적으로 인정받은 화교는 급속히 중국 국내의 중국인보다 더 중국에 애국하는 중국인으로 변모했다. 그들은 중국의 경제적·정치적 근대화를 이끌었을 뿐 아니라 신해혁명의 주역으로 참여하였으며, 일본과의 전쟁, 중국공산당의 혁명, 중화인민공화국의 건립이라는 중국 근현대역사의 전체 과정에 뚜렷한 공헌을 남겼다.

중국의 혈통이라는 민족적 의미와 중국의 해외국민이라는 법률적 의미가 일치하고 있던 이 화교의 범주는 1950년대 중국의 외교문제와 얽히면서 그 폭이 크게 축소되었다. 당초 화교는 중국의 부계혈통주의 국적법과 동남아 각국의 출생지주의 국적법을 동시에 적용받으면서 이중국적을 보유하고 있었다. 이 문제는 외교 갈등을 야기했고, 이에 중국정부는 동남아 각국과 어느 한쪽의 국적만을 인정하는 <이중국적문제에 관한 조약>을 체결하였다. 적지 않은 마찰과 갈등을 통해 결국 90% 이상의 화교가 중국국적을 포기하고 현지 거주국의 국적을 선택하였다. 이제 그 남은 10%만이 화교의 범주에 속하는 것이었다.

"화교는 국외에 거주하는 모든 중국국민"이라는 1957년의 규

정은 1984년에 이르러 "화교는 외국에 정착, 거주하는 중국국민"의 규정으로 수정되면서 그 범위가 다시금 축소되었다. 곧, 이 규정은 중국의 해외국민 가운데 외국에 정착한 자만이 화교라는 것으로, 여기서 정착과 거주는 화교와 교민을 구별하는 기준으로 작용하였다. 이로써 정착의 조건을 충족시키지 못하는 외교관, 유학생, 방문학자, 여행자, 사업가 등은 모두 화교의 범주에서 제외되었다.

위 규정에 근거해 현재 중국이 규정하고 있는 화교를 정리하면 다음과 같다.

중국 국적 외에 어떠한 외국의 국적도 소지하지 않아야 하며, 영주권과 같이 현지에서의 정착을 증명할 수 있는 중국의 국민이다.

화인(華人)
Chinese Overseas

중국학계에서 그 권위를 인정받고 있는 <화교화인백과전서(華僑華人百科全書)>는 "화인"에 대해 "중국혈통을 가진 자에 대한 범칭"이라는 해석과 함께 "외국 국적을 가지고 있는 화인 및 화족에 대한 지칭"이라는 정의를 함께 제시하고 있다. 즉, 화인이란 넓은 의미로는 중국 국내를 포함하여 전 세계 중국혈통을 가리키지만, 좁은 의미로는 중국이 아닌 타국 국적을 취득하여 해외에 뿌리를 내린 중국혈통을 의미한다.

이번 장은 중국 해외이민의 여러 이름과 개념을 보다 명확하게 정리하는데 그 목적이 있다. 그러므로 이 글에서 논하는 화인은 중국의 여러 해외이민 가운데 화교와 비교선상에 놓인 화인, 특히 중국정부가 규정하고 있는 "외국 국적의 화인"으로 제한한다.

이 화인은 이미 외국국적을 취득하면서 동시에 중국국적을 포기한 자이다. 그렇기 때문에 이들의 신분은 당연히 중국인이 아닌 해당 국적을 부여한 국가의 국민이며, 또 그러하기 때문에 이들은 중국의 정책대상에 포함되지 않는다.

하지만 이 화인이란 이름은 "화(華)", 즉 중국이라는 민족적 속성을 강조하고 있다. 이는 화교라는 이름이 법률적 속성에 치중하는 것과 비교된다. 화인의 법률적 신분에 이미 중국적 요소가 사라졌다고 해서, 그들이 당초 가지고 있었던 민족적·문화적·정서적 성향이 함께 소멸된 것은 아니다. 화인이 가진 이 비정치적 중국요소의 농도는 해당 화인이 거주하는 지역, 이민의 역사, 그리고 개개인의 성향에 따라 다양한 차이가 존재하며, 이 차이 및 이에 대한 해석은 후술할 "화예", "화족", "화인 디아스포라"를 구분하는 기준을 제공한다.

그렇기 때문에 일부 중국학자는 화인을 문화적으로는 여전히 중국에 귀속되어 있고, 심리적으로는 그 귀속감이 중국에서 현지국가로 전이되고 있는 자, 혹은 중국과 현지국가 사이에서 이중적 정체성을 가지고 있는 자로 인식한다. 저자는 화인이 가진 심리적 성향에 대해서 충분히 동의한다. 하지만 화인이 문화적으로 중국에 귀속되어 있다는 전제는 화인이 가지는 다양한 속성을 과도하게 단순화한 측면이 있다.

지금 이야기하고 있는 "화인"이란 존재는 1950년대 화교의 절대다수가 거주하고 있던 동남아 각 지역이 신생 독립국가로 변모하면서 탄생하였다. 국가는 주권, 영토, 국민으로 구성된다. 서방

열강으로부터 독립한 동남아 각 국가는 스스로의 국민을 설정해야 했는데, 그들이 택한 국적주의는 출생지주의, 즉 현지 국가에서 출생한 이에게 국적을 부여한다는 것이었다. 이에 이미 중국 국적을 가지고 있던 동남아 각 지역의 화교는 현지 국가의 국적을 추가로 부여받게 되었고, 이로써 야기된 이중국적은 중국과 동남아 각국 사이의 외교문제로 부상하였다.

두 개의 국적을 가지고 있는 화교가 과연 어디에 충성할 것인가? 동남아 각 지역의 신생국가와 원주민은 화교의 정치적 이중성을 의심하였다. 당시 중국은 공산혁명을 통해 사회주의국가로 변모했고, 이어 세계 각국의 공산혁명을 열성적으로 지원하고 있었다. 과거 서방열강의 먹잇감에 불과했던 중국이 이제 아시아의 영향력 있는 국가로 변모하자, 화교의 중국에 대한 충성도 또한 높아졌다. 일부는 중국의 정부조직에 참여하였고, 또 일부는 아예 보따리를 싸 귀국하였으며, 또 일부는 동남아 현지에 남아 "중국인"으로서 활동하고 있었다. 이러한 화교의 활동은 동남아 신생국가의 의심을 확대시켰고, 이러한 의심은 곧바로 현지 정부의 정책적인 배척과 함께 화교에 대한 각종의 폭력사태를 야기했다.

동남아 신생국가의 입장에서 화교의 이중국적 및 이로 파생된 이중충성에 관한 의심은 민족국가 건설과 함께 중국과의 외교에서 근본적인 장애가 되었다. 중국의 입장에서도 마찬가지였다. 당시 중국의 최대과제는 우호적인 국제환경의 마련이었고, 이를 위해 화교문제가 우선 해결되어야 했다. 결국 이 화교문제는 1955년 아시아·아프리카 반둥회의에서 체결된 중국과 인도네시아 사이의 <이중국적 문제에 관한 조약>으로 일단락되었고, 이는 연이어 싱가포르, 말레이시아, 태국, 필리핀과의 성명으로 이어졌다. 이 조약 및 성명의 핵심은 중화인민공화국의 국적과 현지 거주 국가의 국적을 동시에 지닌 모든 이들은 스스로의 의지로써 두 국적 가운데 하나만 선택하여야 함을 명문화하였다는 것이다. 다음은 중국과 인도네시아가 체결한 <이중국적 문제에 관한 조약>의 내용이다.

중화인민공화국과 인도네시아공화국의 국적을 동시에 가지고 있는 모든 자는 스스로의 의지에 따라 중화인민공화국국적과 인도네시아공화국국적 가운데 하나의 국적만을 선택해야 한다.

흥미롭게도 당시 중국정부는 수백만 화교가 중국국적으로 남는 것을 희망하지 않았다. 그들이 중국의 해외국민이라는 신분을 유지하고 있는 한, 동남아 각지의 화교에 대한 폭력사태는 소멸되지 않을 것이며, 중국과 동남아 각국과의 외교문제 또한 해결되지 않는 것이었다. 이에 중국정부는 스스로의 의지라는 국적선택의 원칙을 견지하기보다는 중앙정부와 각 지역 영사관 및 화교조직을 통해 각 화교가 현지국적을 취득하기를 적극 장려하거나, 심지어 압박하였다.

결국 중국과 현지 거주 국가의 끊임없는 독려, 요구, 압박으로 말미암아 90%이상을 차지하는 절대다수의 화교는 현지국가의 국적을 취득함으로써 "화교"라는 신분을 포기하였다.

중국 공산혁명의 여파와 현지국가의 강력한 동화정책아래 화인은 문화적·심리적·민족적으로 빠르게 현지화 과정에 진입하였다. 중국과의 인적교류가 허용되지 않은 상황에서 많은 화인은 현지인과의 혼인을 선택할 수밖에 없었고, 중국과의 경제교류가 봉쇄된 상황에서 그들의 경제활동은 동남아 지역에 국한될 수밖에 없었다.

이에 화인이 당초 가지고 있었던 중국요소는 점차 희석되었고, 대신 현지에 대한 문화적·심리적·혈연적 정체성은 강화되었다.

중국과의 단절은 한편으로 화인의 현지화를 야기하였지만, 또 다른 한편으로 이들 스스로의 네트워크 건설을 촉발하였다. 누구나 그러하듯, 화인 역시 더 나은 삶을 추구한다. 화인은 스스로의 발전을 위해서 자신이 가진 자원을 돌아보고, 이를 적극적으로 활용하였다. 현지 원주민과 비교해 화인은 중국요소라는 문화자본을 가지고 있었고, 그들은 이 문화자본을 근거로 주변 국가의 화인과 네트워크를 설정할 수 있었다.

화인을 객체로 놓고 볼 때, 그들이 가진 중국요소는 의심의 근거이지만, 화인 스스로의 입장에서 볼 때 이 중국요소는 생존과 발전을 위한 또 다른 근거였다. 동남아 각국의 화인 기업이 예외없이 홍콩, 싱가포르를 포함한 주변 동남아 국가의 화인기업과 연대하여 성장했던 사실은 이를 증명한다.

1980년대 이래 시작된 중국의 개혁개방은 화인의 정체성에 다시금 큰 변화를 발생시켰다. 푸젠(福建), 광둥(廣東) 등 고향에 대한 방문이 시작되었고, 천(陳)씨, 왕(王)씨 등 종친회가 다시 구성되었다. 그리고 화교의 고향이 경제특구로 지정되면서 그들의 투자금과 이익이 법적으로 보장되었다. 이어 중국정부는 <귀교 교권 권익보호법> 등의 법 제정을 통해 귀국한 화교나 화교의 국내 친척 뿐 아니라 교묘하게 화인의 국내 친척까지 그 권익을 보장하였다. 이는 봉쇄되었던 중국과의 통로가 다시 열렸음을 설명할 뿐 아니라 사회주의 국가에서 탄압의 대상이었던 화인 부르주아의 경제적 권리가 이제 법적으로 보장받게 되었음을 의미한다.

중국의 발전과 이에 대한 참여가 보장할 이익은 화인 스스로의 중국에 대한 관심을 더욱 심화시켰다. 이로써 1950년대부터 70년대까지 현지화 과정을 통해 희석되었던 화인의 중국요소는 80년대 이래 중국의 개혁개방에 힘입어 다시금 강화되기 시작하였다. 동남아 화교의 중국에 대한 투자가 이어졌고, 이를 통해 중국의 개혁개방은 지탱되었다.

화예(華裔)
Overseas Chinese Descendants

<화교화인백과전서>에서 "화예는 해외에 거주하는 화교의 후예"라고 정의되어 있다. 하지만 화예는 명확한 법률적 개념이 아닌 민족적·문화적·심리적 경향을 해석하는 개념이면서, 동시에 화교의 후예라는 역사적 막연함을 품고 있어 그 정리에 어려움이 있다.

화예는 개인 및 그 개인이 소속된 가정의 정서, 역사적 상황, 교육정도, 문화배경 그리고 해당 혈통의 순도 등 차이에 따라 그 유형을 달리한다. 이민 1세대가 현지의 국적을 취득하였을 경우 이는 정서적·문화적·혈통적으로 명백한 화인으로 분류되지만, 이민 2세대에 내려오면서 화인과 화예의 구분은 모호해진다. 저자는 화예를 우선 혈통의 순도에 따라 순수혈통과 혼혈의 두 범주로 구분하고, 이를 다시 환경과 교육에 의한 중국과의 친소를 근거로 두 유형으로 세분한다.

첫 번째 범주인 순수혈통의 화예이다. 그들의 혈통은 중국인이라는 순수성을 유지하고 있지만, 화예 개인의 문화적·심리적 정체성은 환경과 교육에 의해 결정된다. 여기서 ① 유형과 ② 유형이 나눠진다.

① 유형은 중국식 문화가 지배하는 가정에서 중국식 교육을 받은 화예로써, 이들은 문화적·심리적으로 중국에 귀속되어 대개 화인이란 이름과 혼용된다.

② 유형은 부모가 모두 중국혈통의 화인일지라도 현지 혹은 서방의 교육을 받았거나 세대가 진행되어 중국과의 직접적 연관성이 상대적으로 미약한 화예이다. 이들은 중국보다는 현지에의 귀속감이 강하고, 스스로를 화인과 구분 짓는다. 이러한 화예의 사회적 활동은 중국적 경향이 강한 화인단체보다는 현지화의 경향이 강한 화인 원주민 혼성의 단체에서 진행된다.

두 번째 범주인 혼혈혈통의 화예이다. 동남아 각 지역별로, 각 개인의 혼혈 정도가 다르기 때문에 그 유형의 복잡성은 더욱 심화된다.

① 유형은 정서적·문화적으로 중국에 귀속감을 느끼는 화예이다. 20세기 초부터 50년대까지 중국혁명에 적극적으로 참여했던 화인의 후예에게서 그 특징이 드러난다. 이들은 동남아 현지의 동화정책에도 불구하고 각종 화인·화예의 사회활동을 통해 그들의 중국속성을 유지하고자 노력하였다.

② 유형은 이미 현지에 동화된 화예이다. 19세기 동남아에 이주하여 현지 여성과 결혼한 쿨리출신 화인의 후예에게서 이 유형이 많다. 당시 화예에 대한 교육은 대개 원주민인 모계가 담당했기 때문에 이들의 현지화는 매우 자연스럽게 진행되었다. 이들 화예의 현지화는 50년대부터 70년대까지 동남아 현지국가의 동화정책에 의해 가속화되었다.

한편 화인에서 화예로의 변모, 혹은 다양한 유형의 화예로의 파편화에는 현지화와 중국화가 반복적으로 진행되는 패턴이 존재한다. 모국인 중국으로부터 아무런 법률적 보호를 받지 못하던 19세기 말까지의 화예는 그들의 생존과 발전을 위해 현지화를 받아들일 수밖에 없었다. 그러나 20세기 초부터 시작된 중국 민족주의의 발흥과 해외이민에 대한 중국정부의 정책적 관심, 그리고 화교라는 이름의 부여는 화예 집단 내부에 잠재되어 있던 중국요소를 자극하였고, 이들의 정서는 급속히 중국 방향으로 유도되었다.

1950년대 이후 이들 화예를 둘러싼 환경이 다시 변모하였다. 동남아 각지의 신생 민족국가는 화예를 포함한 모든 화교에 대한 동화정책을 추진하였고, 중국 역시 이들의 현지화를 압박하였다. 화예의 중국화는 멈추었고, 이제 새로운 현지화가 시작되었다. 당시 중국과의 단절아래 넓은 의미의 화인에 포괄되어 해석되던 화예는 점차 다수로써 그 범위를 확대하였다.

19세기 말부터 현지화에서 중국화로, 1950년대부터 중국화에서 현지화의 방향으로 나아갔던 화예는 80년대 중국의 개혁개방, 세계화의 추세, 그리고 화인의 경제적 성취에 비례해 다시금 중국에 관심을 갖기 시작하였다. 중국 국학을 연구하는 학자는 "중화민족 단결역학" 등 논의를 통해 이를 "다시 중국으로"의 한 과정으로 해석하고 있다.

화예는 연구주체의 의도에 따라 그 상위개념인 화인에 포괄되기도 하지만, 통상 화인과 화예를 구분하는 기준은 중국에 대한 감정적 친소이다. 화인이라 스스로를 칭하는 이들의 경우 이미 거주국의 국적을 취득하였음에도 중국에 대한 정체성을 견지하고 있다. 이 경향은 대개 구미 등 선진국에 거주하고 있거나 중국의 개혁개방 이래 해외로 나간 이민 1세대에게서 더욱 강하게 드러난다.

그러나 상대적으로 이민의 역사가 오래되고, 현지의 동화압력이 막강했던 동남아 화인 및 화예는 여전히 공적인 장소에서 자신의 정체성을 밝히는데 조심스럽다. 불가피하게 자신의 신분이 노출된 상황에서는 "말레이시아화인"이나 "인도네시아화인"과 같이 자신이 속한 국가의 이름을 제시함으로써 현지 국가에 대한 소속감을 드러내는 경우가 일반적이다. 심지어 타인으로부터 화인이나 화예로 구분되지만 스스로는 중국에 대한 감정을 거부하고 현지사회에 완전히 동화된 현지민족으로 인정받고자 하는 경향도 존재한다. 이들은 일반적으로 현지에서 출생한 이민 3세대 이후의 화인 후예로써 스스로가 화교나 화인, 혹은 화예로 불러지는 것조차 거부하고, 대신 "말레이시아인", "싱가포르인", "태국인", "필리핀인" 등으로 자신을 소개한다.

화족(華族)
Overseas Ethnic Chinese or Ethnic Chinese

"화족"은 분명한 민족적 속성을 나타낸다. 이는 시각에 따라 상반된 두 종류로 구분이 되는데, 우선 그 하나는 중국 56개 민족의 통칭인 민족복합의 의미를 지니는 것으로써, 특히 근대 서방열강의 침략에 맞서 대항하면서 그 정체성이 마련된 "중화민족"을 의미한다. 이 해석에 근거하면, 화인, 화예, 화족은 비록 중국국민이 아니지만, 그 민족적 뿌리는 동일한 화족이라는 것이다. 하지만 이 정의는 중국 해외이민에 대한 해석이라기보다는 중화민족의 별칭에 대한 해석에 더 가깝다.

<화교화인백과전서>는 화족을 "해외화인이나 소수민족으로써의 화예의 약칭"이라고 정의하고 있다. 이 가운데 "소수민족으로써의 화예의 약칭"이라는 정의는 화인이 현지 거주 국가에서 살아가야 하는 현실적 요구를 반영하고 있다. 독자의 이해를 돕기 위해 화인과 화족을 서로 비교하자면, 화인은 중국과의 관계, 즉 "중국-화(華)"를 강조하는 반면, 화족은 현지 민족국가와의 관계, 즉 현지민족에 소속되어 있는 하나의 "민족-족(族)"임을 부각시키고 있다.

화족의 실제적 내용은 화족 스스로가 현지 거주국가의 민족구성에 포함된 한 성원으로 인식하면서, "화족"이란 이름을 통해 소속 국가에 대한 소속감을 표현하고 있다는 것이다. 이러한 의미에서 화족은 중국과의 특수한 관계를 거부하는 대신 현지화의 관계를 중시하는 화예의 일부 유형과 그 개념을 공유한다. 다만 화예와 비교하여 화족은 소속 국가에 대한 법률적·정치적 정체성을 표현하고 있을 뿐만 아니라, 심리적·정서적·문화적으로 역시 현지 사회에의 귀속을 인정한다는, 즉 소속 국가의 구성원이라는 정치적 의지를 의도적으로 강하게 드러내고 있다.

이러한 스스로의 정치적 의지아래 화족은 자신이 갖고 있는 중국요소를 중국의 것이 아닌 소속 국가가 품고 있는(혹은 향후 품어야 할) 다양한 문화의 일부로 간주한다. 고로 화족이 현실생활에서 드러내는 중국요소는 현지 문화의 다양성을 증명하는 표식이지 중국에 대한 정체성의 표현이 아니다. 이러한 의미에서 화족은 중국에 대한 법률적 신분을 가진 화교, 혹은 중국 정체성을 유지하고 있는 화인과 근본적으로 구별된다. 이들은 모든 영역에 걸쳐 현지 국가의 당당한 구성원임을 강조한다. 이들은 화인, 화예

등의 이름을 거부한다. 대신 이들은 "태국인", "싱가포르인", "말레시아인", "인도네시아인"이라는 국민임을 전제하고, 필요에 따라 "화족"이라는 그 나라의 한 민족임을 강조할 따름이다.

민주적으로 개방된 사회에서 이민의 이중적 속성은 소속된 국가와 사회의 발전을 이끄는 견인 역할을 발휘할 수 있지만, 동시에 이민 자체의 생존을 위협할 수 있는 위험성을 내포하고 있다. 동남아 신생국가의 입장에서 중국에 귀속감을 갖는 중국의 해외이민은 당연히 경계와 의심의 대상이었다. 소속 국가의 정치적·경제적 위기에 따라 이 의심은 언제든지 현실적 위협으로 전환될 수 있었고, 이에 중국 해외이민은 모국인 중국과의 특수한 관계를 정리할 필요가 있었다. 결국 화족이란 이름은 이민 집단의 태생적 위험성을 극복하기 위해 중국 해외이민 스스로가 만들어낸 능동적인 의지의 표현이었다.

이민 모국인 중국과의 전통적 연계와 분명한 선을 긋고, 현지사회에의 융합에 대한 합법적 지위와 권리를 드러내고 있는 화족의 명칭과 그 개념의 확대는 현재 진행형이다. 현지 정치·경제·사회·문화 등 각 영역에 대한 중국 해외이민의 참여가 확대되면 될수록 화족이란 이름의 시대성과 보편성은 더욱 공고해질 것으로 예상된다.

화인 디아스포라(華人族群)
Chinese Diaspora

디아스포라(Diaspora)는 원래 그리스어의 Diaspeirein(dia+speirein)

에서 유래한 것으로, 그 사전적 의미는 유태인의 분산 및 이스라엘 이외 유태인의 거주지를 가리킨다. 그러나 이민과 이민사회의 형성이 전 지구적으로 확대되면서 디아스포라를 해석하는 무게의 중심은 점차 유태인이라는 주어에서 벗어나 분산, 강제된 이주, 분산거주 등 상황설명의 개념으로 전이되었다. 디아스포라의 준거로써 일반적으로 제시되는 것은 분산과 이산, 조국에 대한 집단의 기억, 거주국 사회와의 모순, 조국에 대한 귀환 및 참여의식 등이 있다. 이를 근거로 현재 디아스포라는 유태인을 넘어 코리안 디아스포라, 일본 디아스포라, 그리스 디아스포라, 아일랜드 디아스포라, 아프리카 디아스포라, 인도 디아스포라 등 세계 각 민족의 이민 및 그 상황을 설명하는 단어로 정착해 있다.

20세기 초 중국학계에 화교를 디아스포라로 이해코자 하는 시도가 있었다. 하지만 이 개념은 여전히 반(反)유태정책, 유태인학살, 시오니즘 등을 연상케 하는 정치적 민감성을 가지고 있었다. 중국인은 해외의 중국인이 유태인과 함께 거론되는 것에 강력한 거부반응을 보였고, 중국학계 또한 디아스포라라는 개념의 활용을 기피해왔다. 1980년대 이후 각 이민사회가 성장함에 따라, 특히 중국의 화교사회가 주목을 받음에 따라 국제학술계는 화교를 다시금 디아스포라의 한 유형으로 해석하기에 이르렀고, 이는 곧바로 중국 해외이민을 해석하는 가장 진보적인 개념으로 발전하였다.

기존의 화교, 화인, 화예, 화족 등이 중국 해외이민 개인의 법률적·정치적·정서적 정체성을 근거로 사용된 명칭이라 한다면, 화인 디아스포라는 모든 중국의 해외이민 사이에 일정한 공통점이 있다는 전제아래 이들을 하나의 묶음으로 인식하는 이름이다. 화인 디아스포라라는 명칭이 짧은 시간임에도 불구하고 중국 해외이민을 설명하는 키워드로 발전한 근거는 다음과 같은 80년대 이후 중국 해외이민 사회의 발전 및 이를 둘러싼 국제적 환경의 변화에서 찾아 볼 수 있다.

첫째, 중국의 해외이민 사회가 이미 초국가적인 형태의 사회조직으로 발전하였다. 중국의 해외이민은 태생적으로 중국과 연결되어 있다. 즉, 이중성의 한 축인 중국요소이다. 이는 발전을 위한 토대이면서, 동시에 그 발전을 근간에서부터 저해할 수 있는 요소였던 바, 중국 해외이민은 스스로의 발전을 유지하면서도 그 위험성을 제어할 새로운 자기규정이 필요했다. 화교, 화인, 화예, 화족과 같은 이름은 모두 중국이나 소속 국가와의 관계를 전제로 한 것이기에, 여기에는 어느 일방에 대한 정치적 혹은 심리적인 귀속을 분명히 하고 있었다. 하지만 디아스포라의 개념은 해외이민을 중국이나 특정 국가에 소속된 피동적 객체가 아닌 세계무대에서 능동적으로 활동하는 독립된 행위주체로 묘사하는 것이었다. 이에 일부 학자는 디아스포라의 개념 활용이 이민이 가지는 태생적 위험요소를 완화할 수 있을 것으로 평가하였다.

둘째, 중국의 해외이민 사회는 초국가적 활동을 통해 이미 괄목할 만한 경제적 성과를 축적하였는바, 학계는 이 발전의 동력을 해석하고 나아가 이 발전의 미래를 전망할 새로운 이론이 필요했다. 중국 해외이민에 대한 여러 개념은 해외이민이 창출한 경제적 성과를 중국 및 소속 국가와의 연계 속에서 판단하지만, 디아스포라의 개념을 통해 해석된 그것은 중국 해외이민이 가지는 있는 초국가적 네트워크에 주목한다. 즉, 중국 해외이민 사회의 경제적 발전은 화인 네트워크에 의해 생성, 발전되었을 뿐 아니라 이 발전을 견인할 수 있는 것 또한 화인 네트워크라는 것이다.

끝으로, 중국의 해외이민에 관한 논의가 중국에의 귀속, 혹은 현지에의 동화를 둘러싼 논쟁을 넘어 세계화와 연계된 거대 담론으로 발전하고 있는 현실이다. 이는 기존 국가 및 지역의 지리적 한계를 넘어설 수 있는 탄력적 개념을 요구하였고, 여기서 화인 디아스포라는 기존 사회조직이 가지는 지역적 한계를 뛰어넘어 혈연(血緣)이나 지연(地緣) 등 전통적 관계를 근거로 운영되는 초국가적 네트워크 체제로 해석되었다.

위의 추세에 힘입어 중국 해외이민 사회의 일각에서는 새롭게 해석된 화인 디아스포라의 논의를 근거로 화인 디아스포라 자체의 홀로서기를 꾀하고 있다. 즉, 이민모국인 중국으로부터의 독립과 함께 현재 소속 국가에 대한 물리적 포함관계 또한 희석시키고자 하는 시도이다. “국경은 더 이상 지리적인 것이 아닌 사상적·심리적인 것”이라는 국경에 대한 파격적 정의나, “세계공민”인 “화인”에 의한 “화인세계주의”(Chinese Cosmopolitanism)의 논의는 모두 국가체제로부터 독립된(혹은 독립의 방향으로 발전하는) 화인 디아스포라를 구상하고 있다.

물론 학계에는 여전히 화인 디아스포라의 명칭 사용에 부정적인 시각이 존재한다. 일부 화교학자는 화인 디아스포라의 명칭이 화교, 화인, 화예, 화족, 나아가 현지민족으로의 변화, 즉 중국교민에서 현지국민으로 변화하는 이민의 자연적 발전과정을 논하기 위해 설정한 임의적이고 추상적인 개념이라 설명하면서, 화인 디아스포라에 현실적 타당성이 없음을 주장한다. 또 다른 일부 화교학자는 디아스포라의 명칭 사용 자체를 거부한다. 이들의 견해에 따르면, 유태인과 이스라엘을 연상시키는 디아스포라를 중국 해외이민에 적용시킬 경우, 이는 중국 해외이민이 유태인과 마찬가지로 현지와 융화되지 않는 보수적 집단임을 암시한다는 것이다. 이어 이 암시는 결국 이미 "화족"으로써 현지에 뿌리를 내린 중국 혈통의 현지 국민을 다시 타인, 심지어는 "중국인"으로 인식케 함으로써 불필요한 의혹과 마찰을 야기할 수 있다는 것이다.

중국의 화교에 대한 시각

중국 해외이민에 대한 중국의 시각, 그리고 이에 따른 화교정책은 대략 부정과 긍정의 반복이라는 경향을 보인다. 물론 이 긍정과 부정의 반복은 시대별로 각기 다른 형식과 내용을 품고 있다.

고대 中國은 해외이민을 "외면"하였고, 근대 중국은 화교를 "흡수"했다. 사회주의 중국은 화교를 중국과 "분리"시켰고, 80년대 개혁개방의 중국은 화교를 "초청"하기 시작하였다.

외면, 흡수, 분리의 단계까지 중국과 해외이민의 관계는 일방적이었고, 여기에서 화교는 철저히 피동적인 객체였다. 하지만 초청의 단계에서 중국과 해외이민의 관계는 미묘하게 변화했다. 이 변화는 중국 해외이민 스스로가 가진 역량과 지위의 변화에서 비롯되었다. 즉, 초청장의 발급은 중국의 몫이지만, 이 초청에 응할 것인가, 거부할 것인가는 해외이민의 몫이라는 것이다.

우선 중국 해외이민의 역량 및 지위변화에 따른 중국의 시각 변화를 살펴보자.

첫째, 우선 해외이민이 가지고 있는 경제적 실력에 대한 고려이다. 이들 사본의 규모가 2천억 달러로 추산되었고, 이 자본을 유치해야만 중국의 개혁개방은 순조롭게 진행될 수 있었다.

둘째, 타이완과의 통일이라는 정치적 과제 속에서 중국공산당 정부에 대한 세계 각국의 지지를 끌어내야 했다. 중국의 해외이민은 이미 현지 국가의 정치적 구성원으로 변모하였고, 선거권을 가진 이들은 현지정부의 외교정책에 영향력을 끼칠 수 있었다.

셋째, 중국은 현재 서구중심주의가 아닌 중국식의 다원적 세계화를 추진하고 있다. 이에 실력 있는 해외이민의 존재는 중화민족의 독창성과 위대성을 증명하고, 동시에 중화민족의 내적 동일성을 강화할 수 있는 역사적 실체로서 제시될 수 있는 것이다.

중국이 해외이민을 다시 불러들여야 하는 이유는 분명했다. 하지만 이미 절대다수의 화교는 현지국적을 취득해 현지에의 동화를 받아들였고, 심지어 이름까지도 현지 이름으로 바꾸었다. 그들 스스로가 자신의 정체성을 밝히지 않는다면, 그들은 중국과 아무런 관계가 없는 존재이다. 더군다나 중국의 입장에서 볼 때, "화인"은 중국과 동남아 여러 국가사이의 외교관계에 있어 여전히 부정적 불씨이다.

이러한 상황에서 외면, 흡수, 분리와 같은 과거의 일방적인 화교정책은 이미 실효성을 상실했다. 더군다나 절대다수의 중국 해외 이민은 이미 중국의 손짓대로 움직이는, 일편단심의 춘향이가 아니었다. 이제는 그들을 능동적으로 중국에 참여하게 만들 유인책이 필요했다.

한때 중국은 화교를 자본주의의 대리인이며, 반동 부르주아라 부르며 탄압했었다. 이에 대해서는 뒤의 5장에서 구체적으로 살피겠다. 민간에서도 역시 화교를 비하했다. 그들은 겉은 노란색으로 중국인처럼 보이지만, 그 속은 흰색의 백인이라는 바나나라고 놀림을 받았다. 이제 중국은 다시 화교에게 조국이 얼마나 화교를 아끼고 사랑하는가를 보여주어야 했다.

화교, 화인, 화예, 화족 등 여러 유형의 모든 해외이민은 중국의 일부로 해석되기 시작했고, 화교정책의 기본방침은 "교포의 애국심과 애향심의 열정을 보호하고 발양"하는 것이라 정리되었다. 물론 여기서 "교포"라 함은 해외에 거주하는 모든 중국혈통을 가리키는 것이며, "애국"이란 당연히 중국에 대한 애국을 가리키고 있다.

중국 해외이민에 대한 사랑은 덩샤오핑의 "해외화인은 중국이 가지는 세계 유일의 기회"라는 발언을 통해, 그리고 장쩌민, 후진타오, 시신핑의 "중화민족의 자원 보물창고", "전 세계 3천여민 해외동포는 중국의 위대한 발전을 위한 특수한 기회이며, 동시에 중화민족의 중요한 자원의 보물창고"등 선언을 거치면서 국가 기본정책으로 확정되었다. 이러한 중국 최고 권력자의 해외이민에 대한 인식은 정치적 담론을 통해 신속히 학계와 민간에 광범위하게 전파되었다. 이 과정에서 각기 다른 여러 유형의 해외이민은 "교포", "해외동포", "해외화인"과 같이 중국과의 연계성이 강조된 이름으로 표현되기 시작하였다.

"해외화인은 중화민족의 중요한 자원의 보물창고"라는 논의가 정치적 의도에 의해 진행되고 있다면, 중국 국학계열 학자에 의해 제기된 "중화민족 단결역학"은 학술적으로 이를 뒷받침하고 있다. 조국의 통일과 중화의 진흥을 위한다는 매우 명확하고 현실적인 목적을 드러내고 있는 "중화민족 단결역학"은 중국과 해외이민의 관계를 모국 중심주의의 입장에서 해석하고, 이를 토대로 이른바 중화민족 특유의 단결력을 강조한다. "중화민족 단결역학"

은 중국과 각각의 해외이민 사이에 현실적으로 존재하는 법률적·정치적·정서적 심지어 혈통적 차이를 회피한다. 이 이론은 대신 해외이민 모두를 중국의 정치·경제·외교에 귀속된 "화교화인"으로 칭하고 있을 뿐 아니라, 심지어 중화민족의 발전에 공헌해야 한다는 당위와 "조국"에 대한 "애국"의 의무를 부여하고 있다.

"중화민족 단결역학"과 함께 중국 국학 연구자 및 중국의 정치가에 의해 적극적 호응을 얻고 있는 이론이 "다시 중국으로-재중국화(再中國化)"론이다. 이 이론이 목표로 삼고 있는 대상은 이미 현지에 동화된 화인, 화예, 화족 등을 포괄한 모든 해외의 중국인이다. 즉, "다시 중국으로"의 이론에 따르면, 중국의 해외이민이 이미 현지에 동화되었다고 하더라도 중국의 정치적·경제적 영향이나 중화민족의 문화적·교육적 자극을 받아 다시 중국으로 귀속한다는 것이다. "다시 중국으로" 이론은 2단계에 걸친 역사를 그 증거로 제시하고 있다.

1단계는 20세기 초 중국의 근대 민족주의 운동이 흥기하면서 발생한 동남아 각지 화교사회의 중국 민족주의 운동에 대한 참여이다. 이들은 중국에 애국하였고, 그 결과 명실상부한 중국의 해외국민이 되었다.

2단계는 1980년대 중국 개혁개방이 시작되면서 해외이민의 중국 경제발전에 대한 관심이 확대되었다. 이러한 상황에서 발생한 동남아 각지의 화교대상 폭력 사태는 중국 해외이민의 현지에의 동화를 촉진하기는커녕 오히려 중국에 대한 귀속의식을 강화시켰다.

중국의 해외이민에 대한 인식은 분명 19세기 말 "흡수"의 단계에 비해 분명 치밀해졌다. 하지만 이것만으로는 턱없이 부족했다. 이 인식이 해외이민을 흡수하기 위한 구체적 정책으로 발전하기 위해서는 동남아 각국의 동의가 필요했고, 해외이민 스스로가 중국에 대해 가지고 있는 깊은 불신 또한 해소시켜야 했다.

흥미롭게도 1980년에 공포된 <중화인민공화국 국적법>이나 이후 중국정부가 동남아 각국 정부를 향해 발표한 각종 성명은 모두 중국국적을 가진 "화교"를 제외한 전체 해외이민을 중국의 정책범위 밖의 외국인으로 분류하고 있었다. 이는 덩샤오핑 이래 중국 최고 권력자의 "해외화인은 중화민족의 중요한 자원의 보물창고"라는 선언과 근본적으로 모순되는 것이었다.

여기에서 19세기 말 "흡수"의 화교정책과 다른 "초청"의 화교정책이 출현했다. 중국의 정치와 정책은 나뉘어졌고, 외교정책과 화교정책은 서로 연결되었으며, 외교와 화인에 대한 사무는 구분되었다. 외교의 영역에서 화교정책의 대상은 "화교"였지만, 정치의 영역에서 그 대상은 외국국적의 "화인"이었다. 중국의 공식적인 정책대상에서 배제된 외국국적 화인은 비공식적인 통로를 통해 우대받았다. 개혁개방 초기부터 화교(실제 화인)의 고향이 "경제특구"란 이름으로 특혜를 받았고, 그들의 친척(실제 화인의 친척)은 과거에는 꿈도 못 꿀 다양한 권익을 법적으로 보장받았다. 그리고 중국정부는 개혁개방이란 파티에 전 세계에 흩어져 있는 해외이민을 초청했다. 성공했다. 이에 대한 자세한 설명은 뒤의 6장과 9장에서 이어질 것이다.

이 책을 시작하면서 중국의 꿈 이야기를 했다. 화교정책, 이에 근거해 마련되는 법률은 구체적이어야 한다. 그래서 중국 화교정책의 공식적 대상은 중국국적을 소지한 화교, 귀국한 화교, 화교의 국내거주 친척이다. 하지만 꿈은 구체적일 필요가 없다. 더군다나 모호한 꿈은 보다 폭 넓은 해몽을 가능케 한다.

중국 최고 권력자가 거론하는 "교포", "해외동포", "해외화인"의 명칭은 모호하고, 이른바 "중화민족 단결역학"이나 "재(再)중국화론"의 대상도 모호하며, 개혁개방이라는 파티의 초청대상자 또한 모호하다. 어디에 살건, 언제 이민했건, 지금 어떤 처지이건, 중국의 초청에 응할 지는 스스로의 몫이다. 다만 이 파티는 참석자에게 은밀한 이익을 기대하게 만들었다.

중국 최고 권력자가 말하는 꿈 이야기는 메시지의 전달 수단이다. 이런 차원에서 중국의 정치영역에서 자주 등장하는 중국 해외이민에 관한 명칭과 개념사용의 모호성은 해외이민에 대한 중국 정치가의 표현능력 결여에서 야기되었다기보다는 전략적이고 고의적인 의도에서 비롯된 것이다. 중국 국가이익의 차원에서 볼 때 이는 분명 노련하고 현명한 접근법이다.

화교를 둘러싼 세 가지 시각

중국의 해외이민은 수천 년에 걸쳐 진행된 역사적 과정이며, 또한 각 지역별로 진행된 개별적 과정이다. 그러므로 중국 해외이민에 대한 이해와 연구는 언제나 종적인 역사과정과 횡적인 사회현상을 함께 고려하여야 한다. 만약 어느 한편의 입장이나 시각만이 강조될 경우, 이는 학술적 오류로 이어질 뿐 아니라 해외이민의 생존 자체를 위협할 수도 있다. 중국 해외이민에 대한 연구의 시작은 해당 연구 대상에 대한 명명과 그 해석일진데, 그 명명에 대한 논쟁이 오늘날까지지도 진행된다는 것은 화교가 천성적으로 가지는 탁월한 운동성과 정치적 민감성이 그만큼 크다는 것을 의미한다.

해외이민의 생존과 발전은 모국, 거주국, 해외이민 스스로의 역량이라는 세 가지 요소에 영향을 받는다. 그러므로 중국 해외이민에 대한 여러 명칭 또한 위 세 요소와의 관계 속에서 정리할 수 있다. 저자는 이번 장에서 제시했던 중국 해외이민의 여러 이름을 ① 중국본위의 해석, ② 현지본위의 해석, ③ 이민사회본위의 해석으로 구분하여, 다음 그림과 같이 요약한다.

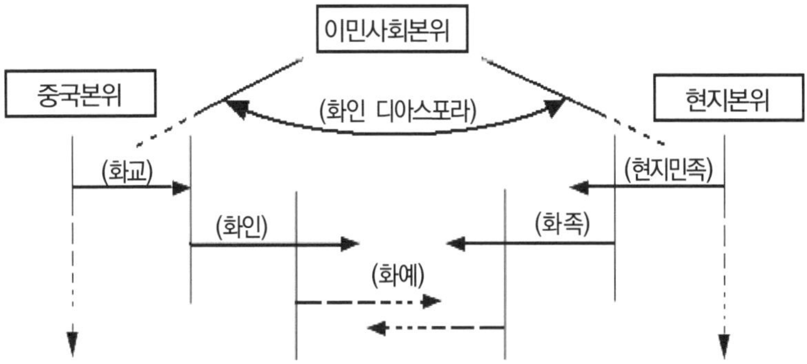

먼저 중국 해외이민에 대한 중국본위의 개념을 정리하면, 우선 법률적인 기준으로 화교와 화인을 구분하고, 중국과의 혈연적·감정적 친소를 근거로 다시 화인과 화예를 구분한다. 화교에서부터 화예까지 중국본위의 해석이 일관되게 취하고 있는 입장에는 모든 해외이민에게 중국요소가 유지되고 있으며, 이에 여전히 중국에 대한 귀속의식이 남아있을 것이라는 전제가 깔려 있다.

현지본위의 입장에서, 특히 동남아 각 국가가 가장 환영하는 이름은 당연히 필리핀인, 인도네시아인, 태국인 등 "화(華)"라는 중국요소를 완전히 소멸시킨 현지민족이라는 개념이다. 여기에서는 화교, 화인, 화예는 물론이고, 심지어 화족까지도 부정된다. 그 다음 화족이라는 이름은 주류민족에의 동화에서 한 걸음 물러나 소속 국가 내의 한 일원임을 강조하는 차원에서 제기되었다. 여기서 제시된 "화(華)"는 중화민족으로써의 "화"가 아닌 현지 소수민족 가운데 하나라는 의미가 강하다. 중국본위와 현지본위의 해석에서 가장 먼 자리에 위치한 화예는 개인의 혈연적·심리적 농도에 근거해 중국 혹은 현지에 편향되어 있거나, 혹은 이중적 성향을 동시에 가지고 있다. 그러므로 환경의 변화와 개인의 이익에 따라 중국본위의 화인이나 현지본위의 화족으로 언제든 전화될 수 있다.

중국본위의 해석과 현지본위의 해석은 모두 중국 해외이민의 모국인 중국과의, 혹은 소속 국가와의 친소 관계에 근거하고 있다. 이에 비해 이민사회 본위의 해석은 해외이민 사회의 전체적인 성향 및 이들의 운영시스템을 중시하고 있다. 이민은 이민이 시작되는 순간부터 그 속성이 변화한다. 하지만 시간이 경과하여 그 본원적 속성이 아무리 희석되더라도 자신의 정체성에 대한 기억은 남아있기 마련이다. 즉, 시대상황의 변화와 자신의 정치적·경제적 이익에 따라 어느 한편에 대한 정체성이 강화되지만, 모든 유형의 해외이민은 여전히 이중적 속성을 가지고 있다. 이 이중적 속성은 단순한 두 가지 속성의 물리적 결합을 넘어 화인이라는 제3정체성을 창출한다. 화인 디아스포라는 화인이 갖는 이 속성 및 이 제3정체성 및 이 정체성을 강화시키는 화인네트워크를 중시한다.

중국본위, 현지본위, 그리고 이민사회본위에 의한 위 세 가지 해석의 범주는 각기 그 인식의 출발점과 그 목적을 달리하고 있다.

우선, 중국본위의 해석은 중국 해외이민의 과거를 강조하고 있다. 이는 전 세계 화인을 "화(華)"로 한데 묶어 "중화민족의 위대한 부흥"을 위한 수단으로 활용하고 있다.

현지본위의 해석은 현지에의 귀속, 즉 중국 해외이민의 현재를 강조하고 있다. 이는 해당 화인의 현지에 대한 경제적 공헌을 유도하고, 능동적 동화를 통한 현지 민족국가건설에의 참여를 강요하고 있다.

이민사회본위의 해석은 현재 운영되고 있는 화인경제의 네트워크에 주의하고 그 미래를 전망하고 있다. 이 화인 디아스포라는 중국 혹은 현지 국가와의 물리적 포함관계를 희석시킨 초국가적 조직의 건설, 나아가 "세계공민"인 화인에 의한 "화인세계주의"(Chinese Cosmopolitanism)라는 남론으로 그 세를 확장하고 있다.

중국 해외이민에 대한 중국본위 해석은 국가이익을 위해 개인을 희생시키는 국가주의의 한계를 그대로 노출하고 있다. 법적으로 외국의 국민이며, 그 삶의 터전 또한 외국에 있는 화인에게 중국에 대한 애국을 강요한다는 것이 해당 화인에게 어떠한 영향을 끼칠 것인가? 그리고 중국에 대한 애국에 대한 대가로 화인이 현지에서 곤란을 당할 때 중국은 이들에게 어떤 보호를 제공해 줄 수 있는가? 역사는 분명 극히 부정적인 답을 내놓을 것이다.

중국본위의 해석과 비교해 현지본위의 해석은 그나마 현실적이다. 현지 국가의 입장에서 소속된 국민에 대해 일치된 민족정체성을 바란다는 것은 당연한 요구이다. 다만 다름을 인정하고 다름 사이의 조화를 강조하는 다원적 사회의 건설이 21세기의 과제임을 비추어볼 때, 화인의 존재는 자국의 사회발전을 도모할 또 하나의 동력이다. 더욱이 화인경제의 원동력은 중국 해외이민 상호간의 네트워크에서 발생하고 있다. 이에 현지에 거주하고 있는 화인의 중국요소는 분명 해당 국가 경제 발전을 위한 플러스요인이다.

이민사회본위의 화인 디아스포라는 국가주의의 한계와 폭력을 극복할 수 있는 하나의 모델로 평가받는다. 하지만 국가조직이 여전히 왕성하게 기능하고 있는 상황에서 국가를 초월한 조직체계의 운영이 가능한 것인지, 또한 중국 해외이민의 삶이 분명 현지에 기반하고 상황에서 중국요소를 강조하는 것이 타당한 것인지에 대한 고민은 아직 해소되지 않고 있다. 이러한 의미에서 화인 디아스포라는 현실적 실체가 아닌 미래의 방향으로 이해할 수 있다.

화교를 어떻게 정의하든, 화교의 생존과 발전을 둘러싼 조건은 바뀌지 않는다. 이 조건이란 시대상황, 중국의 요구, 거주국의 요구, 화교커뮤니티의 역량 등이다. 화교는 이 여러 조건 사이에서 끊임없이 균형을 잡아가는 민감한 운동체이다.

그러한 의미에서 화교의 DNA은 균형과 운동이다.

출전 "중국 해외이민의 제 명칭 분석연구", <중국인문과학> 2005년 12월

제3장

만들어진 화교

당초 中國에는 화교가 없었다.

생존을 위한 선택: 홍문(洪門)

포기된 백성에서 충성스러운 중국인으로

화교는 혁명의 어머니

당초 中國에는 화교가 없었다.

고대 중원지역을 중심으로 거주하고 있던 중국인들은 여러 이유로 조선, 베트남, 필리핀, 일본 등 주변 지역으로 이민하였다. 기록에 따르면 은(殷)나라와 주(周)나라가 교체되던 기원전 11세기, 기자(箕子)는 5천명을 거느리고 조선으로 건너가 정착했다. 단군조선의 뒤를 이었다고 전해지는 기자조선의 그 기자이다. 중국의 일부학자는 이를 근거로 기자가 조선화교의 시작일 뿐 아니라 전 세계 화교역사의 출발점이라고 강조한다.

여기서 "기자가 과연 화교인가?"라는 문제에 앞서 이민의 개념을 우선 정리할 필요가 있다. 이민이란 한 개인이나 집단이 한 국가에서 다른 국가로 이주하여 정착하는 과정과 그 결과를 말한다. 즉, 이민이 성립되기 위해서는 국가의 구성과 이에 소속된 국민의 해외 이주라는 시대적 조건과 사실이 증명되어야 한다.

- 中國이 국가였는가?
- 中國에 국민이 있었는가?
- 中國에게 있어 외국이 있었는가?
- 中國이 이민을 인정했는가?

18세기 말 조지3세 영국국왕은 당시 청(淸)나라 황제였던 건륭제(乾隆帝)의 82번째 생일을 축하한다는 명분을 내세워 매카트니 백작을 중국에 파견하여 통상을 요청했다. 이때 건륭제는 다음과 같이 대답한다.

> 천조(天朝)의 물산은 풍부하여 없는 것이 없으니 원래 너희들과 같은 작은 나라와 무역왕래를 할 필요가 없다. 다만 비단, 도자기, 대황(大黃)등 물건이 너희들 작은 나라의 필수품인고로, 천조는 불쌍히 여겨 매년 얼마간을 하사할 터이니, 너희들 작은 나라는 바다 바깥에 머무르면서 천조를 향한 마음만 가지도록 하라.

건륭제의 이 대답은 당시 중국이 가지고 있던 자신감의 표현일 뿐 아니라 중국 중심의 세계관을 명확히 보여준다. 머나먼 영국이란 나라도 중국에 와 머리를 조아리는데, 하물며 중국인이 중국을 떠난다? 이는 있을 수 없는 일이었고, 설령 있다하더라도 인정될 수 없는 것이었다. 중국인이 中國을 떠난다는 것은 황제에 대한 불충이었으며, 中國에 대한 배반이었다.

물론 황제의 명을 받아 공무집행을 위해, 강제징발에 의한 노역을 수행하기 위해, 주변 민족과의 전쟁을 위한 징병에 의해 중국인이 중국의 통치영역을 넘어가는 일은 빈번했다. 이들 가운데 일부는 중국에 돌아오지 못하고 현지에 머무르기도 하였다. 중국인 개인의 중국 이탈도 있었다. 특히 중국 연해지역에서 국내에서 발생한 폭력적 상황을 피하기 위해, 혹은 보다 많은 경제적 이익을 취하기 위해 중국을 사사로이 빠져나가는 일은 다반사였다. 이들 중 일부도 중국 밖의 현지에 터전을 꾸리고 머물러 앉았다. 하지만 이 모든 중국인의 중국이탈은 이주, 정착의 목적이 아닌 한시적인 거주를 전제로 진행된 것이었다. 설령 당시 중국인들이 동남아지역에서 당인가(唐人街)라 불리는 차이나타운을 건설해 살았더라도, 여전히 이들은 언젠가는 중국의 고향에 돌아가리라는 꿈을 버리지 않았다.

왜 중국정부는 해외이민을 부정했는가, 그리고 실제 존재했었던 이민이 왜 결국 중국에 돌아가고자 했는가의 문제를 이해하기 위해서는 우선 고대 중국의 세계관을 파악할 필요가 있다.

앞의 1장에서도 언급했다시피 고대의 中國은 현실공간이 아니라 예(禮)를 통해 인(仁)을 실현함으로써 도달코자 하는 하나의 이상세계였다. 그래서 예는 中國을 향한 첫 번째 단계로서, 만물을 규정짓는 질서체계로 작동하였다. 만물은 예로써 움직이고, 인간의 모든 행위는 예를 따라야 했으며, 심지어 국가 사이의 관계까지도 예부(禮部)가 관할하였다. 참고로 중국이 "외교"를 이해하기 시작한 것은 1861년 총리각국사무아문(總理各國事務衙門)을 만들면서부터이다. 과거 수(隋)나라와 당(唐)나라가 고구려를 침략했던 이유는 고구려가 천조(天朝)라 자부했던 수와 당에 예를 다하지 않았다는 것이었다. 그리고 임진왜란 당시 명(明)나라가 조선에 파병한 이유는 위험에 처한 작은 나라를 천조가 마땅히 도와야 한다는 예가 명분으로 걸려 있었기 때문이었다.

동아시아에서 유교질서를 공유했던 조선 역시 예에 근거해 국가를 운영했다. 고려를 몰락시켰던 이성계의 위화도 회군이나, 만주족 정권과 벌였던 두 차례의 호란, 그리고 이후 조선에서 벌어졌던 수많은 사화(士禍)의 명분 또한 모두 예였다.

예는 中國의 신분질서까지도 관장했다. 동아시아 각 왕조에서 사대부계층은 예를 실천하는 집단이라 하여 우대받았고, 이에 반해 상인계층은 예가 아닌 이익을 쫓는다하여 홀대받았다. 생산영역에서 농업은 근본이었고, 상업은 부수적인 것이었다. 이에 농업은 중시되었고, 상업은 억압받았다.

정화(鄭和)의 원정은 예를 위해 이익을 버린 대표적 사건이다.

정화는 명나라 영락제(永樂帝)의 명을 받아 대규모의 선단을 꾸려 1405년부터 1433년까지 모두 7차례에 걸친 초대형 항해를 지휘하였다. 이는 콜럼부스의 항해와 비교하여 시간적으로 90여년이 앞선 것이었고, 그 규모는 무려 30배 이상이었다. 인도양을 넘어 아프리카 동부의 케냐에 이르는 항로가 개척되었고, 중국은 30여개 국가 및 지역과 우호관계를 설정하면서 中國의 위세를 떨쳤다.

물론 경제적 이익도 컸다. 30년 남짓의 항해를 통해 얻은 수익은 과거 송(宋)나라, 원(元)나라 시대 해외무역을 전담했던 시박사(市舶司) 수입 총액과 비교해 무려 열배를 훌쩍 넘기는 규모였다. 많은 학자는 정화의 항해가 계속 이어졌다면, 또 중국이 이 항해의 의미를 중시했더라면 분명 세계의 역사가 날라졌을 것이라 단언한다.

이러한 막대한 경제적 이익과 기회에도 불구하고 이 항해는 7차를 끝으로 더 이상 이어지지 못했다. 심지어 항해에 참여했던 모든 배는 이후 운항이 금지되었고, 이 항해와 관련된 기술과 항해의 과정에서 누적되었던 수많은 해외의 정보는 모두 불태워졌다.

중국은 왜 이 이익과 기회를 포기해버렸는가?

명나라는 농업을 장려하고 상업을 억제한다는 농본억상(重農抑商)의 정책을 견지했다. 이에 연해지역 백성이 사사로이 해외로 나가 장사하는 것은 엄격히 금지되고 있었다. 당초 정화의 항해는 中國을 널리 알리고 명나라 황제의 덕, 특히 영락제의 위엄을 천하에 떨친다는 정치적 이유에서 시작되었던바, 영락제의 사망은 이를 지속시켜야 할 정치적 동력의 상실을 의미하는 것이었다. 더군다나 정화 원정의 과정에서 부수적으로 따라온 경제적 이익과 해외에 대한 정보의 누적은 연해지역 백성의 상업적 욕구를 자극시켰다. 이 욕구는 당시 명나라 해안에 출몰했던 왜구의 창궐을 더욱 부추겼는데, 흥미롭게도 당시 왜구 대부분은 실제 중국 연해지역의 백성들이었다. 이는 中國을 지향하는 명나라로서는 결코 용납할 수 없는 것이었다.

다음 내용은 중국인의 해외 이주는커녕 이동 자체를 금지한 명나라와 청나라의 포고문이다.

- 반쪽의 나무토막도 바다로 나가는 것을 엄히 금지한다.
- 한번 해외로 한번 나간 백성은 다시 돌아 올 수 없다.
- 바다로 나가 무역하거나 해외에서 농사짓는 자 모두 참수한다.
- 백성이 만약 배를 만들어 바다로 나가면 이는 반역의 행위이다. 이에 참여한 자는 모두 머리를 잘라 시장에 걸어두고, 그 가족은 변방에 내쫓아 군역을 맡게 한다.

중국은 모든 백성의 해외진출을 금지했다. 즉, 해금(海禁)이다. 이러한 상황에서 이미 해외에 나가있는 자들은 어떻게 이해되었겠는가! 그들은 중국인으로서 어떠한 대우도 받지 못했다.

1574년 중국을 떠나 필리핀에 도착한 5천여 중국인과 당시 필리핀을 장악하고 있던 스페인군대 사이에 충돌이 발생했다. 이 소식이 전해지자 명나라 정부는 곧바로 필리핀 식민당국에 사신을 파견하여 오히려 이 중국인에 대한 조속한 진압을 요구했다.

1603년 스페인 식민당국이 필리핀에 거주하고 있던 중국인 가운데 무려 90% 이상에 해당하는 2만5천명을 학살했다는 소식이 전해졌다. 이에 청나라 정부는 "이들은 조상의 묘를 버리고 떠난 자들이며, 고향을 버리고 자신의 이익만을 추구했던 천민이다. 그렇기 때문에 중국은 이들의 삶과 죽음에 아무런 관심이 없다"며 이들의 죽음을 외면했다.

1740년 네덜란드 식민당국이 인도네시아에 거주하고 있던 1만여 명 중국인을 학살했다. 네덜란드 식민당국은 당시 청나라의 군사적 보복이 두려워 자진해서 사신을 파견해 청나라 정부에 이 사실을 알렸다. 이에 청 정부는 다음과 같이 반응했다.

- (학살당한) 그들은 스스로 황제의 덕을 포기한 자들이다.
- 그 땅은 원주민의 것이지, 한족 종자들의 것이 아니다.
- 그 (한인) 족속들이 스스로 자초한 일이다.

결국 이민 자체를 인정할 수 없었던 고대 중국에서 화교에 대한 정책은 존재할 수 없었다. 백번 양보해 관련 정책이 있었다고 한다면, 이는 오직 "포기된 백성"에 대한 배척과 억압의 정책이었다. 논리적으로 볼 때, 화교에 대한 정책은 中國의 세계관과 가치체계가 근본적으로 바뀌거나 혹은 완전히 무너져야만 비로소 그 출현이 가능한 것이었다.

생존을 위한 선택
홍문(洪門)

동남아 현지를 지배하고 있는 열강의 식민지정부는 식민지 건설 및 운영을 위해 이 중국인을 적극 활용했다. 중국 해외이민의 우두머리는 식민지의 중간관리자를 의미하는 카피탄(甲必丹, Kapitan, Capitan, Kapitein, Captain)으로서 중국 해외이민을 관리하고, 중국과의 밀무역을 수행하면서 현지의 식민지 경영에 참여했다. 그들이 이룬 경제적 성취는 현지 원주민의 수준을 훨씬 추월하였다. 다수 원주민에게 둘러싸여 있는 현실 속에서, 중국 해외이민에 대한 원주민의 질시는 어찌 보면 당연한 것이었다.

열강의 식민당국 또한 언제까지나 중국 해외이민의 뒤를 봐주지 않았다. 중국 해외이민이 필요할 때는 중간관리자였지만, 그들의 이용가치가 소멸되거나 통제가 필요할 때에는 가차 없이 소멸시켰다. 동남아 각지에서 중국 해외이민을 대상으로 발생했던 수차례의 대규모 학살 사건은 이를 증명한다.

중국 해외이민의 생명과 재산은 언제나 위험에 노출되어 있었다. 그렇다고 해서 중국 해외이민이 모국인 중국에 도움을 청할 수도 없었다. 중국은 언제나 그들을 외면하였을 뿐 아니라 오히려 앞장서 배척하였다.

중국 해외이민이 해외에서 생존해 나갈 수 있었던 유일한 근거는 그들이 고향으로부터 가지고 온 방(幫)이나 회(會) 등의 전통 조직이었다. 이 조직은 대게 장례와 제사를 위한 모임에서 출발하였다.

고대 중국의 해외이민은 모두 언젠가는 꼭 고향으로 돌아가리라는 희망을 품고 살았고, 이는 죽어서도 포기될 수 없는 것이었다. 그들은 죽어서 남은 뼈만이라도 고향으로 돌아가야 했다. 이에 중국 해외이민은 죽은 동향인의 무덤을 만들었고, 세월이 흘러 무덤의 숫자가 많아지자 공동묘지 부근에 사당을 마련하였다. 장례와 제사는 자연스럽게 그들 스스로의 조직으로 발전하였다. 이 조직은 중국 해외이민자의 생존과 발전을 위한 정보를 생산하고 유통시켰다.

중국 해외이민의 초기 조직은 이민자의 숫자가 늘어가고, 또 그

출신이 다양해지면서 점차 혈연(血緣), 지연(地緣), 신연(神緣) 등 각종 연줄로 조직된 다양한 방과 회로 발전하였다. 각 방과 회는 각기 엄격한 행동지침과 의무수행을 통해 운영되었는데, 이 조직의 활동은 현재에 이르기까지 여전히 운영되고 있다. 이 가운데 대표적인 조직으로서 차오조우방(潮州幫), 커쟈방(客家幫), 하이난방(海南幫), 광푸방(廣府幫), 푸지엔방(福建幫) 등이 있다.

세계는 빠른 속도로 변하고 있었지만, 청나라는 여전히 中國속에 안주하고 있었다. 동남아 각 지역에 진출한 스페인, 네덜란드, 영국은 필리핀, 인도네시아, 말레이 반도에 식민지를 건설하기 위해 중국으로부터 염가의 노동력을 제공받길 희망했다. 하지만 청나라 정부는 민간의 해외이민을 엄격히 금지하고 있었고, 소수의 중국연해지역 노동자만이 사사로이 중국을 이탈해 이 수요를 충당하고 있었다.

1840년 아편전쟁을 계기로 중국의 모든 것이 변하였다. 우선 중국의 빗장이 풀렸고, 이어 민간의 해외 노동이주 또한 허용되었다. 여기에 더해 1860년대 미국이 흑인노예의 해방을 선언하면서 대체노동력에 대한 수요 또한 급증하였다. 이에 중국의 해외이민은 폭발적으로 증가하였다. 이 시기 100만 이상의 중국인노동자가 쿨리(Coolie)란 이름으로 세계 각 지역에 송출되었다.

중국의 수많은 해외이민은 열악한 환경과 위태로운 생존을 이겨내기 위해 방이나 회 등 기존의 중국인 조직에 가입하였고, 조직의 역할은 날로 확대되어 갔다. 이 과정의 중심에 홍문(洪門)이 있다. 다음은 중국의 해외이민이 홍문에 가입하고자 할 때 예외 없이 서약해야 했던 홍문충의36서(洪門忠義三十六誓), 즉 홍문의 36개 맹세이다.

1조 : 홍문에 들어오면 너의 부모, 형제, 자식은 모두 나의 부모, 형제, 자식이다. 가족을 배신하면 죽임을 당한다.

2조 : 홍문형제의 부모가 죽으면 서로 도와야 한다. 모른 체 하면 죽임을 당한다.

3조 : 외지에서 홍문형제가 찾아오면 무조건 숙식을 제공해야 한다. 모른 체하면 죽임을 당한다.

4조 : 홍문형제는 서로 알지 못하더라도 도와줘야 한다. 모른 체하면 죽임을 당한다.

5조 : 홍문의 비밀을 외부에 알리면 죽임을 당한다.

6조 : 홍문의 원수는 끝까지 추격해 처단해야 한다. 배신하면 죽임을 당한다.

7조 : 홍문형제가 곤란에 처하면 최선을 다해 도와줘야 한다. 최선을 다하지 않으면 죽임을 당한다.

8조 : 홍문형제를 음해하는 자는 죽임을 당한다.

9조 : 홍문형제의 처나 누이를 겁탈하는 자는 죽임을 당한다.

10조 : 홍문형제의 재물을 탐하는 자는 죽임을 당한다.

11조 : 홍문형제가 처자식이나 중요한 일을 맡기면 최선을 다해야 한다. 그렇지 않으면 죽임을 당한다.

12조 : 거짓으로 홍문에 가입하는 자는 죽임을 당한다.

13조 : 홍문에 가입한 것을 후회하는 자는 죽임을 당한다.

14조 : 홍문형제가 아닌 자를 도와 홍문형제의 재물을 갈취하는 자는 죽임을 당한다.

15조 : 홍문형제의 재물을 강제로 사고파는 자는 죽임을 당한다.

16조 : 홍문형제의 재물은 빌렸으면 꼭 돌려주어야 한다. 그렇지 않으면 죽임을 당한다.

17조 : 실수로 홍문형제의 재물을 강탈했으면 꼭 돌려주어야 한다. 그렇지 않으면 죽임을 당한다.

18조 : 만약 관아에 체포되었을 때 홍문형제의 신상을 누설하면 죽임을 당한다.

19조 : 홍문형제가 체포되었으면 남겨진 가족을 돌봐야 한다. 성의가 부족하면 죽임을 당한다.

20조 : 홍문형제가 구타를 당하거나 모욕을 당하면 최선을 다해 도와야 한다. 그렇지 않으면 죽임을 당한다.

21조 : 홍문형제에 체포령이 내려오면 이를 즉각 알려 화를 면케 해야 한다. 그렇지 않아 형제가 화를 입으면 죽임을 당한다.

22조 : 도박장에서 외부인과 결탁해 홍문형제의 돈을 따면 죽임을 당한다.

23조 : 사실을 날조하거나 확대해 홍문형제를 이간시키면 죽임을 당한다.

24조 : 스스로 홍문 분파의 우두머리를 맡겠다고 나설 수 없다. 홍문 입회 후 3년 이상이 경과한 자 가운데 충의가 깊은 자를 가려내어 추대한다. 추대 없이 우두머리가 된 자는 죽임을 당한다.

25조 : 홍문 입회 이후 홍문형제 사이에 있었던 과거 원한은 깨끗이 정리한다. 과거의 원한으로 형제를 미워하는 자는 죽임을 당한다.

26조 : 친형제와 홍문형제 사이에 문제가 발생하면 어느 편에도 서지 않고 중립을 지킨다. 그렇지 않은 자 죽임을 당한다.

27조 : 홍문형제가 관리하는 구역은 서로 침범하지 않는다. 홍문형제의 구역을 침범하는 자 죽임을 당한다.

28조 : 돈 잘 버는 홍문형제를 질투하지 않는다. 그렇지 않은 자 죽임을 당한다.

29조 : 홍문형제가 횡재하면 이를 외부로 알리지 않는다. 사실을 고의로 누설하는 자 죽임을 당한다.

30조 : 홍문형제가 아닌 자를 비호하지 않아야 한다. 그렇지 않은 자 죽임을 당한다.

31조 : 홍문의 세력을 믿고 위세를 떨거나 사기치고 다니지 않아야 한다. 그렇지 않은 자 죽임을 당한다.

32조 : 홍문형제가 빌려 간 돈을 갚지 못한다고 형제를 원망하지 않아야 한다. 그렇지 않은 자 죽임을 당한다.

33조 : 홍문형제의 여인을 겁탈하면 죽임을 당한다.

34조 : 홍문형제의 처자식을 사서 첩으로 삼을 수 없다. 이를 어긴 자 죽임을 당한다.

35조 : 홍문형제가 아닌 자 앞에서는 언제나 말을 조심해 홍문의 비밀이 누설되는 것을 막아야 한다. 조심치 않아 비밀을 누설시킨 자 죽임을 당한다.

36조 : 홍문에는 사농공상(士農工商)의 구별은 없고, 오직 충의가 있을 뿐이다. 의기로 서로 뭉쳐 서로 돕고 서로의 원수를 갚는다. 그렇지 않은 자 죽임을 당한다.

다분히 불법폭력조직의 운영논리를 보여주는 홍문의 이 서약문은 위태로운 삶을 살아가고 있던 당시 중국의 해외이민에게 최소한의 생존 수단을 제공하였다. 수많은 중국의 해외이민은 홍문에 가입하면서 생존의 수단을 확보하였고, 그 활동을 통해 이익을 창출하였다. 19세기 중반 일본 요코하마에 거주하고 있던 중국 해외이민 가운데 그 절반인 1만 8천명이, 그리고 말레이시아의 중국 해외이민 가운데 60%가 홍문의 회원이었고, 그 나머지 또한 홍문의 영향력아래 놓여있었다.

홍문과 같은 중국 전통 비밀조직의 활동영역은 푸젠, 광둥, 민난 등 중국의 연해지역과 동남아의 각 차이나타운을 망라하고 있었고, 쿨리의 송출 경로를 따라 다시 미주, 호주, 남아프리카로 세력을 확장하였다. 중국 해외이민 또한 홍문조직에 의탁하면서 자신의 사업영역을 넓혀나갔다. 자신을 보호해줄 국가행정력이 부재한 상황에서 중국 해외이민은 자신의 경제생활뿐만 아니라 삶 전체를 이러한 조직과 네트워크에 의탁하고 있었다.

당초 홍문은 명(明)나라가 만주족 정권인 청(淸)나라에 의해 멸망하는 과정에서 만들어진 천지회(天地會)의 내부명칭이었다. 당시 그들이 내건 구호는 청을 반대하고 명을 다시 세운다는 의미의 "반청복명(反淸復明)"이었다. 청나라의 진압이 시작되자 천지회는 해외로 눈을 돌렸다. 그들은 동남아 각 지역에 터를 잡고 있던 중국이민사회로 침투하였고, 각 방이나 회의 전통조직과 결합하면서 홍방(洪幫), 홍순당(洪順堂), 소도회(小刀會), 쌍도회(雙刀會), 삼합회(三合會), 의흥당(義興黨), 치공당(致公堂) 등 다양한 이름으로 세력을 확장하였다.

이들 조직은 회원끼리의 단결을 도모하여 회원의 권익을 보장하는 데 큰 역할을 수행하였지만, 이에 따른 부작용 역시 적지 않았다. 지역별 특색을 가지고 있던 중국의 해외이민조직은 일단 다른 조직과의 충돌이 발생할 때 폭력의 사용을 서슴지 않았다. 예로 1854년 싱가포르에서는 중국의 해외이민조직 간의 싸움이 일주일간이나 지속되면서 400여명이 사망하고 300여동의 건물이 철저히 파괴되기도 하였다.

포기된 백성에서 충성스러운 중국인으로

현재의 중국은 화교가 곧 "해외의 중국인"이라 인식하며, 특히 "중국인"이라는 이 세 글자에 방점을 찍는다.

그렇다면 중국은 무엇이고, 또 중국인은 무엇인가?

이미 앞 장에서 中國과 중국을 구분하였듯이, 中國은 예의만 있다면 어디에서나 실현될 수 있는 이상공간이었다. 물론 그 전제는 예의의 충만을 통한 인(仁)의 실현이었다. 그래서 한나라, 당나라, 명나라, 청나라 등 고대 중원의 모든 왕조는 스스로 中國의 정통을 잇고 中國을 실현한다고 자부했을 뿐, 감히 中國을 자신의 왕조이름으로 내걸지 못했다.

19세기에 접어들면서 이상공간으로서의 中國은 분열되고 급기야 와해되기 시작하였다. 지금은 오키나와로 불리는 류큐(琉球), 베트남, 그리고 이어 조선이 서방열강과 일본의 폭력에 의해 中國으로부터의 "독립"을 부여받았다. 이는 中國을 지탱하고 있던 세계질서의 와해였다. 이제 이상공간이던 中國은 사라지고 오직 중국의 빈 껍질만 뒤집어 쓴 청나라만이 남겨졌다.

서방열강에 의해 류큐, 베트남, 조선이 차례로 中國으로부터 이탈하자, 중국 내부도 크게 동요되기 시작했다. 청나라가 장악하고 있던 중국대륙의 중서부에서 이슬람교도와 투르크 계열 민족이 독립전쟁을 벌이더니, 급기야 중국의 절대다수를 차지하고 있던 한족이 청나라 타도와 한족 스스로의 정권수립을 외치기 시작했다.

세계사적 입장에서 한족 국가의 탄생은 근대민족국가의 탄생으로 이해될 수 있겠지만, 당시 중국의 입장에서 이는 中國의 완전한 분열이고 붕괴를 의미하는 것이었다. 더군다나 당시 청나라 전체 영토의 반 이상은 투르크 계열, 티베트 계열, 몽골 계열 등 소수민족이 차지하고 있었던바, 이들을 배제한 채 한족만의 국가를 만든다는 것은 곧 중국의 반 토막을 의미하는 것이었다.

량치차오는 中國을 근대국가의 형태로 전환시키면서, 동시에 이의 국민이 될 중화민족의 개념을 창안하였다. 그에 있어 이른바 중화민족이란 당시 청나라의 영토 범주 내에서 생활하고 있는 모든 민족을 포괄하고 있었다. 이에 중국내의 각 민족이 이 중화민족에 동의한다면, 중국은 비로소 청나라의 영토를 온전히 이어받은 근대민족국가의 형태를 갖게 되는 것이었다.

그는 "공덕(公德)은 모든 국가의 근원으로, 집단에 이로움이 있으면 선(善)이고 이로움이 없으면 악(惡)"이라면서 국가를 최고의 선으로 자리매김하였는데, 흥미롭게도 그의 국가관에는 근대의 국가가 전제로써 가져야 할 평등, 자유 등 시민공동체의 개념이 결핍되어 있었다.

오히려 량치차오의 눈에 비친 모범적인 근대국가, 즉 새로운 중국이 본받아야 할 발전의 모델은 식민지 건설에 열을 올리고 있는 탐욕스런 제국주의였다. 그는 열강의 침략 원인을 강자의 탐욕이 아닌 약자의 나약함(자유에 대한 스스로의 포기)에서 찾으면서 제국주의의 폭력성을 합리화했다.

중화민족 역시 이러한 국가관과 한데 묶여 창조되었다. 량치차오는 민족을 "같은 종족, 같은 언어, 같은 종교, 같은 습속을 가진 사람들이 서로를 동포라 여기고, …, 다른 종족에 대항하는 것"이라 해석하였다. 즉, 위기에 처한 중화민족은 그 어떤 가치보다도 우선해야 하는 절대적 가치로 제시되었다.

그렇다면, 국가로서의 중국, 민족으로서의 중화민족을 구상하면서 당연히 고민되었을 국민은 어떤 모습으로 그려졌을까?

량치차오는 다음과 같이 말한다.

> **진정으로 공적 관념을 가진 자는 항상 자신 사익의 일부분을 희생해서 공익을 옹호하는 것을 아까워하지 않는다. 심한 경우는 자신의 현재 사익 전체를 희생해서 미래의 공익을 옹호해야 한다.**

즉, 량치차오에 의해 "신민(新民)"이라 명명된 새로운 중국의 국민은 중화민족을 위해 그 어떤 희생도 마다하지 않아야 했다. 이에 1882년 정관잉이 이홍장에게 보낸 문서에서 처음으로 언급된 "화교"는 량치차오에 의해 자연스럽게 해외의 신민으로 이해되었을 터이었고, 이러한 사고의 틀 속에서 해외 이민의 개성과 인권은 중국과 중화민족이라는 절대가치에 종속되었다.

더군다나 량치차오는 1905년 <신민총보(新民總報)>에 발표한 <중국식민 8대 위인전>을 통해 이 해외 신민의 모범을 그려내었다. 그는 과거 동남아 중국인 이민사회를 장악하였던 뤄팡보, 얍아로이 등을 "위대한 중국"의 해외 신민으로 칭송하면서, 중국정부에게 동남아의 화교사회를 중국의 식민지로 삼을 것을 요구하였다. 량치차오의 이러한 견해는 훗날 중국 국학계열의 학자에 영향을 주면서 이른바 "화교식민론(華僑殖民論)"으로 발전하였다.

량치차오 등에 의해 체계화된 중국, 중화민족, 신민에 대한 인식은 청나라를 지키겠다는 보황파(保皇派)와 공화국을 건설하자는 혁명파(革命派) 사이의 논쟁을 통해 확산되었다. 이 논쟁은 중국의 국내가 아닌 해외의 화교사회에서 진행되었다. 그도 그러할 것이, 청나라는 이러한 논쟁 자체를 반역행위로 여겨 엄격히 탄압하고 있었고, 량치차오 등 보황파는 무술변법의 실패로, 그리고 쑨원 등 혁명파는 모두 청조의 수배령을 피해 해외를 떠돌고 있었다.

이에 비해 화교사회는 중국 국내 상황과는 사뭇 다른 역동성을 가지고 있었다. 19세기 중반부터 근대화를 추진했던 청나라 정부는 화교에게 간절할 러브콜을 보냈다. 화교에게 온갖 관심과 행정적 편의가 쏟아졌고, 이에 동남아의 화교사회는 급속히 중국의 교민사회로 변모하기 시작하였다. "버려진 백성"이나 "돼지새끼"라는 치욕스런 이름 대신 "화교"라는 그야말로 황송한 이름을 부여받았고, 합법적인 중국의 국적을 부여받았으며, 화교조직의 지도자는 중국정부로부터 작위나 관직까지 수여받았다. 그들은 중국의 러브콜에 이렇게 반응했다.

> **중국을 맞아 기쁨이 넘쳐 감격의 눈물이 쏟아졌다. 이것은 백 년 동안 한반도 맛보지 못했던 조국의 사랑이다.**

해외 각지에 흩어져 있던 화교의 중국에 대한 관심은 컸다. 그들은 이미 중국 국내의 중국인보다 더 중국의 미래에 관심을 갖는 주체로 등장하였고, 이들이 확보하고 있던 역량 또한 중국 국내의 중국인이 가지고 있지 못한 것이었다.

그들은 중국 근대화를 위해 필요한 돈, 정보, 지식, 조직 그리고 식민지 현지에서 간접적으로나마 학습하게 된 근대적 정치의식을 가지고 있었다. 이는 수천 년 중국 역사에서 결코 발견되지 않았던 것이었다. 즉, 이들에게는 프랑스 혁명과도 같이 황제를 단두대로 끌어낼 수 있는 공화혁명의 의식, 삼권분립이나 정당정치와 같은 근대 국가 운영 시스템에 대한 이해, 그리고 스스로가 주인이 된다는 민주주의 이상을 가지고 있었다.

화교는 혁명의 어머니

다음은 20세기 초 동남아 화교사회에 유행했던 “혁명군(革命軍)”이라는 노래이다. 이 노래는 당시 동남아 화교의 중국혁명에 대한 열정을 아무런 여과 없이 드러내고 있다.

힘든 인생, 죽을 때 되면 피할 곳도 없구나.
백세도 못 넘길 삶, 껍질과 불알은 썩어만 갈 텐데,
돈과 집이 무슨 소용이며, 고관대작이 또 무슨 소용인가?
부모 죽는 길 배웅하러 모인 자식, 울고는 있지만 속마음은 기뻐하네.
부자 집에 효자 없나니, 애비만 죽으면 다 내 돈이로구나.
…,
화교에게 알려야지, 멀리 세상 끝에 있는 모든 동포에게!
입에 풀칠이라도 하려고 고향 등지고 바다에 나갔구나.
동남아의 더러운 기운이 온 천지를 뒤덮으니,
역병 한번 불어오면 살아도 산다고 할 것 없네.
공장차려 모은 돈, 화원 꾸며 놀아보니 참으로 재미나다.
호화로운 정원 좋기야 하다마는, 돈만 있으면 죽지 않을 수 있을까?
때 되면 뼈와 살에 죽은피만 뭉쳐지고, 창자는 문드러지니,
폼 나던 그 양반은 이제 어디서 찾을꼬?
똥통의 구더기처럼 더럽기는 매한가지.
…,
은전을 쌓아 놓은들 무슨 소용이 있으랴?
만주족 몰아내는 데 쓰는 것이 어떠할까?
…
즐겁구나, 하지만 영원한 것은 이 세상에 없나니,
양심이 있다면 수치심을 알 것.
무엇이 가장 수치스러운 것일까?
조상의 오랜 원수를 잊는다는 것은 영원히 저주 받을 일!
그것도 아니라면,
외국 국적을 얻고 한족漢族임을 잊는 것이리라.

이상공간이었던 고대 中國이 현실공간인 근대 중국으로 변화하는데 있어 화교는 그야말로 주인공의 역할을 수행하였다. 이른바

보황파와 혁명파 사이의 논쟁에서 화교는 결국 혁명을 선택하였고, 그 결과 중국은 수 천 년 전제왕권체제를 끝내고 공화국 체제인 "중화민국"을 건설했다.

중국의 수많은 연구는 중국의 발전에 대한 화교의 공헌을 기정사실로 인식하고 있다. 중국의 근대화, 신해혁명, 중화민국 건설, 항일전쟁, 중국국민당과 중국공산당의 합작, 중화인민공화국 건설, 그리고 개혁개방 등 중국의 역사발전에 대한 화교의 공헌은 모두 뚜렷하다. 그 가운데 가장 대표적인 것은 바로 신해혁명에 대한 화교의 공헌이다.

신해혁명을 이끌었던 조직은 1894년 11월 미국 하와이에서 조직된 흥중회(興中會)였다. 최초 20여명으로 시작된 이 흥중회의 회원은 모두 화교였다. 흥중회를 조직하여 신해혁명을 이끈 지도자이며, 동시에 중국의 국부로 추앙받는 쑨원 또한 화교였다. 흥중회는 1905년 일본 도쿄에서 중국혁명동맹회로 발전하게 되는데, 여기에서도 주축은 역시 화교였다.

당시로서는 국가전복세력이었던 혁명파가 유일하게 의지할 수 있었던 공간은 해외의 화교사회였고, 그 포섭대상은 당연히 화교였으며, 혁명파와 화교의 밀착은 자연스럽게 화교를 혁명의 주력으로 성장시켰다. 화교는 중국의 혁명을 위해 각종 혁명 단체에 가입하고, 돈을 내고, 신문을 발간하고, 심지어는 자신의 가업을 버리고 혁명에 투신하였다. 그러한 의미에서 다음과 같은 쑨원의 선언은 극히 적절한 표현이었다.

화교는 혁명의 어머니이며, 화교가 없었다면 중국의 혁명도 없다.

그렇다면 논리를 뒤집어 신해혁명의 과정과 그 결과는 화교사회에 어떤 영향을 끼쳤을까?

우선 신해혁명은 화교사회의 연대와 단결을 촉진하였다. 신해혁명 이전 화교사회의 분열은 심각한 수준이었다. 과거 화교는 모국으로부터는 "버려진 백성"으로 취급받고, 현지로부터는 다수 원주민과 식민당국의 압력에 처해있었다. 그러하기에 그들 스스로를 방어할 유일한 수단은 혈연, 지연, 신앙 등의 연줄로 조직된 각종의 방과 회, 그리고 홍문 등 비밀결사조직이었다. 극심한 배타성으로 무장한 이들 조직은 각자의 이익을 둘러싸고 반목하고 있었다. 1920년대 출판된 <남양여행만기(南洋旅行漫記)>에 따르면 과거 동남아의 화교사회는 각종 방과 회의 다툼과 부패에 가득찬 암흑사회였다고 기록하고 있다.

그런데 신해혁명의 과정은 서로 분열되어 반목하고 있던 각각의 화교조직에 만주족 청나라를 전복하고 새로운 공화국을 건설하자는 하나의 공동목표를 제시하였다. 동맹회의 싱가포르 분회는 17명의 푸젠, 11명의 차오조우, 10명의 광둥, 6명의 커쟈, 3명의 하이난 출신으로 조직되었다. 이는 과거 봉건적 배타성을 가지고 있던 화교사회가 혁명을 매개로 이미 연대와 단결을 꾀하고 있음을 의미한다.

다음은 통일된 언어와 형식을 갖는 근대적 화교교육이 시작되었다. 신해혁명 이전, 화교사회의 각 방과 회는 해당 조직에 소속된 화교의 자녀를 대상으로 사서삼경과 같은 봉건적 교육을 실시하고 있었다. 당연히 사용되는 언어는 해당 조직의 사투리였다. 하지만 혁명이라는 공동의 목표는 이들 조직의 만남과 연대를 주선하였다. 각 방과 회의 만남은 다시 영국 식민지의 화교교무총회(華僑學務總會), 말레이시아 페낭의 화교교육회(華僑教育會) 등과 같은 화교교육기구의 성립을 촉진하였다. 이 활동은 곧바로 근대적 화교학교의 창립 및 표준중국어의 교육으로 이어졌다.

이로써 화교학교는 방과 회의 구분이 없는 여자학교, 사범학교, 유아원, 직업학교, 야간학교 등 비교적 완전한 근대적 교육체계를 갖추게 되었다. 그리고 봉건적 내용의 교육 또한 극복되어 중화민국의 학제, 교육과정, 교재가 채용되고, 대부분의 교사가 중국으로부터 파견되었다. 당연히 여기서 사용되는 언어는 사투리가 아닌 표준어였다. 이들 학교에서 교육받은 화교는 이제 푸젠사람이나 광둥사람이 아닌 중국인이라는 의식을 가진 중국국민의 일원으로 성장할 터이었다.

한편 화교사회에 통일된 가치와 목표를 지속적으로 제공할 중국어 대중매체가 출현하였다. 신해혁명 이전부터 혁명파는 혁명의 선전을 위해 화교사회에서 각종 신문잡지를 발간하였다. 싱가포르, 말레이시아 지역만 살피더라도 <천남신보(天南新報)>, <일신보(日新報)>, <도남일보(圖南日報)>, <중흥일보(中興日報)>, <싱가포르신보(星州晨報)>, <남교일보(南僑日報)>, <페낭일보(檳城日報)>, <광화일보(光華日報)>, <쿠알라룸푸르일보(吉隆坡日報)>, <사주일보(四州日報)>등 수많은 신문이 화교사회에 유통되고 있었다. 이러한 대중매체의 활동은 화교의 중국에 대한 애국심을 촉발하였을 뿐 아니라 화교의 정치의식을 선진화시키는데 크게 공헌하였다.

끝으로 민족, 국가, 애국 등 근대적 관념의 생성이다. 신해혁명 이전, 화교의 삶과 발전은 그들의 속한 방과 회에서 결정되었기 때문에, 그들이 가진 정체성은 중국이라는 국가에 대한 정체성이라기보다는 푸젠이나 광둥 등 특정 지역, 천씨나 왕씨 등 특정 성씨, 관우(關羽)를 믿거나 마조(媽祖)를 신봉하는 특정 종교집단에 대한 정체성이었다. 그런데 각 방회의 관심사를 압도했던 혁명이라는 과제, 통일된 교육, 중국어 신문의 구독은 모든 화교에게 공통의 민족, 국가, 애국의 관념을 주입시켰다.

결국 화교는 신해혁명의 주역이었고, 뒤집어 신해혁명은 화교를 가장 혁명적인 중국인으로 만들었다. 여기에 더해 일본의 침략이 중국을 비롯한 아시아 전역으로 확대되면서 동남아 각 지역 화교의 중국을 향한 국가 정체성은 더욱 강화되었다. 중국과 일본이 전쟁을 하는 상황에서 중국의 해외국민인 화교는 동남아 현지를 점령한 일본으로부터 적성국가의 국민으로 억압받았다. 아시아 각 지역의 화교는 이제 공동의 적인 일본을 맞이하게 되었고, 일본의 대척점에 선 그들의 민족성과 애국심은 더욱 심화되었다.

- 1930년대와 40년대 세계 800만 화교 가운데 그 반수가 중국을 위한 모금활동에 참여하였다.
- 1942년까지 중화민국이 발행한 전체 국채 가운데 1/3을 화교가 매입하였다.
- 1937년부터 1941년까지의 항일전쟁시기 중국정부가 사용했던 전쟁비용의 20%, 총칭(重慶)임시정부 시기 국민당의 활동자금 가운데 50%이상을 화교가 부담하였다.
- 광둥 한 지역에서 치러진 일본과의 전투에서만 하더라도 세계 각국에서 돌아온 4만 여의 화교가 참여하고 있었다.

화교는 말 그대로 "혁명의 어머니"로 만들어졌다.

출전 "화교의 애국심 문제에 관한 역사적 고찰", <중국학논총> 2007년 6월

제4장

통일전선을 위한 화교

화교를 동원하라!

중국공산당의 통일전선

항일민족통일전선과 화교정책

인민민주통일전선과 화교정책

도구화된 화교정책

중국의 현대역사가 전개되는 동안, 과거에는 없던 새로운 정치 세력이 출현했다. 즉, 중국공산당이다. 1921년 불과 57명으로 시작한 중국공산당은 두 차례 중국국민당과의 합작을 통해 영향력을 키우더니, 급기야 1949년 중국국민당을 몰아내고 사회주의국가인 중화인민공화국을 건설하였다. 현재 중국공산당은 무려 9천만 명의 당원을 가진 세계 최대의 정당이다.

중국공산당은 어떻게 30년도 안 되는 짧은 시간에 중국국민당으로부터 정권을 빼앗을 수 있었는가?

지주와 부르주아를 포함한 중국 기득권층의 지지를 받고 있던 중국국민당, 더군다나 막강한 군사력에 더해 서방국가의 파격적 지원을 받고 있던 중국국민당은 어떻게 그 짧은 시간에 중국공산당에게 정권을 빼앗길 수 있었는가?

이 질문에 대해 중국공산당 스스로는 이른바 "통일전선"이 가장 중요한 역할을 했다고 평가한다. 특히 그 바로미터는 화교였다. 당초 중국국민당의 편에 서 있던 해외화교는 중국공산당의 이 "통일전선"에 의해 결국 중국공산당의 편으로 기울었다.

논리적으로 볼 때, 중국공산당과 화교의 관계는 적대적이다. 중국공산당은 무산계급, 즉 없는 자의 이익을 옹호하는 정치집단이고, 이에 반해 화교는 부르주아, 즉 있는 자들이었다.

중국공산당은 적대계급으로 분류될 수밖에 없는 부르주아 화교를 어떤 논리로 포섭할 수 있었는가?

화교를 동원하라!

중국의 통일전선과 화교의 관계를 살피기에 앞서 우리는 우선 "중국공산당"과 "중화인민공화국"의 관계 및 중국공산당이 가지는 특수한 지위와 역할에 주목할 필요가 있다.

중화인민공화국 헌법의 머리말과 제1장 제1조에 다음의 내용이 선언되어 있다.

- 1949년 마오쩌둥 주석을 영수로 하는 중국공산당이 중국 각 민족의 인민을 영도하여, …, 신민주주의혁명의 위대한 승리를 쟁취하여 중화인민공화국을 건립하였다.
- 중화인민공화국은 노동자계급의 영도와 노동자·농민연맹을 기초로 한 인민민주독재의 사회주의국가이다.

이 말인즉, 중화인민공화국 건립의 주체는 중국공산당이고, 중화인민공화국은 노동자계급의 영도를 받는 사회주의국가라는 것이다.

이제 중국공산당 쪽으로 가보자. 중국공산당의 최고 권위인 중국공산당 당헌은 그 총강에서 다음과 같이 천명하고 있다.

> 중국공산당은 중국 노동자계급의 선봉대이고, 중국인민과 중화민족의 선봉대이며, 중국사회주의사업의 핵심적 영도이다.

결국 중화인민공화국의 헌법과 중국공산당의 당헌은 국가와 정당의 관계가 우리의 것과는 사뭇 다름을 단적으로 보여준다. 즉,

"중국공산당"이라는 정당이 "중화인민공화국"이라는 국가를 영도하고 있는 것이다.

중국 화교정책의 최종 목적은 화교의 권익을 보호한다는 "호교(護僑)", 그리고 화교의 역량을 동원한다는 "용교(用僑)"에 집중되어 있다. 여기에서도 역시 중화인민공화국과 중국공산당의 상호관계 및 그 역할이 여실히 드러난다. 헌법에 기초해 각종 법령을 통해 시행되는 국가주도의 정책은" 화교의 권익 보호"에 무게를 두는데 비해, 당헌에 기초해 결의 및 지시 등 형식으로 하달되는 중국공산당 주도의 화교관련 사업은 통일전선의 의미에서 출발한 "화교 역량의 동원"에 초점을 맞춘다.

중화인민공화국헌법 제50조의 내용은 다음과 같다.

> **중화인민공화국은 화교의 정당한 권리와 이익을 보호하고, 귀교와 교권의 합법적 권리와 이익을 보호한다.**

이는 해외 국민에 대한 국가의 기본의무를 규정한 것으로써, 그 적용 대상을 중국의 국적을 가지고 있는 화교와 이미 귀국해 정착한 화교-귀교(歸僑), 그리고 해외 화교 및 귀교의 국내친척-교권(僑眷)으로 제한하고 있다.

이에 비해 중국공산당 당헌은 오직 화교, 귀교, 교권과 같은 구체적 대상이 없다. 다만 다음의 내용 속에서 "해외교포"라는 단어가 발견된다.

> **중국공산당은 전국의 각 민족의 노동자, 농민, 지식인과 단결하고, 또한 여러 민주당파, 무당파인사, 각 민족의 애국역량과 단결한다.**

> 중국공산당은 이를 통해 전체 사회주의 노동자, 사회주의 사업 추진자, 사회주의를 옹호하는 애국자, 조국통일과 중화민족의 위대한 부흥에 노력하는 애국자로 구성된 최대 범위의 애국통일전선을 발전시키고 강화시킨다. 또한 홍콩특별행정구의 동포, 마카오특별행정구의 동포, 대만동포, 그리고 해외교포의 단결을 끊임없이 촉진한다. 이를 통해 "하나의 국가, 두 개의 제도" 방침에 따라 홍콩 마카오의 장기적 번영과 안정을 촉진하고 조국통일대업을 완성한다.

위에서 언급되어 있는 해외교포는 중국국적의 소지여부와는 관계없는 모든 중국의 해외이민을 의미하며, 그들은 분명하게 이른바 "애국통일전선"의 한 부분으로 이해되고 있다.

중국공산당은 중요한 시대적 변환기에 중국공산당 전국대표대회를 개최하고, 여기에서 중국이 처한 시대조건 및 당면한 과제에 기초한 중심사업과 총 노선을 확정한다. 중국공산당의 중심사업과 총 노선은 곧바로 통일전선의 범주와 주요대상 그리고 그 내용을 결정하고, 화교정책은 이 통일전선의 지도방침에 따라 그 방향과 임무가 조정된다. 그러므로 중국의 화교정책은 통일전선의 전략목표를 중심으로 전개되고, 나아가 중국공산당의 총 노선에 지배된다.

중국의 이른바 신민주주의혁명(1919~1949)과 당대 중국의 개혁개방에 화교의 역할과 공헌은 그야말로 지대한 것이었다. 특히 개혁개방의 성공이 세계적인 관심을 끌면서 학계는 본격적으로 화교와 중국의 관계를 관찰하기 시작하였고, 그 결과로써 중국의 성공적인 화교정책과 화교의 애국적 열정이 개혁개방 성공의 주요 요인으로 부각되었다.

하지만 무산계급독재를 지향하는 사회주의 중국과 무산계급과는 거리가 먼 부르주아 화교 사이의 몹시 부자연스러운 관계에 대한 설명, 즉 통일전선이라는 전략적 각도, 혹은 수단적 의미로서의 이해는 줄곧 부족했다.

본 장에서 살필 내용은 1935년부터 1949년까지 중국공산당의 통일전선 및 이에 근거한 화교정책이다. 이 시기 중국공산당의 당권을 장악한 마오쩌둥은 중국의 실제상황에 근거한 통일전선을 건설하면서 부르주아 화교에 대한 포섭작전을 주동적으로 지휘하였다.

결국 중국공산당의 화교에 대한 포섭작전은 곧 통일전선이었으며, 이 성공은 곧 중화인민공화국 건설의 성공을 의미하는 것이었다.

중국공산당의 통일전선

통일전선(united front)이란 일정한 역사적 조건이나 특정한 정치상황에서 이해관계를 같이 하는 정당 및 사회단체 또는 계급·계층이 공동의 적대세력에 대항하기 위해 구성한 연합이다. 실제 중국현대역사에서 활용되었던 통일전선은 시대조건에 따라 그 범주와 내용을 달리하면서 중국공산당의 발전과 최종적인 정권의 탈취에 매우 주요한 역할을 수행하였다.

당초 통일전선이란 용어는 19세기 마르크스의 동반자였던 엥겔스에 의해 최초로 제기되었다. 1840년 10월 17일 엥겔스는 종교적 봉건세력과의 투쟁을 논한 <유물론과 경건주의>에서 다음과 같은 문장을 제시하고 끝을 맺는다.

> **종교의 암흑세력과 투쟁을 진행하는 그 어떤 상황에서도 우리는 통일전선을 결성해야 한다.**

엥겔스의 통일전선은 훗날 러시아혁명의 과정에서 레닌과 스탈린에게 적극적으로 수용되어 혁명완수를 위한 전략적 수단의 개념으로 정착하게 되었다.

중국공산당은 러시아로부터 통일전선 개념을 수입하여 중국혁명을 위한 주요수단으로 적극 활용하기 시작하였다. 그간의 연구에 따르면, 중국공산당원 가운데 통일전선 개념을 가장 먼저 사용한 이는 중국공산당 제1대 당서기인 천두슈였다.

1922년 5월 23일 천두슈는 제1차 전국노동대회에 참석한 후 "연합전선" 결성의 필요성을 강조한 <공산당이 현재 노동운동에서 취해야 할 태도>를 발표하였다. 같은 해 6월 15일 중국공산당이 발표한 <중국공산당의 시국에 대한 주장>에 "민주주의적 연합전선"이 제기되어 있는 것으로 보아, 그의 통일전선에 관한 의견은 곧바로 중국공산당 중앙에 반영된 것으로 보인다.

"연합전선"이 아닌 "통일전선"이라 분명하게 적시한 사례는 1925년 8월 18일 취추바이가 발표한 <5·30이후 반제국주의 연합전선의 운명>이 최초이다. 하지만 해당 문건에서 주로 사용되는 용어는 여전히 연합전선으로써, 통일전선이란 용어의 출현은 단순한 우연으로 판단된다.

중국에서 통일전선이란 용어가 중국의 혁명완수를 위한 전략개념으로 온전히 자리 잡기 시작한 것은 1935년이다. 1935년 8월

1일 모스크바의 코민테른(Communist International)은 왕밍이 기초한 <항일구국을 위해 전체 동포에게 고하는 서신-8·1선언>을 공개하였고, 그리고 몇 개월 뒤 마오쩌둥은 <일본제국주의에 반대하는 책략을 논하며>를 발표하였다. 전자는 "통일적 국방정부" 및 "통일적 항일연군"이라는 명칭으로써 통일전선을 주장하는데 비해, 후자는 좀 더 명확히 "민족통일전선"이란 이름의 통일전선을 거론하였다.

그러나 더 큰 차이는 그 내용에 있었다. 전자는 일본제국주의의 침략에 맞서 중국국민당을 포함한 모든 계급·계층과의 통일전선을 강조하고 있는데 반해, 후자는 통일전선 건설에 있어 전제조건으로 중국공산당의 주도권 문제를 제시하고 있는 것이다.

당시 왕밍은 코민테른의 중국대표로서, 그의 주장은 언제나 사회주의의 조국인 소련의 안보이익에서 출발하고 있었다. 즉, 서부전선에서 독일과 전쟁을 수행하고 있던 소련은 동부지역의 안정이 필요했다. 이에 소련은 동부지역에서 확장되고 있던 일본의 위협을 억제시켜야 했고, 이를 위해서는 무엇보다도 중국 전체를 장악하고 있던 중국국민당 장제스의 지지가 시급한 문제였다. 즉, 코민테른이 당장 중국에 건설코자 했던 통일전선은 중국공산당이 아닌 중국국민당이 주도하는 통일전선이었다. 이에 코민테른은 중국공산당에게 주도권이나 독립자주의 문제를 강조하지 말 것, 과거 프랑스공산당이 조직했던 인민전선의 경험에 근거하여 "모든 것은 통일전선에 복종"하고 또한 "모든 것은 통일전선을 통할 것"을 강하게 요구했다.

중국공산당 중앙정치국이 1935년 12월 25일 통과시킨 <현재 정치형세 및 당의 임무에 관한 결의>는 통일전선의 건립과 함께 당내의 가장 큰 위험이 (마오쩌둥의 주장과 같은) 폐쇄주의라고 명시하면서 통일전선 건설에 관한 코민테른의 지시를 전면 수용하였다. 이는 당시 중국공산당 내에서 마오쩌둥이 가진 영향력의 한계를 보여주고 있었다.

하지만 마오쩌둥은 중국공산당이 주도하는 통일전선을 포기하지 않았다. 그는 1925년 발표한 <중국사회 각 계급의 분석>에서부터 이미 중국공산당이 부르주아 계급의 이중성을 경계해야 한다고 주장하였는데, 그의 생각은 중국국민당 주도의 제1차 국공합작이 결국 중국공산당에게 큰 위기를 가져오면서 더욱 확고해졌다.

중국국민당과 중국공산당 사이의 합작논의가 진행되고 있던 1937년 8월, 마오쩌둥은 정치국확대회의에서 다시금 중국공산당이 독립자주의 원칙을 견지하고 중국국민당에 대한 계급적 경계심을 늦추지 말아야 한다고 강조했다. 논쟁이 벌어졌다. 당시 중국공산당 총서기인 장원티엔은 "중국공산당이 주도권을 확보해야만 항전의 승리가 보장"된다며 마오쩌둥에 주장에 동조했지만, 마오쩌둥과 격렬한 당권경쟁을 벌였던 장궈타오는 "절대적인 독립자주는 실행이 어렵다"며 이에 정면으로 반대했다.

결국 당시 중국공산당이 최종 통과시킨 <현재 형세와 당의 임무에 관한 결정>은 그 타협점을 보여주고 있다. 이 <결정>은 중국공산당의 독립자주나 주도권의 문제를 적시하지 않는 대신 중국공산당의 당원 및 이가 영도하는 민중의 무장역량이 "전국항전의 핵심이 되어야" 한다며 중국공산당의 주동적 역할을 명시했다. 마오쩌둥이 주장하는 중국공산당 주도의 통일전선은 점차 그 입지를 키워가고 있었다.

중국공산당이 주도권을 갖는 통일전선의 형식과 내용은 마오쩌둥이 코민테른의 지지를 획득하면서, 그리고 마오쩌둥이 왕밍과의 당권투쟁에서 최종 승리하면서 확립되었다.

중국공산당 내에서 마오쩌둥이 갖는 최고지위는 1935년 1월 준의회의(遵義會議)에서 시작되었지만, 장궈타오 및 왕밍은 여전히 당내에서 마오쩌둥과 당권을 경쟁하고 있었다. 이러한 상황에서 마오쩌둥은 중국국민당과의 밀착 분위기를 우경기회주의라고 비판하면서 노선투쟁을 확대시켰고, 이에 코민테른은 왕밍의 입을 통해 중국공산당이 "모든 것은 통일전선에 따라야 한"다는 코민테른의 방침을 따르지 않고 있다고 비판했다.

하지만 항일전쟁에서 마오쩌둥이 주도하는 팔로군(八路軍)과 신사군(新四軍)의 활약이 확대되면서 마오쩌둥의 당내 지배력이 강화되었다. 이에 비해 소련의 이익을 대변하고 있던 왕밍의 입지는 중국의 현실을 모른다는 당내 비판과 함께 급속히 좁아졌다. 이에 코민테른의 입장 또한 변화가 발생하였다. 결국 코민테른은 런비스의 보고를 근거로 1938년 6월 11일 <중공대표보고에 관한 결의안>을 통과시키면서 마오쩌둥에 대한 지지를 표시하였고, 이에 따라 중국공산당은 마오쩌둥의 노선을 인정한 <중공중앙의 확대 6중전회 정치결의안>을 통과시켰다. 이로써 마오쩌둥은 당내 최고지위를 장악하였고, 동시에 그가 제시했던 중국공산당 주도의 통일전선 또한 중국공산당의 정치 전략으로써 최종 확정되었다.

중국공산당의 화교정책은 마오쩌둥의 항일민족통일전선과 함께 그 지위와 역할이 부각되기 시작하였다. 물론 그 이전에도 화교에 대한 중국공산당의 관심은 간헐적으로 표현되고 있었다. 제

1차 국공합작시기 중국공산당원 쉬수훈은 <실력으로 화교를 보호하는 안건>을 제출하였고, 중국공산당의 조기 활동가 샤오추뉘 역시 1927년 <화교와 혁명>이란 글을 통해 화교권익보호와 화교역량동원의 주장을 제기하였다.

하지만 코민테른으로부터 통일전선에 관한 명확한 지침이 내려오기 이전까지, 그리고 마오쩌둥이 중국공산당을 완전히 장악하기 이전까지 중국공산당의 통일전선은 좌경모험주의의 영향을 받고 있었다. 이러한 상황에서 중국공산당은 부르주아 성향을 가진 화교의 지위와 역할을 공개적으로 긍정할 수 없었다.

1935년 코민테른의 <8·1선언>을 시작으로 중국국민당을 포괄하는 항일민족통일전선의 건실이 당론으로 확정되자 화교의 지위와 역할은 긍정되었고, 이에 화교를 대상으로 한 중국공산당의 포섭공작이 공식적으로 시작되었다. 특히 중국공산당 내에서 최고 지위를 확보한 마오쩌둥은 항일민족통일전선의 구도아래 화교사회와의 접촉면을 확대하면서 중국공산당의 항전의지와 새로운 조국 건설의 청사진을 화교사회에 전략적으로 제시하였다. 이러한 마오쩌둥의 입장과 태도는 화교사회의 신문잡지 및 천쟈겅과 쓰투메이탕 등 화교지도자의 언행을 통해 화교사회에 전파되었다.

항일민족통일전선과 화교정책

무산계급을 위한 정당으로서 출발한 중국공산당에게 있어 화교와에 대한 인식은 결코 우호적일 수 없었다. 1921년에 창당한 중국공산당의 초기 문건에는 오직 무산계급에 대한 강조만 있을 뿐, 화교에 대한 고려는커녕 그 어떤 계급·계층과의 연대도 거부하고 있었다.

- 중국공산당은 황색지식분자계층 및 기타 유사당파와의 모든 관계를 철저히 단절한다.
- 우리는 처음부터 끝까지 완전독립의 입장에 서서 오직 무산계급의 이익만을 옹호하고, 다른 당파와 어떤 관계도 건립하지 않는다.

물론 코민테른의 지시 및 소련의 건의에 따라 중국공산당이 국공합작에 참여하였지만, 중국공산당의 좌경 폐쇄주의는 한동안 극복되지 않았다. 국공분열이후 중국공산당은 긴급회의를 통해 이른바 좌파연맹을 구성하였지만, 여기에서도 부르주아는 배제되어 있었다.

초기 중국공산당이 추진했던 노동자만의 혁명, 도시중심의 혁명은 실패를 거듭했다. 쟝시(江西), 후난(湖南) 등지에서 발동한 추수봉기는 진압되었고, 중국국민당군의 대규모 공세아래 창샤(長沙)와 하이루펑(海陆丰) 지역에 건립했던 소비에트 또한 붕괴되었다. 1935년 초 마오쩌둥이 실질적 당권을 장악하기 이전, 중국공산당 지도부가 다섯 차례나 교체된 사실은 당시 중국공산당의 총 노선과 이에 따른 통일전선이 확립되지 못한 이유를 설명한다.

이러한 상황에서 징강산(井冈山)에 혁명근거지를 건설한 마오쩌둥은 자신의 혁명주장과 노선이 중국의 실제상황과 부합한 것이었음을 입증시키면서 당내 영향력을 확대시키고 있었다. 취추바이, 리리산, 왕밍 등이 소련의 지시아래 추진했던 도시중심의 무산계급에 의한 즉각적 혁명은 모두 실패했다. 이에 비해 그들로부터 우경적이라 비판받았던 마오쩌둥의 노동자와 농민의 연대, 농민유격전, 도시포위 등 전략은 오히려 성과를 거두었다. 이렇게 마오쩌둥은 자신의 주장을 증명하고 있었고, 결국 1935년 1월 준의회의는 중국공산당에 대한 마오쩌둥의 실제적 지휘권을 인정하였다.

항일민족통일전선은 1937년 9월 중국국민당 중앙통신사가 <중공중앙의 국공합작선언>을 발표하고, 이어 10월 홍군유격대가 중국국민당 지휘하의 신사군으로 개편되면서 정식 가동되었다. 하지만 중국공산당의 전략적 통일전선은 이미 1935년 8월 모스크바의 <8·1선언> 및 11월 옌안의 <항일구국선언>이 발표되면서부터 시작되고 있었다.

여기서 마오쩌둥의 지휘를 받고 있던 중국공산당은 "가장 광범위한 반일민족통일전선"의 건립을 중국공산당의 주요임무로 설정했다. 그리고 1936년 중국국민당 정부에 장제스와 연대하여 일본에 대항해야 한다는 "연장항일(聯蔣抗日)"의 메시지를 공개적으로 내보냈다. 이는 중국공산당의 통일전선이 장제스까지도 포함한 가장 광범위한 통일전선으로 확대되었음을 의미하는데 그치지 않는다. 더 큰 의미는 소극적 항일을 견지하고 있는 중국국민당과 비교하여 중국공산당이야말로 진정으로 일치항일을 희망하고 있음을 대내외에 널리 홍보하고 있다는 것, 즉 통일전선이라는 프로파간다가 정식 발동되었음을 의미한다.

중국공산당의 통일전선이 당초 노동자·농민만의 계급적 통일전선에서 항일민족통일전선으로 확대되자 화교는 곧바로 이 통일 전선의 범주 안으로 포섭되었다. <8·1선언>은 "교포의 생명, 재산, 거주, 영업의 자유 보장"이 향후 건설될 연합정부의 의무라고 천명했고, 12월의 <현재 정치형세와 당의 임무에 관한 결의>는 "역대 중국혁명을 지지했던 화교의 애국행동"을 찬양하면서 다음과 같이 선언했다.

- 화교를 이용코자 했던 국민당 정부의 모든 정책을 폐기하고, 대신 화교를 보호하는 정책을 수립한다.
- 소비에트정부는 모든 화교동포에게 권리를 인정하고, 화교자본가의 소비에트공업발전에 대한 참여를 환영한다.

항일민족통일전선의 건설에 관한 중국공산당의 선언과 화교 보호에 관한 정책의 천명에 대해 유럽화교, 동남아화교, 미주화교는 각기 다음과 같이 화답했다.

- (이 선언은) 한 개 당의 선언이 아니라 전체 중국 4억 동포의 마음이다.
- 모든 노동자가 이 전선에 참여해야 할 뿐 아니라 모든 공업계, 상업계, 학계가 이에 적극 호응해야 한다.
- 공화민주의 원칙에 따라 해외화교 개인 및 단체는 국내민중과 연대해 항일해야 한다.

화교의 항일민족통일전선에 대한 호응은 자연스럽게 장제스에 대한 압박으로 이어졌다. 해외 각지의 화교단체는 각종 매체를 통해 다음의 내용을 요구했다.

- 통절한 각오로 즉각 중국공산당에 대한 공격을 멈춰야 한다.
- 국방정부, 항일연군을 통한 공통의 항일작전에 찬성한다.
- 화교는 무책임한 내전의 지속을 반대한다.
- 내전중지와 국공합작은 구국을 위한 선결조건이다.

화교사회를 비롯한 국내외의 요구는 결국 장제스가 감금당하는 시안사변(西安事變)으로 이어졌다. 이에 화교사회는 더욱 강하게 장제스가 중국공산당의 요구를 받아들일 것을 압박했다.

- 시안사변은 국가의 운명과 관계된다. 내전을 중지하고 즉시 항일하라
- 내전을 반대하고 연합전선을 구성하라.

특히 유럽 각국의 화교단체를 통합한 유럽화교항일구국연합회는 다음과 같은 구체적인 행동지침을 마련했다.

① 국내 각 당파에 연락해 내전의 반대와 시안사변의 평화적 해결을 촉구한다.
② 중국국민당이 항일구국방침을 제정할 것을 촉구한다.
③ 화교의 의지를 국내동포에 전달하고, 단결과 항일을 전국에 호소한다.

중국공산당은 화교의 이러한 행동에 찬사를 보냈다. 중국공산당은 즉각 화교가 통일전선의 건설에 적극적 역할을 수행하고 있으며, 조국의 평화통일과 대일항전의 촉진하는데 있어 불멸의 공로가 있다고 선전하였다.

1937년 본격적으로 일본과의 전쟁이 발발하자 중국공산당은 "수천만 교포를 조국보위에 참여케 할 각종의 사업을 강화"한다고 결의하였고, 그리고 이어 당권을 장악한 마오쩌둥은 중국공산당의 화교정책을 더욱 전략적이고 정치적으로 전개하기 시작하였다.

우선 중국공산당은 화교와의 직접적 연계를 강화하였다.

항일전쟁시기 옌안에는 600여명, 팔로군에는 400여명, 광둥지역 항일유격대에는 2,500여명의 화교가 참여하고 있었다. 중국공산당은 이들을 통일전선의 혁명전사로 적극 육성하기 위해 각별히 우대하였다.

1938년 7월부터 귀국화교에 대한 정치교육을 강화하고, 나아가 이들을 통해 해외화교사회에 중국공산당의 통일전선을 선전하기 위한 목적으로 "남양화교 귀국 봉사단 옌안 사무소"를 설치, 운영하였다.

1940년에는 화교혁명단체의 통일적 네트워크를 구축하기 위해 옌안에 머물고 있던 화교가운데 170여명을 선발하여 "옌안 화교 구국연합회"를 성립시켰다. 연합회가 공개적으로 밝힌 취지의 첫 번째는 바로 해외 화교와의 연계와 선전을 강화하는 것이었다.

중국공산당의 전략적 주도아래 육성된 화교혁명단체는 곧바로 해외 화교사회의 통일전선 건설 사업에 투입되었다.

1937년 말 중국공산당은 이미 홍콩에 "팔로군 신사군 홍콩 사무소"를, 그리고 동남아 지역에 "중화민족 해방선봉대 남양총국"을 설치하여 동남아 화교에 대한 통일전선 사업을 전개하였다. 당연히 이들 조직에는 중국공산당이 육성한 화교학생 및 화교간부가 투입되었다.

이외에도 중국공산당은 다양한 통로를 통해 중국공산당이 화교의 정당한 정치·경제적 권익을 보호, 지원하고 있음을 대내외에 적극 선전하였다. 우선 중국공산당은 화교에 대한 지원과 권익의 보호는 정부의 당연한 의무라고 강조하면서 중국국민당 정부에 화교권익보호의 요구를 전달하였다. 그 한 예로 당시 중국공산당의 기관지였던 <해방일보(解放日報)>는 귀국한 화교의 대출, 임대, 취업, 교육 등의 문제를 중국국민당 정부가 나서서 조속히 해결하라고 촉구하였다.

중국공산당은 화교의 권익 보호를 명분으로 중국국민당에 대한 압박 수위를 높이면서 동시에 중국국민당과는 차별되는 화교정책을 공격적으로 제시하기 시작했다. 예로 중국공산당 해방구 의회는 당시 화교대표가 제출했던 <해방구 정부의 대외선전 확대를 통한 화교의 항일건국 대업 참여 안건>, <해외화교투자를 통한 해방구 건설 안건>, <옌안화교에 대한 해방구 정부의 지원 확대 건의 안건>, <해외 교포의 해방구 투자 및 각종 공업 발전 요청 안건>등을 모두 원안대로 통과시켰다. 화교를 향해 중국공산당이 보인 우호적 메시지는 당연히 중국공산당이 장악하고 있는 국·내외의 각종 조직과 매체를 통해 선전, 광고되었다.

물론 전쟁 상황이라는 시대적 조건과 편벽한 오지라는 지리적 조건 때문에 해방구에 대한 화교의 투자는 실제 미미했다. 하지만 중국국민당 통치지역과 대비되는 공산당의 화교우대 정책은 중국공산당의 노골적인 프로파간다를 통해 곧바로 해외 화교사회에 전달되었고, 그 정치적 효과는 급속히 확대되고 있었다.

중국공산당이 기획한 통일전선의 최종목적은 물론 중국국민당으로부터의 정권탈취였고, 민심의 향배는 이의 중요한 지표였다. 이 지표를 달성하는 데 있어 화교지도자에 대한 선전공작은 큰 효율성을 갖는 것이었다. 여기에서 중국공산당의 동남아와 미주의 대표적 화교지도자인 천자경과 쓰투메이탕에 대한 포섭공작이 시작되었다.

동남아 화교사회에서 가장 영향력이 컸던 천자경은 원래 장제스를 강력히 지지했던 인물이었다. 그는 일찍이 "비행기를 구매하여 장제스의 탄신을 축하"한다는 의미를 지닌 "구기수장회(购机寿蒋会)"의 대표로서 비행기 10대 구입비용을 중국국민당에 전달하였다. 그리고 그는 중국 국내뿐 아니라 해외의 다양한 자리에서 "중국최고영도이며 중국 국내외 동포 모두가 떠받들어 모시는 유일한 영도"라며 장제스를 공개적으로 찬양하고 있었다.

중국공산당은 천자경이 가지는 화교사회의 영향력을 인정하고, 매우 신중하게 그에 대한 포섭공작을 추진했다. 특히 마오쩌둥은 1940년 당시 총칭(重慶)에 와 있던 천자경의 옌안방문을 추진하였고, 주도면밀하게 준비된 옌안의 모습은 천자경이 결국 중국공산당의 편으로 돌아서는데 결정적인 계기를 만들었다.

미주 홍문의 지도자였던 쓰투메이탕은 항일전쟁 시기 중국국민당에게 막대한 자금을 지원하고 있었을 뿐 아니라 당시 미국대통령이던 프랭클린 루스벨트와도 친분이 있었다. 루스벨트는 대통령 취임 전 10년간 보스턴에 설립되어 있던 홍문 직속 조직 안양당(安良堂)의 법률고문이었는데, 쓰투메이탕은 그와의 친분을 통해 미국의 중국정책에도 영향력을 행사하고 있었다. 그는 국공 양당 사이의 군사적 충돌인 환난사변(皖南事变)이 발생하자 곧바로 "국공분열이 엄중하고 조국의 내전이 염려스럽다"며 장제스와 마오쩌둥에 "단결항일"을 호소하였다. 쓰투메이탕의 단결항일 요구에 대한 장제스와 마오쩌둥의 반응은 극단적으로 달랐다. 장제스는 기어이 신사군의 해체를 명령하면서 국공합작의 사실적 붕괴를 초래하였다. 하지만 중국공산당은 "민족이익의 입장에서 항일민족통일전선을 끝까지 견지할 것이다"며 통일전선을 통한 항전의지를 여러 경로를 통해 공식적으로 천명하였다. 이렇듯 국공양당의 상반된 태도는 쓰투메이탕의 정치적 입장에 영향을 미쳤다. 1942년 총칭을 방문한 쓰투메이탕은 장제스의 극진한 대우와 회유에도 불구하고 중국국민당 가입을 거절하였다.

결국 항일전쟁시기 중국국민당의 군사적 역량은 줄곧 중국공산당을 압도하고 있었지만, 중국공산당의 정치적 역량은 통일전선 및 이에 관한 프로파간다를 통해 이미 중국국민당을 압도하기 시작하였다.

인민민주통일전선과 화교정책

일본제국주의의 패망으로 항일을 위해 결성되었던 항일민족통일전선 역시 그 시효가 종료되었다. 대신 중국국민당과 중국공산당 사이의 주도권 싸움이 곧바로 수면위로 떠올랐다. 하지만 이 싸움에서 양당의 접근방식은 사뭇 달랐다. 전쟁종료 직전 비슷한 시기에 개최된 중국국민당의 제6차 전국대표대회와 중국공산당의 제7차 전국대표대회는 양당의 차이를 극명히 보여준다. 우선 중국국민당의 제6차 전국대표대회의 결의내용을 보자.

중국공산당과의 투쟁은 협상의 여지가 없다. 현재 우리의 임무는

우리 당이 단결해 중국공산당과의 투쟁체제를 확립하고 투쟁에 유리한 조건과 환경을 조성하여 정치적 · 군사적으로 중국국민당의 힘을 증강시키는 것이다.

특히 장제스는 직접 나서 "오늘의 중심사업은 중국공산당을 소멸하는데 있다" 라면서 중국국민당의 기본방침을 선언하였다.

중국국민당이 "공산당 소멸"을 외치고 있던 것에 비해 중국공산당은 어떠했는가? 중국공산당의 제7차 전국대표대회는 다음과 같이 단결과 민주를 통한 연합을 호소했다.

- 단결을 통해 민주적인 연합정부를 구성하여 민주개혁을 실시해야 한다.
- 단결과 민주만이 침략자를 완전히 타도하고 새로운 중국을 만들 수 있다.

중국공산당을 소멸시키겠다는 장제스의 의지는 이미 구체화되고 있었다. <중국과 미국의 공군원조협정>, <중국과 미국의 해군협정>, <군사고문단파견 협정> 등을 통해 미국으로부터 막대한 군사적 지원과 원조를 확보한 장제스는 3개월 내지 6개월 내에 중국공산당군을 전멸시키고 해방구를 완전 소멸시키겠다고 장담했다. 국공내전 초기 860만 명의 병력을 가진 중국국민당에 비해 중국공산당의 전력은 120만에 불과했고, 장비 또한 노후했다. 여기에 더해 미국은 중국국민당을 적극 지원하고 있었다.

중국국민당에 비해 턱없이 빈약한 전력을 가진 중국공산당은 두 개의 전선을 구사했다. 첫 번째 전선은 중국국민당과 중국공산당 사이의 공개적인 전선으로 제1전선이라 칭했다. 그리고 두 번째 전선은 장제스 독재정부와 다수 민중 사이의 투쟁으로 제2전선이라 불렀다. 당연히 이 제2전선의 주요 목표는 중국공산당이 중국내외의 여론을 주도하면서 장제스를 고립시킨다는 이른바 인민민주통일전선의 구축이었다.

중국공산당은 우선 중국민중과 화교사회를 향해 중국공산당이 내전을 반대하고 대신 평화, 민주, 부강의 새로운 중국의 건립을 희망한다는 메시지를 지속적으로 내보냈다. 1945년 8월 9일 항일전쟁 종전 직전 마오쩌둥은 <일본에 대한 최후의 일전>에서 내전 발생의 위험을 극복하고 민주연합정부를 건립하자고 촉구하였고, 이어 8월 25일 <현재 시국에 대한 선언>에서는 다음과 같은 선언을 공개하였다.

> 우리 민족 전체가 당면한 중대 임무는 국내의 단결을 공고히 하여 국내평화를 유지하고, 민주주의를 실현하여 민중의 생활을 개선하며, 이 평화와 민주주의와 단결의 기초위에 전 중국을 통일하여 독립적이면서도 자유롭고 부강한 새로운 중국을 건설하는 일이다.

같은 해 12월 28일, 중국공산당은 미국에 있던 쓰투메이탕에게 다음의 메시지를 전달하였다.

> 중국공산당 대표단이 이미 총칭의 정치협상회의에 참석하여 정부당국에 즉각적인 내전의 중지, 일당독재의 종식, 민주연합의 정부성립을 통한 단결, 통일, 평화의 국가 건설을 추구하고 있다. …, 화교사회가 이의 실현에 더욱 노력해주길 희망한다.

이렇듯 마오쩌둥과 중국공산당이 당시 국내외에 발표한 각종 선언, 결의, 서신 등에는 모두 단결, 평화, 민주, 통일, 독립, 자유, 부강 등의 키워드가 포함되어 있었다. 이는 새로운 조국의 탄생을 염원하고 있던 화교사회의 요구와 정확히 일치하는 것이었고, 또한 "공산당 소멸" 등 장제스의 호전적 주장과 서로 명확히 대비되는 것이었다.

중국국민당과 중국공산당 사이의 내전이 본격적으로 발발하였다. 마오쩌둥은 중국국민당과의 정권 쟁탈에 있어 중국국민당이 가진 군사력의 우세를 일시적 작용요인으로 폄하하고, 대신 중국국민당의 반(反)민중적 성격과 인심의 향배를 항시적 작용요인으로 인식하고 있었다. 이러한 조건아래 중국공산당은 항시적 작용요인을 강화할 프로파간다를 매우 중시하였다. 통일전선의 주도권을 장악하면서 이 항시적 작용요인의 열쇠를 손에 쥔 중국공산당은 평화, 민주, 통일 등 선언적 구호에서 한 걸음 더 나아가 정권 쟁탈을 위한 구체적 사업에 착수하기 시작하였다.

항일전쟁의 과정에서 중국공산당은 통일전선의 한 구성부분이었던 지주의 이익을 고려하여 지주의 토지를 몰수하는 토지개혁 대신 소작료와 이자를 줄이는 이른바 "감조감식(減租減息)"정책을 취했었다. 하지만 중국국민당과 중국공산당 간의 적대관계가 분명해지자 중국공산당은 지주와의 관계를 청산했다. 중국공산당은 절대다수를 차지하는 농민의 지지를 획득하기 위해 "지주의 토지 몰수, 농민에게 토지 분배"의 내용을 가진 1946년의 <5·4지령>과 1947년 <토지법대강>을 발표했고, 이는 농민대중을 중국공산당에 더욱 충성케 한 결과를 가져왔다.

국공내전의 상황 속에서 중국국민당의 점령지역은 확대되고 있었지만, 이것이 결코 정치적 승리로 이어지지는 않았다. 3개월 내에 중국공산당을 전멸시키겠다는 장제스의 호언장담은 무색해졌고, 중국공산당 진영은 오히려 더욱 강화되고 있었다.

1947년 마오쩌둥은 중국공산당 중앙에 장제스 등 반동파만을 배제시킨 가장 광범위한 전 민족의 통일전선 건립을 지시했다. 이는 곧바로 대외적으로 공개된 <중공중앙 7·7사변 10주년>의 구호 및 <중국인민해방군 선언>에 반영되었다. 이른바 쌍십선언(雙十宣言)으로 알려진 <중국인민해방군 선언>은 다음의 내용을 첫 번째 정책으로 제시하고 있다.

> **노동자, 농민, 병사, 학생, 상인의 각 피압박계급, 각 인민단체, 각 민주당파, 각 소수민족, 각지 화교 및 애국자와 연합한 민족통일전선을 조직하여 장제스 독재정부를 타도하고 민주연합정부를 수립하자.**

국공간의 내전이 1947년 중순부터 중국공산당의 공세로 전환되면서 중국공산당은 이제 새로운 중국 건립을 위한 준비공작에 착수하였다. 1948년 5월 중국공산당은 <5·1구호>를 발표했다. 중국 국내외 각 당파, 계급, 계층을 망라한 정치협상회의의 개최를 요구하는 이 구호는 곧바로 국내뿐 아니라 화교사회의 적극적인 호응을 일으켰다.

1949년 6월부터 개최된 이른바 정치협상회의는 새롭게 탄생할 정치권력을 노동자계급, 농민계급, 혁명군인, 지식인, 소자산계급, 민족자산계급, 소수민족, 화교, 애국민주인사에 의한 인민민주통일전선의 정권이며 조직형식이라 규정하였다.

중국공산당의 인민민주통일전선의 건립에 있어, 나아가 새로운 사회주의 중국을 건설하는데 있어 화교는 매우 중요한 지위와 역할을 가지고 있었다. 항일전쟁 시기의 핵심갈등은 중국과 일본사이의 대립이었다. 이에 일본제국주의의 침략 확대로 그 권익을 침범당하고 있던 화교는 항일민족통일전선에 참여할 수 있는 충분한 여지를 제공받았다. 하지만 국공내전 시기의 핵심갈등은 중국국민당과 중국공산당 사이의 대립이었다. 진영논리로 볼 때, 부르주아가 다수를 차지하는 화교 및 화교사회의 지도자가 중국공산당이 아닌 중국국민당을 지지했던 것은 당연한 이치였다.

여러 차례 좌경 모험주의와의 치열한 노선투쟁을 통해 당권을 장악한 마오쩌둥 등 중국공산당 지도자는 당파의 이념적 차이나 계급간의 갈등을 은폐시켰다. 대신 최대다수의 중국인민 및 화교가 충분히 공감할 수 있는 주제, 즉 내전중지와 민주연합정부의 건설을 최종목표로 내걸었다.

화교는 선택의 기로에 섰다. 전통적 지지대상이지만 내전발발의 원흉으로 지목된 중국국민당, 그리고 계급적 모순관계에 놓여있지만 평화와 민주를 주장하는(혹은 주장하는 것처럼 보이는) 중국공산당, 어디를 선택할 것인가?

이 문제는 결국 국공내전에서 누가 최종적 승리를 거둘 것인가의 주요지표로서 작동하였다. 이러한 이유에서 국공내전 당시 중국공산당의 화교정책은 다양한 경로의 선전사업을 통한 화교사회의 지지획득에 집중되었다.

중국공산당은 우선 화교의 입장과 요구가 결코 중국공산당의 정책과 충돌하지 않을 뿐 아니라, 오히려 정확히 부합된다는 점을 강조하였다. 화교사회는 오랜 기간 평화, 민주, 단결의 새로운 중국이 건설되기를 염원하고 있었는데, 장제스의 호전적인 언행과 내전의 발동, 그리고 적절치 않은 화교 정책 등은 모두 화교사회의 강렬한 불만을 야기하고 있었다.

중국국민당의 행태와는 달리 중국공산당은 화교사회의 요구를 적극 지지하면서, 화교사회의 열망에 부응해 평화, 단결, 민주를 지켜낼 수 있는 정당은 중국국민당이 아닌 중국공산당이라 선전하였다. 1947년 2월 마오쩌둥은 <중국혁명의 새로운 고조를 맞이하며>라는 문장에서 인민민주주의통일전선의 성격을 다음과 같이 설명하고 있다.

> **장제스 정부의 반동정책에 압박을 받고, 스스로 자위해야 하는 노동자, 농민, 도시소자산계급, 민족자산계급, 개명인사, 애국자, 소수민족, 해외화교를 포함한 가장 광범위한 전 민족의 통일전선이다.**

국공내전초기까지 대부분의 화교사회는 중국국민당 정부의 내전발동에 실망하면서도 여전히 중국국민당에 기울어져 있었다. 심지어 일부화교는 중국공산당의 불법적인 무력행위가 내전을 촉발한 중요원인이라고 인식하기도 하였다. 화교의 이러한 인식을 겨냥하여 중국공산당은 항일전쟁시기 동남아 등지에 건립한 각종의 해외조직에 화교를 대상으로 한 사업지침을 하달하였다. 그 지시의 핵심은 화교사회 내에서 중국공산당의 혁명주장을 선선하고, 중국국민당의 반동적인 면모를 폭로함으로써 화교가 중국공산당의 이른바 해방전쟁에 적극 참여토록 하는 것이었다.

중국공산당 해외공작위원회는 강화되었고, 미주, 홍콩, 유럽, 동남아, 일본, 미얀마, 인도차이나, 태국 등 모두 8개 지역에 지부가 건설되었다. 이들 해외공작위원회 및 8개 지부에 하달된 구체적 지시는 주로 다음 세 가지였다.

첫째, 화교거주국의 정치·경제 발전 동향을 주의하고, 관련 상황을 상세히 이해할 것.

둘째, 화교사회에서 중국공산당의 각종 방침과 정책을 선전할 것.

셋째, 중국국민당 해외공작부와 극렬하게 투쟁하면서 화교의 마음을 쟁취하고, 더욱 많은 화교가 정치적 입장을 바꿔 중국공산당을 지지토록 만들 것.

상징적 의미를 가진 천쟈겅과 쓰투메이탕에 대한 포섭공작 또한 더욱 강화되었다. 천쟈겅은 1940년 옌안방문을 계기로 이미 중국공산당에 기울기 시작하였다. 그는 1946년 국공내전 발발 후 주동적으로 미국의 장제스 지원을 강하게 비판하였는데, 이는 실제 중국공산당에 대한 지지표명과 같은 것이어서 화교사회의 강렬한 반향을 일으켰다.

환난사변을 계기로 장제스에 의심을 품고 있던 쓰투메이탕이 결정적으로 중국공산당의 편에 서게 된 결정적 계기는 치공당(致共堂)에 대한 국공양당의 상반된 태도였다.

당초 지역과 시기에 따라 천지회(天地會), 가로회(哥老會), 삼합회(三合會), 소도회(小刀會) 등의 비밀결사의 형태로 활동하던 홍문(洪門)은 20세기 초 쑨원의 가입이후 빠르게 정치조직으로 변모하였다. 이후 홍문은 치공당이라 개명하고, 쑨원과 함께 신해혁명에 참여하면서 중국혁명의 주체세력으로 성장하였다.

그런데 국공내전이 본격화된 1946년 6월부터 장제스는 이 치공당을 국민당의 하부정당인 홍문민치당(洪門民治黨)으로 개조코자 시도하였다. 이는 치공당의 지도자였던 쓰투메이탕의 불만을 촉발시켰다. 이러한 미묘한 시점에 중국공산당의 저우언라이는 세 차례에 걸쳐 쓰투메이탕을 방문하였다. 그의 방문목적은 당연히 포섭이었다. 그는 장제스의 야심과 국내 상황의 위험성을 폭로하면서 중국국민당의 한계를 지적하였고, 대신 중국공산당의 장밋빛 청사진을 제시하였다. 그 청사진의 내용가운데 쓰투메이탕의 주목을 끈 것은 향후 치공당이 중국공산당과 동등한 자격으로 새로운 중국의 연합정부에 참여할 수 있다는 것이었다.

중국공산당의 쓰투메이탕에 대한 포섭공작은 적중했다. 1947년 그는 결국 중국국민당이 주도하는 이른바 국민대회의 침석을 거절한 대신, 치공당 제3차 대표대회에서 공식적으로 중국공산당 주도의 인민민주통일전선에 가입할 것을 결의하였다. 그리고 다음해 중국공산당이 <5·1구호>를 발표하자 곧바로 <중국공산당 개최의 정치협상회의에 대한 옹호 성명>과 <마오(毛)주석에게 보내는 서신>를 발표하여 중국공산당이 주도하는 정치협상회의와 새로운 중국에 참여할 것을 공식 선언하였다.

1949년 6월 정치협상회의 준비 위원회에 참석한 전체 23개 영역의 134명 대표가운데 화교는 치공당과 화교민주인사의 영역으로 구분되어 각기 4명과 7명이 참가하였다. 그리고 같은 해 9월의 중국인민 정치협상회의에는 46개 영역의 510명 대표가운데 치공당과 화교가 각기 6명과 15인이 참여하였다. 특히 천쟈겅과 쓰투메이탕은 이 회의의 수석대표로 마오쩌둥과 자리를 함께 했다. 회의의 만찬자리에서 마오쩌둥은 다음과 같이 감회를 전하였다.

> 이 자리에 모두가 모였다. 무산계급, 무당파(無黨派), 문학가, 민주교수, 공업상업계, 여성계, 그리고 두 화교 어르신(천쟈겅과 쓰투메이탕)까지, …, 이는 통일전선의 승리이다.

도구화된 화교정책

현대 중국에 있어 이른바 통일전선은 중국공산당이 정권탈취를 위해 활용했던 매우 주요한 정치적·전략적 수단이었다. 특히 이 통일전선은 마오쩌둥이 중국공산당의 당권을 실질적으로 장악한 1935년부터 중국혁명에 본격적으로 활용되었고, 통일전선의 발전과 더불어 마오쩌둥의 최고영도지위 역시 강화되었다. 그러하기에 중국의 통일전선은 곧 마오쩌둥이 관철했던 중국공산당의 주도권 문제와 직결된다.

마오쩌둥과 그의 영도를 받는 중국공산당은 줄곧 중국사회의 주요모순을 주도적으로 파악, 선전하면서 중국 내외의 여론을 형성하였고, 이 여론을 통해 중국공산당이 주도하는 통일전선을 건설하였다. 이 과정에서 국제적 네트워크를 가지고 있었던 해외 화교사회의 중국공산당에 대한 지지는 국내외 여론의 기준지표로서 작동하였다. 중국공산당이 주도하는 통일전선에 화교의 지위와 역량은 충분히 동원되었고, 결국 그 결과물로써 중화인민공화국이 탄생하였다.

1954년 헌법이 반포되기 전까지 헌법의 기능을 수행했던 <정치협상회의 공동강령(政治協商會議共同綱領)>은 화교에 관한 태도를 아래와 같이 천명하였다.

> 중화인민공화국 중앙인민정부는 해외 화교의 정당한 권익과 권리를 보호하고, 귀국한 화교와 화교 친척의 합법적 권리와 권익을 최대한 보호해야 한다.

이는 새롭게 탄생한 사회주의 중국이 화교의 권익을 보호하고, 이를 국가의 의무로 삼겠다는 선언이었다. 중화인민공화국이 화교의 권익보호를 천명한 것과 비교해 중국공산당은 화교의 역량 동원에 역점을 두었다. 즉 중국공산당은 "우리의 화교사업, 다시 말해 현재 우리의 화교정책은 사회주의 중국 수립 전의 화교사업과 분명히 달라야 한"다는 노선을 확정하였다.

마오쩌둥은 1952년 1월 중국공산당 중앙위원회의 명의로 <해외교민공작에 대한 지시>를 하달한다. 이를 보면 중국공산당의 화교정책이 중화인민공화국 건설 이전의 적극적 태도에서 상당히 후퇴했음을 보여준다. 이 지시의 대략적 내용은 다음과 같다.

- 모든 해외화교의 활동은 중국의 외교정책을 준수해야 한다.
- 현지정부의 직접적 전복을 위한 화교의 정치 활동을 금지한다.
- 화교에 대한 모든 비밀공작을 취소한다.
- 화교사회 내의 중국공산당 조직을 모두 취소한다.

물론 화교에 대한 소극적 정책은 중국공산당의 총 노선에 지배되고 있었다. 중국공산당은 새롭게 건립된 사회주의 중국의 안정을 위해 국내에서는 "단결과 개조", 해외에서는 "각기 다른 제도의 국가 사이에서 평화를 실현할 외교정책"이 필요하다고 당론을 결정하였다. 이 당론아래 화교의 처지가 결정되었다. 즉, "단결과 개조"라는 국내영역에서 화교는 개조의 대상인 부르주아였고, "평화를 실현할 외교정책"이라는 해외영역에서 화교는 외국과의 마찰을 야기하는 위험요소였다. 1950년대 말부터 시작된 반(反)우파투쟁은 화교의 처지를 더욱 압박했고, 결국 이른바 "문화대혁명" 속에서 모든 화교정책은 파산하였다.

1980년대 이래 중국의 화교에 대한 태도는 다시 적극적으로 변모하였다. 문화대혁명과 이에 따른 화교정책의 실패는 비판되었고, 중국공산당 및 정부조직에 전국적 네트워크를 가진 화교사무 전담 기관이 설치되었으며, 화교에 관한 각종 우대정책이 쏟아지기 시작하였다.

이에 대한 해외 화교의 반응 또한 다시금 살아나고 있다. 최근 화교사회는 중국 경제발전에 대한 참여를 넘어 해외무대에서 중국 소프트파워의 한 축을 능동적으로 담당하고 있다. 이러한 당대 중국과 화교의 밀착에 대해 중국공산당이 기획한 중심임무 및 총노선을 주목할 필요가 있다.

1978년 중국공산당은 제11차 3중전회이래 경제건설을 당의 가장 중요한 기본노선으로 확정하였고, 이를 위해 혁명통일전선을 취소하고 대신 애국통일전선을 공식적으로 제시하였다. 덩샤오핑의 이른바 "중국특색의 사회주의", "사회주의초급단계론", "흑묘백묘론(黑猫白猫論)"에서부터 장쩌민의 "4개대표론(四個代表論)"이나 시진핑의 "중화민족의 위대한 부흥"까지 중국공산당의 기본노선은 모두 경제건설을 둘러싼 부르주아의 역할과 지위에 초점을 맞추고 있다. 여기서 1997년 중국공산당 제15차 전국대표대회에서 장쩌민이 언급한 발언을 보자.

> 중국사회의 주요모순은 인민의 증대되는 물질문화욕구와 낙후한 사회생산 사이의 모순이다. 이 모순은 중국사회주의초급단계의 전체 과정과 사회생활의 각 방면에 적용된다. 이는 곧 우리가 경제건설을 전체 중국공산당의 전국적 사업 중심으로 삼아야 함을 결정하고, 나아가 모든 사업이 이 중심에 복종해야 함을 결정한다.

이는 당대 중국공산당이 화교에 대해 어떤 지위와 역할을 기대하고 있는가, 향후 중국과 화교의 관계는 어떻게 발전할 것인가를 충분히 시사하고 있다.

현재 중국공산당의 총 노선은 경제건설에 집중되어 있다. 이 말인즉, 중국공산당의 총 노선이 변경되지 않는 한, 화교는 계속 "중화민족의 위대한 부흥을 위한 중요 에너지"로써, 그리고 "중국 밖의 중국"으로써 중국에 필요에 의해 활용된다는 것이다.

출전 "중국공산당의 통일전선과 화교의 지위 및 역할에 관한 역사적 고찰", <중국인문과학> 2016년 8월

제5장

사회주의 혁명을 위한 화교

혁명수출의 선봉대

화교역량의 전략적 은폐

흰개미의 역할

무산계급 국제주의를 위한 화교의 폐기

혁명을 위한 도구

중국공산당의 최고 강령인 당헌(黨憲)은 중화인민공화국의 건립이 중국공산당의 영도에 의한 결과였음을 분명히 밝히고 있으며, 중화인민공화국의 헌법 또한 국가의 역사성과 운영체제 등 국정 전반에 대한 중국공산당의 지도적 지위를 강조하고 있다. 이 양자의 관계는 중국특색의 정치체제이면서, 동시에 당대 중국의 모든 정책 및 그 흐름을 해독하는데 우선 고려해야 하는 필수조건이다.

중국공산당의 중화인민공화국에 대한 지배구도는 1949년 중화인민공화국 건립에서부터 1978년 이른바 개혁개방 이전까지의 시기에 더욱 뚜렷하게 작동하였다. 당시 중국이 추진했던 모든 정책은 중국공산당의 "결의", "선언", "지시" 등에 의해서 연구, 검토, 평가되었고, 더불어 이의 유지, 수정, 폐기가 결정되었다.

중화인민공화국의 국가이익 또한 중국공산당에 의해 지배되었다. 예를 들어 1960년대 중반, 중국공산당의 총 노선은 세계혁명이었다. 이에 중국은 공개적으로 미국, 소련, 인도, 영국 등을 각기 제국주의, 수정주의, 국제반동파라고 규정하고, 이들과의 일전(一戰)이 하루빨리 도래하기를 희망한다는 지극히 호전적 태도를 보였다. 이는 안보의 위기였고, 외교적 고립이었으며, 국가이익의 손상이었다. 또한 경제적으로 매우 궁핍했던 10년간의 문화대혁명 시기에도 중국은 막대한 대외원조를 집행하였는데, 그 규모는 당시 세계에서 가장 부유한 국가의 원조비율보다 월등히 많은 것이었다. 이는 중국 민생경제의 파탄을 가져왔고, 역시 국가이익의 막대한 손상이었다.

이러한 중국의 안보이익, 외교이익, 경제이익의 희생이 가능했던 이유는 당시 마오쩌둥이 다음과 같이 천명한 "무산계급 국제주의"와 밀접한 관계가 있다.

무산계급 국제주의는 우리의 대외정책에서 최고의 지휘원칙이다.

중국의 화교정책에 대한 국내외의 연구는 주로 중국의 국가이익이라는 관점에서 출발하여 그 변화의 원인 및 추이를 다음과 같이 분석하고 있다.

- 화교는 중국의 건국이래부터 줄곧 국가발전을 위한 주요역량으로 간주되어 보호 받았다.
- 50년대의 이른바 "평화공존" 외교정책 및 이중국적 불허 원칙의 천명은 동남아 국가와의 외교발전 및 이를 통한 화교의 생존 및 발전을 위한 고려였다.
- 문화대혁명은 중국의 효율적 화교정책을 전면적으로 파괴한 극좌적 오류였다.
- 개혁개방은 건국 초기 화교정책의 전면적 회복과 발전이다.

그런데 이상의 분석은 정작 화교의 역사를 둘러싼 다음의 질문에 적절한 답을 제시하지 못한다.

첫째, 건국 초기 중국은 화교에 대한 영향력을 강화하면서도 왜 정작 중국을 향한 화교의 열렬한 애국행위를 거부하였는가?

둘째, 중국은 평화공존을 외교원칙으로 삼으면서 왜 동남아 각국에 "혁명수출"을 감행하여 동남아 화교의 생존을 위협하였는가?

셋째, 중국은 애국과 단결을 화교정책의 주요 목표로 설정하였음에도 왜 동남아 각국의 화교에게 현지정부에 충성하라고 요구하였는가?

그간 연구결과와 실제역사 사이의 충돌은 중국 화교정책에 대한 기존의 연구가 중화인민공화국에 대한 중국공산당의 지배구도 및 중국공산당의 무산계급 국제주의 노선을 간과(혹은 고의적으로 외면)하고, 오직 중화인민공화국이라는 국가이익의 관점에서 화교정책을 살핌으로써 야기된 불가피한 결과였다.

중국공산당의 총 노선에 근거한 무산계급 국제주의, 특히 이에 따른 중국의 혁명수출은 1978년 공식적으로 폐기되는데, 이는 곧 중화인민공화국 성립이후부터 1978년 이전까지 중국의 화교정책이 무산계급 국제주의에 의해 지배되었음을 의미한다. 이러한 논리적 연장선에서 중국 화교정책의 파괴는 단순히 문화대혁명에 의해 야기되었다기보다는 건국 직후 수립된 무산계급 국제주의의 필연적 결과로 보는 것이 타당하다.

이번 장에서는 문화대혁명 이전 중국공산당이 생산한 관련문헌에 관한 분석을 중심으로 중국 화교정책의 변화과정 및 그 주요 특징을 검토코자 한다. 이 검토의 과정은 당시 중국 화교정책이 국가이익이라기보다는 중국공산당의 무산계급 국제주의 노선에 지배되고 있었음을 보여줄 것이다.

중국공산당의 무산계급 국제주의는 곧 혁명수출이라는 민감한 주제와 연결되어 있다. 이에 화교는 한때 "혁명수출의 선봉대"라 적극적으로 인정되기도 하였고, 또 한때는 중국이 아닌 현지 국가에 충성하라고 요구받았으며, 심지어 또 한때는 "부르주아의 대리인", "간첩"이라 공격받으며 철저히 부정되기도 하였다.

혁명수출에 대한 화교의 역할 문제는 동남아 각국과 중국 사이의 외교적 문제뿐만 아니라 화교 스스로의 생존에 지대한 영향을 미치는 것이었기에 중국의 학계뿐 아니라 화교 출신 학자에게서도 외면되어 왔다. 이러한 의미에서 본 장이 취하고자 하는 관점, 즉 중국공산당의 무산계급 국제주의에 주의하는 것은 중국의 화교정책을 이해하는 새로운 독법이라 할 수 있다.

혁명수출의 선봉대

중국공산당은 전 세계 공산당의 본영이라 할 수 있는 코민테른이 중국에 설립한 지부의 형식으로, 그리고 코민테른이 파견한 네덜란드 출신 직업혁명가 미링의 직접적인 지휘를 통해 1921년 조직되었다. 코민테른의 이념적, 물질적 지원으로 성장했던 중국공산당은 결국 혁명을 통해 새로운 사회주의국가를 탄생시켰는데, 이는 곧 중화인민공화국의 탄생이 무산계급 국제주의에 근거하고 있음을 의미한다.

중화인민공화국 탄생 직전, 소련의 스탈린은 중국공산당에게 국제주의의 실천을 강하게 주문했다. 즉, 해방된 중국이 이제 아시아 국가의 민족해방투쟁을 영도하는 역사적 책임을 짊어져야 하며, 이 지역의 혁명을 지원하는 것은 거부할 수 없는 중국의 국제주의 의무라는 것이다.

중국혁명의 성공에 대해 자부심을 가지고 있었던 당시 중국공산당에게 있어 스탈린의 주문은 큰 자극이자 격려였다. 이에 중국공산당은 공개적으로 중국의 혁명경험이 식민지 및 반(半)식민지가 앞으로 걸어가야 할 미래이고, 나아가 이를 위해서는 필히 공산당의 영도아래 민족해방군과 근거지를 건설하고, 무장투쟁을 주요형식으로 삼아야 한다고 선언하였다.

실제 동남아 공산혁명에 대한 지원은 중화인민공화국 성립 이전부터 진행되었고, 이 과정에서 화교는 양자의 연결고리 역할을 적극적으로 수행하고 있었다. 1940년 7월 중국공산당 중앙위원회는 동남아 혁명에 대한 다음의 노선을 선포했다.

> **화교에 대한 공작을 강화하여 인도, 미얀마, 인도네시아, 베트남, 태국, 필리핀의 민족독립운동과 연결하고, (이들에게) 최대의 도움을 주어 그들의 투쟁과 우리의 투쟁을 결합시켜야 한다.**

이 노선은 구체적인 실천으로 이어졌다. 아래는 중국공산당이 해외의 각 조직에 하달한 지시이다.

> **싱가포르, 양곤(미얀마), 필리핀, 인도 및 호주에 중국공산당의 비밀 대표기구를 설치해 옌안과의 통신망을 구축해 정보를 교환하라.**

해외에서 중국공산당의 노선을 실천할 이는 당연히 화교였다. 화교가 중국공산당과 동남아 현지 혁명을 연결하는 인적 고리였다면, 홍콩은 이 양자를 연결을 지탱하는 공간적 고리였다. 홍콩의 각 지역에는 이미 중국공산당의 각종 비밀조직이 활동하고 있었고, 이들 조직에서 훈련된 열성분자는 위다푸, 후위즈 등 저명인사와 함께 다시 동남아 각 지역 화교사회의 교육계, 언론계, 문화계 등에 파견되어 중국공산당의 영향력을 확대시키고 있었다.

중국정부의 나팔수라 자처하는 미국의 Duowei News(多維新聞)는 인도네시아, 말레이시아, 베트남, 라오스, 캄보디아, 필리핀, 미얀마, 태국 등 동남아 대부분의 공산당 조직이 모두 중국공산당과의 직접적이고 밀접한 관계와 지원 속에서 탄생, 발전하였다고 전한다. 말레이시아공산당과 태국공산당의 초대 총서기가 각기 중국 푸젠출신의 친펭과 하이난출신의 리치신이었고, 동남아 각 지역 공산당 조직의 활동에 중국공산당의 흔적이 뚜렷이 발견되고 있음을 감안하면, 이러한 평가는 결코 과한 것이 아니다.

중화인민공화국 건국 당시 화교정책 전담부서인 중국화교위원회가 밝힌 조직운영의 취지는 매우 분명했다. 동남아 현지의 항일투쟁과 반제국주의투쟁, 그리고 "조국의 해방투쟁"에 대한 화교의 동원 및 화교사회의 공산화 추진이었다. 이는 곧 중국이 동남아의 공산혁명을 위해 화교를 적극 동원하겠다는 노골적인 의지의 표현이있다.

1950년 정월, 중국화교위원회는 해외의 모든 화교를 향해 "오직 현지의 인민이 해방을 얻어야만 비로소 화교 또한 진정한 자유, 평등과 항구적인 평화의 삶을 얻을 수 있다"면서 "인민민주통일전선을 현지 인민 속으로 확대"시킬 것을 요구하였다. 이어 3월 화교에 대한 중국화교위원회의 요구는 다음과 같이 더욱 명확해졌다.

> **화교의 갈 길은 매우 명확하다. 오직 한 길밖에 없다. 즉, 중앙인민정부를 중심으로 단결하고, 나아가 모든 압박받는 현지 민족과 함께 세계평화의 민주진영을 중심으로 단결하는 것이다.**

여기에서 언급된 "세계평화의 민주진영"이란 의심할 바 없이 사회주의진영을 가리키는 것인바, 이는 중국이 공개적으로 화교를 향해 현지 인민과 함께 사회주의 혁명의 길로 나설 것을 요구한 것이었다. 일부 서방학자는 동남아 각국에 설치되었던 중국의 대사관이 한 국가의 외교기관이라기보다는 중국공산당 지부와 같이 행동했고, 교민업무보다는 공산주의를 선전하는데 더욱 열중했다고 평가했는데, 이는 당시 중국정부와 중국공산당의 관계뿐 아니라 중국 교민업무의 핵심내용이 무엇이었는가를 설명하고 있다.

새로운 중국의 탄생에 고무되어 있던 동남아 화교는 중국의 혁명경험을 현지에 이식하기 위한 정치운동에 과감히 투신하였다. 일부 화교는 노골적으로 동남아 현지의 공산당이 정권을 탈취하여 사회주의 정부를 수립해야 한다고 주장하였다. 또 일부 화교는 현지의 화교학교를 혁명 간부 양성을 위한 훈련장으로 활용코자 시도했다. 화교신문의 활동도 크게 다르지 않았다. 그들은 현지의 각종 사회모순을 폭로하면서 현지정부에 대한 공격에 앞장섰고, 노동단체, 학생회, 부녀회 등 형태의 화교조직 또한 각종 집회를 통해 혁명적인 정치 주장을 앞 다투어 제기하였다.

1949년 10월 1일, 중화인민공화국이 건국을 선포하였다. 싱가포르, 베트남, 미얀마, 인도네시아 등 지역에서 각기 수만에 달하는 화교가 운집하여 경축집회를 개최, 사회주의 중국의 상징인 오성홍기를 내걸고 "우리나라"의 탄생을 경축하였다. 화교가 환호했던 "우리나라"는 당연히 현지 국가가 아닌 중화인민공화국이었다.

서방 열강으로부터 독립을 쟁취해 이제 막 정부를 구성한 동남아 각 국가의 눈에 비친 화교의 이러한 모습은 분명 불편한 것이었다. 당시 말레이시아의 독립운동을 이끌었던 싱가포르의 초대 총리 리콴유는 다음과 같이 회고했다.

> 식민지정부 및 인도네시아, 말레이시아와 같은 동남아 신흥독립국

가의 입장에서 화교를 동원하는 중국공산당의 행동은 국가전복의 의미를 갖는 심각한 도전이었다.

동남아 각국은 리콴유의 인식을 공유했고, 화교의 정치행동에 날카롭게 반응했다. 태국정부는 태국 내의 모든 화교가 베이징의 이익을 위해 봉사하는 제5열이라고 비판하면서, 이 화교들을 타이완에 강제 인도하겠다는 지침을 하달하였다. 필리핀은 화교의 90%가 공산주의자라고 공언하면서 화교에 대한 전국적인 경계심을 키워나갔고, 말레이시아는 아예 24,000명의 화교를 추방하였다. 동남아 전역에 사회주의 중국에 대한 긴장된 분위기가 조성되었고, 화교를 대상으로 삼은 각종의 폭력사태가 보편적으로 발생하였다. 동남아 화교대상 폭력사태의 발생 원인에 대해 중국학계는 다음과 같이 분석한다.

첫째, 과거 서방열강이 동남아식민지를 운영하면서 화교를 중간통치자로 활용하였고, 이는 화교와 현지 원주민과의 모순을 만들었다.

둘째, 동남아에서 서방 종주국이 물러간 후 남겨놓은 경제적 이익을 화교가 재빠르게 차지했다.

셋째, 새로이 등장한 동남아 각지의 민족주의 정권이 국내 모순을 완화하기 위해 화교와의 모순을 조장하였다.

우리는 이러한 분석에 당시 중국의 책임, 즉 동남아에 대한 중국의 혁명수출 및 이를 위해 중국이 화교에게 부여한 정치적 역할이 누락되어 있음을 어렵지 않게 발견할 수 있다.

화교역량의 전략적 은폐

화교를 동남아에 대한 혁명수출에 적극 활용했던 중국공산당은 1952년 1월 전격적으로 관련부서에 화교의 반(反)정부활동을 금지하고 중국공산당의 동남아 지부를 폐쇄하라는 <해외교민공작에 관한 지시>를 하달하였다. 오늘날의 중국공산당은 이 지시가 "화교정책을 평화적인 외교정책의 궤도에 올려놓은 중대한 발전"이라 높게 평가하고 있다. 그리고 일부 중국학자는 중국공산당의 이 평가에 근거하여 50년대 초기 동남아 전역에서 벌어진 화교의 반정부활동이 화교의 생존기반을 붕괴시켰을 뿐만 아니라 중국의 국가이익에 막대한 손상을 가져왔기에 동남아 각국과의 외교관계 개선과 화교의 생존 및 발전을 위해 화교정책을 조정할 필요가 있었다면서 해당 지시의 배경을 설명하고 있다.

그런데 당시의 평가 및 관련 자료는 이 지시가 중국의 외교 및 화교를 위한 것이었다기보다는 당시 중국을 지배하고 있던 무산계급 국제주의와 이에 근거한 전략적 고려에 의한 것이었음을 보여준다.

우선 동남아 화교의 반정부활동은 사회주의 중국의 파괴력을 과시함으로서 중국에 대한 동남아의 긴장을 야기했을 뿐이었다. 그들의 활동은 현지의 혁명을 주도하지 못했을 뿐 아니라 화교의 지하혁명조직을 노출시킴으로써 스스로의 혁명역량을 와해시켰다. 더군다나 이들의 활동은 현지 공산당의 성장에 오히려 장애요소로 작동하였다. 말레이시아공산당 총서기였던 친펑은 훗날 현지 원주민의 지지를 이끌어내지 못한 것이 1940년대 말 무장봉기 실패의 가장 큰 원인이었다고 지적했다. 스티브 피츠제랄드 등 중국전문가는 여기서 한 걸음 더 나아가 "동남아 각 지역은 화교 및 그들과 중국 사이의 관계를 깊이 의심하고 있었다. 이 의심은 혁명의 근본적 장애"였다고 평가했다. 화교연구의 권위자 왕겅우의 평가는 다음과 같이 더욱 뚜렷하다.

> 중국의 혁명은 말레이시아 현지 반공역량의 결맹을 가져왔고, 이는 훗날 정부 및 군대 내의 핵심지위에서 화교를 배제시키는 중요한 원인이 되었다. …, 중국의 혁명은 말레이시아의 혁명을 고무시켰지만, 역시 이의 최종적 실패를 초래했다.

화교의 반정부활동이 오히려 무산계급 국제주의의 실천에 방해가 된다는 것은 당시 중국공산당 역시 예견하고 있었다. 위에서 언급한 1952년 1월 중국공산당 중앙의 지시가 이 예견에 근거한 대표적 결과이다.

중국공산당은 왜 동남아 화교의 현지 혁명운동에 대한 참여를 금지시켰는가? 그 이유를 논리적 순서대로 정리하면 다음과 같다.

- 과거 열성적인 화교가 동남아 현지에서 혁명선봉대의 역할을 수행하면서 현지의 공산당을 조직했었지만, 이는 당시의 필요에 의한 것이었다.
- 하지만 지금 동남아 상황은 달라졌다. 동남아 현지 인민의 정치수준이 높아졌고, 현지의 공산당 조직 또한 장대해졌다.
- 이 상황에서 열성적 화교가 계속 동남아 혁명의 선봉대를 맡

게 되면 현지 공산당의 성장에 장애가 될 뿐이다.

- 그러므로 화교는 현지의 반정부투쟁에 등장해서는 안 된다.
- 동남아 혁명에 있어 화교와 원주민은 분업해야 할 필요가 있다. 이 분업이 모호해지면 아무런 도움이 되지 않을 뿐 아니라 사건에 연루되어 혁명에 지장만 줄 따름이다.

이 말인즉, 동남아 원주민에 의한 혁명의 발전을 위해 화교의 활동은 전략적으로 은폐될 필요가 있다는 것이었다. 이러한 필요와 함께 제시된 것이 화교역량의 "장기생존"이었다. 즉, "화교가 현지에서 장기생존을 하는 것이 곧 승리"이기 때문에 화교에 대한 공작은 "장기적 안목에서, 장기적 계획을 통해 역량의 장기적 축적이라는 목적"에 도달해야 한다는 것이다. 이 장기적 안목과 계획이란 곧 동남아의 혁명 완수를 의미하는 것임에 분명하다. 그러므로 "화교의 장기생존에 위배되는 것은 우리에게 불리한 것이고, 또한 당연히 우리가 해서는 안 되는 일"인 것이다.

중국공산당은 동남아혁명의 현지화와 화교의 "장기생존"을 위해 언론, 교육, 출판 등을 포함하여 화교가 간여하고 있던 모든 조직에 현지정부의 정책과 법령을 엄격히 준수하라면서 다음과 같은 구체적인 지침을 하달하였다.

- 종친회, 향우회 등 각종 화교조직은 "모든 사업의 방법을 공개화, 합법화하고, 정치적인 비밀조직의 결성 및 정치활동을 중지"한다.
- 화교학교는 "현지의 정치활동에 참여하지 않고, 특히 현지에서 불법이라 여기는 정치활동에 대한 참여를 금지하며, 비밀조직을

만들지 않고, 현지정부가 금지하는 교본을 사용하지 않으며, 현지정부를 자극할 수 있는 교본의 사용 또한 최대한 억제"한다.

· 중국의 성과를 주로 보도했던 화교신문 및 잡지는 이제 "방향을 바꿔 현지소식의 보도를 주로 해야 한다. …, 현지 통신사의 소식을 더욱 많이 게재하고, 의무적으로 현지 통신사의 소식을 제1면에 게재"한다.

· 화교가 주도하는 출판사는 "현지에서 환영하지 않은 서적은 현지국가의 의심을 피하기 위해 출판하지 않는다. 이런 서적은 중국에서 현지로 수출하지도 않고, 홍콩 마카오 및 해외에서도 인쇄하지 않는다. 이론서 뿐 아니라 그림책도 마찬가지이다."

흰개미의 역할

아이젠하워가 집권하던 1953년부터 1961년까지 미국은 중국에 대한 강경한 봉쇄정책을 추진하였다. 이에 중국은 아시아지역에서 점차 농후해지고 있던 중립주의의 정서에 의지하면서 주변국과의 평화 외교를 통해 미국의 봉쇄압력을 해소코자 했다. 1953년 말 중국이 동남아 각국을 향해 제시한 "영토주권존중, 상호불가침, 내정불간섭, 평등호혜, 평화공존"의 이른바 "평화공존 5개 원칙"은 동남아 각국과의 외교관계 개선이라는 전략적 필요에 따른 것이었다.

하지만 중국이 동남아 각국의 의심과 경계를 해소하기 위해서는 화교문제에 관한 보다 근본적인 해결이 필요했다. 특히 동남아 각국의 화교는 중국국적과 함께 현지 국가의 국적을 함께 가지고 있거나, 심지어 현지 정부에 국적 신청조차도 거부하고 있었다. 화교의 몸은 동남아 현지에 머물러 있지만, 마음은 분명히 중국에 가 있었음이다. 중국화교위원회의 허샹닝과 랴오청즈, 그리고 중국정부의 총리와 외교부장을 겸임하고 있던 저우언라이는 모두 이 문제의 심각성을 크게 우려했다. 특히 저우언라이는 여러 장소에서 여러 차례에 걸쳐 다음과 같은 논리를 내세우며 화교 스스로가 나서 조속히 현지의 국적을 취득하라고 적극 독려했다.

- 만약 베이징에서 수십만의 외국인이 자기들의 국기를 흔들며 시위한다면 기분이 좋겠는가!
- 화교문제가 해결되지 않으면 많은 국가가 (중국을) 위협으로 여길 것이다.

일부 화교는 중국의 요구에 호응해 현지국적 취득을 위한 절차에 들어갔다. 하지만 이는 극히 소수에 불과했다. 이것만으로는 동남아 각국의 중국에 대한 의심을 해소시키기에는 턱없이 부족했다.

화교의 국적 문제를 근본적으로 해결하기 위해서는, 즉 화교와 중국의 관계를 가시적으로 차단하여 동남아의 의심을 해소시키기 위해서는 특단의 조치가 필요했다. 이에 마오쩌둥은 1954년 10월과 11월 인도총리 네루와의 회담과 미얀마총리 우누와의 회견에서 화교문제에 대한 해결의 의지를 다음과 같이 피력했다.

- 우리는 (국가 사이의 관계에 있어) 의심을 야기하여 합작을 방해할 수 있는 모든 문제를 해결해야 한다. …, 화교문제 역시 해결하여 우리가 화교를 이용해 혼란을 야기한다는 일부국가의 의심

을 해소시켜야 한다.

- (미얀마 화교가) 도대체 중국국적인지 아니면 외국적인지 국적 문제를 분명히 해야 한다. 이중국적이 있어서는 안 된다.

결국 마오쩌둥은 화교문제가 상대적으로 크지 않은 인도, 미얀마 등 외국 지도자와의 면담을 통해 화교의 국적 문제에 관한 지침을 간접적으로 하달하였다. 이는 과거 중국의 항일운동, 국공내전, 중국공산당의 정권 창출 등 과정에서 화교의 애국과 혁명을 적극 독려해왔던 마오쩌둥의 전략적 고민이 반영된 것이었다.

당시 중국의 입장에서 화교를 밀쳐낸다는 것은 몹시 난처하고 민망한 일이었다. 최고권위를 가지고 있던 마오쩌둥은 뒤로 한발 물러나고, 대신 저우언라이가 해결사로 등장했다. 1955년 4월 22일 저우언라이는 중국정부를 대표하여 인도네시아공화국과 "이중국적문제에 관한 조약"을 체결하였고, 이는 이후 기타 동남아 국가와의 조약 체결에 있어 기본 모델이 되었다. 이 조약은 핵심은 다음의 규정이었다.

중화인민공화국과 인도네시아공화국의 국적을 동시에 가지고 있는 모든 자는 스스로의 의지에 따라 중화인민공화국국적과 인도네시아공화국국적 가운데 하나의 국적만을 선택해야 한다.

화교의 국적문제 해결의 방법이 설득수준에서 이제는 강제적인 법 집행의 수준으로 높아졌다. 이로써 중국과 동남아 각국 사이의 외교문제를 야기했던 화교의 국적 문제 및 화교의 정치적 귀속 대상의 문제는 표면적으로 해결되었다. 저우언라이는 "당신이 어느 국가의 국민이 되었다면, 당신은 당연히 그 국가에 충성해야" 한다, 중국인이 거주국가의 국적을 취득했다면 당연히 "소속된 국가에 충성해야" 한다고 강조했다. 이 저우언라이의 발언은 분명 중국과 화교 사이의 법률적·정치적 관계가 이미 단절되었음을 공식적으로 표명한 것이었다.

하지만 이후의 관련 내용을 보면 양자의 관계가 단절이 아닌 "은폐"되었다고 이해하는 것이 타당하다. 예로, 당초 위 조약의 원칙은 화교 스스로의 의지에 따른 선택이었지만 중국은 여러 채널을 통해 화교에게 중국국적을 보류하거나 중국에 귀국하지 말고 현지국적을 취득해 현지에 남을 것을 강요했다. 중국에 애국열정을 가지고 있던 화교의 입장에서 이는 분명 냉정하기 그지없는 조국의 냉대로 이해되었을 것이다. 하지만 중국의 속내는 저우언라이가 1957년 인민대표대회 상무위원회 회의에서 언급한 다음의 내용에서 읽혀진다.

> **(화교는) 현지에 남는 것이 가장 좋다. …, 만약 다 돌아오면 양국에 적극적 작용을 할 수 없어 국가적 손실이며, 또한 그 개인에게도 불리하다. 남으면 이 두 개에 유리하고, 돌아오면 이 두 개에 불리하다.**

혁명수출과 이에 대한 화교의 역할은 당시 화교의 생존과 중국의 외교이익 뿐 아니라 중국공산당의 혁명 전략과 민감하게 얽혀 있기 때문에 위에서 언급된 화교의 "적극적 작용"을 입증할 수 있는 자료의 발굴은 극히 힘들다. 다만 여기서 1958년 전국교민사업회의(全國僑務工作會議)에서 진행되었던 중국화교위원회의 자아비판은 참고할 만하다.

> (우리가 화교에 관한 문제를 처리하면서) 소수 상층의 화교이익에 대한 고려가 비교적 많았고, 반면에 대다수 화교의 장기적 이익에 대한 고려가 부족했으며, 또한 국제계급투쟁의 각도에서 출발한 문제의 연구가 부족했다.

이 자아비판은 적어도 당시 중국이 화교를 용도 폐기한 것이 아니라 용도 전환했음을 보여준다. 즉 중국은 화교를 국제계급투쟁의 한 수단으로 여기고 있었다.

그런데 화교와 관련해 언급되고 있는 "적극적 작용"이나 "국제계급투쟁"이란 무엇인가?

저자는 이를 이해하기 위해 홍콩의 역할에 대한 중국공산당의 평가를 차용한다. 이는 중국공산당에 의해 평가된 홍콩의 활용가치가 동남아 화교의 경우와 매우 유사했기 때문이다.

1949년 대륙을 점령한 중국공산당에게 있어 홍콩의 "해방"은 그 다음 수순이었고, 이에 홍콩의 운명은 국제적인 초미의 관심사로 부각되고 있었다. 그런데 중국공산당은 "장기적으로 계산하여 충분히 이용"해야 한다는 전략적 판단아래 영국정부로부터 홍콩의 정치적 중립을 인정받는 선에서 홍콩의 "해방"을 보류하였다. 2017년 5월 홍콩에서 다큐멘터리의 형식으로 공개된 자료에 근거하면, 위와 같은 중국의 입장은 문화대혁명 직전까지도 견지된 것으로 보인다.

당시 홍콩의 좌파는 대륙의 극좌적 분위기에 호응하면서 중국공산당에게 홍콩의 "해방을 간절히 요구"했다. 하지만 중국공산당은 이를 매몰차게 거절했다. 이때 중국공산당 중앙은 다음과 같은 이유를 제시했다.

> 홍콩에 있는 인사가 모두 귀국하면, 홍콩에는 우리의 사람이 사라지고, 또 그 지위와 작용은 소멸된다. …, 장기적 견지와 장기적 계산이 필요하다. …, 우리는 무산계급의 최고이익과 세계혁명에서 출발하여 해방을 미룰수록 좋다. …, 흰개미와 같이 공작해야 한다. 어떤 소리도 내지 않으면서 집 전체를 무너뜨려야 한다. 흰개미의 정신을 배워야 한다.

즉, 이는 "무산계급의 최고이익과 세계혁명"을 위해 (미안하지만) 홍콩이 자본주의 세계에 남아 흰개미의 역량을 수행해야 한다는 논리이다. 홍콩에 대해 중국공산당이 거는 기대는 저우언라이가 위에서 언급한 화교의 "적극적 작용"과 크게 다르지 않다. 중국학자 좡궈투는 1958년 미국국무원이 발표한 자료에 근거하여 동남아 각국의 화교가 중국의 제5열로서 현지의 혁명 활동에 참여하고 있었음을 지적하고 있다. 여기서 제5열이란 사보타주, 역정보, 간첩활동 등 국가 전복을 위해 암약하는 존재를 의미하는 바, 이는 곧 중국공산당이 (미안하지만) 화교에게 기대했던 흰개미 역할과 다름이 없다.

중국공산당은 화교의 흰개미 역할을 포함하여 동남아 혁명을 여러 형태의 지원했고, 이에 동남아 각 지역의 좌파집단은 중국공산당의 영도적 지위를 인정하고, 중국공산당을 영도당(領導堂)이라 칭하고 있었다. 이는 분명 건국 초기 스탈린의 요구에 고무되었던, 그리고 중국공산당이 무산계급 국제주의를 위해 스스로에게 부여한 역사적 책임이었다.

무산계급 국제주의를 위한 화교의 폐기

무산계급 국제주의의 기본 시각은 국가나 민족을 초월한 무산계급의 연대이다. 그러므로 이는 동남아 현지에서 경제적 기득권을 장악하고 있던 부르주아 화교의 이익과 정면으로 충돌하고, 이 충돌은 다시 중국공산당과 동남아 좌파와의 연대에 균열을 야기한다. 그러하기에 당시 공산세력의 발전을 우려하던 미국 및 동남아 각국 정부는 화교문제를 공세적으로 거론하였고, 중국은 이 공세에 맞서 화교와 중국와의 관계를 은폐코자 하였다.

1956년 베트남정부는 화교에 대한 통세를 강화하기 위한 목직으로 현지 출생의 모든 화교가 모두 베트남 국적임을 선포하였다. 이 조치는 분명 국적 선택에 대한 화교의 자율성을 침해하고 있었다. 인도네시아정부는 화교를 겨냥하여 외국교민이 현(縣)급 이하의 지방에서 상업에 종사할 수 없다는 법령을 반포하였다. 이는 화교의 생존권을 크게 위협하는 것이었다.

하지만 중국은 "화교의 정당한 권익을 보호"해야 한다고 헌법 조항에도 불구하고 위 조치들에 대해 별다른 대응을 내놓지 않았다. 당시 중국화교위원회 주임 랴오청즈의 다음과 같은 언급에서 화교에 대한 중국의 입장을 읽을 수 있다.

> 동남아 각 민족주의국가가 화교경제에 대해 취하고 있는 각종 제한과 배척의 정책은 비록 화교에 있어 불리하지만, 제국주의의 도발로 인한 것이나, 혹은 불법적인 박해 외에 일반적으로 우리가 반대하기는 결코 쉽지 않은 것이다.

중국공산당에게 있어 무산계급 국제주의는 목표이자 의지였고, 화교는 이 목적을 위한 활용의 수단이었다. 그러므로 그 의지가 강해질수록 화교의 존재는 더욱 중국을 불편하게 만들었다. 결국 중국공산당은 동남아 각국의 화교에 대한 제한과 배척을 방관하는 수준에 머무르지 않고, 더욱 주동적으로 나서 화교의 이익을 희생시켰다. 1958년 8월 16일 마오쩌둥은 캄보디아의 지도자 시아누크에게 다음과 같이 조언하였다.

> 화교가 당신들의 상업을 독점하는 것은 좋지 않다. …, 당신들은 상업을 배워야 한다. 당신들이 나서면 그들(화교)의 몫이 줄어들 것이다. 그렇지만 그들이 살아갈 수 있도록 해주어야 한다. 예로 10%는 남겨 그들에게 경영케 한다. 하지만 역시 당신들이 주로 장악하고 있어야 한다.

한편 미국의 화교학자 조우당은 인도네시아의 예를 들어 당시 중국이 화교의 이익을 희생시켰던 이유를 다음과 같이 제시하고 있다.

> (중국에게 있어) 인도네시아의 차별정책을 받아들이는 것은 유쾌하지 못한 것이었다. 하지만 베이징은 인도네시아를 중국이 영도하는 반제국주의 전선에 남겨놓기 위해 자카르타에게 양보했다.

이러한 중국의 태도는 1950년대 말 소련과의 갈등이 확대되면서, 그리고 이와 더불어 중국의 무산계급 국제주의에 대한 실천의지가 증대되면서 더욱 노골화되었다. 당시 소련의 흐루시초프는 미국과의 평화공존을 제시하면서 자본주의의 대본영이며 철천지원수라 비난해왔던 "미국제국주의"와의 화해를 시작하였는데, 이는 한창 반(反)우파 투쟁을 전개하고 있던 마오쩌둥의 입장에서 용납하기 어려운 이념적 문제였다. 여기에 더해 타이완의 해방문제, 중국의 핵 개발 지원문제 등에 있어 소련이 냉담한 태도를 보이고, 급기야 마오쩌둥이 호기롭게 시작했던 인민공사운동, 대약진운동마저 비난하자 중국은 소련과 결별하기에 이르렀다.

이념적 동맹이었던 소련과의 결별은 경제부진으로 가뜩이나 곤경에 처해있던 마오쩌둥을 더욱 위기로 내몰았다. 하지만 "형세가 불리함을 인식할수록, 마오쩌둥은 더욱 이념의 목표와 수단을 강조했다"는 중국학자 양쿠이송의 표현처럼, 그는 오히려 진정한 혁명의 중심이 소련에서 이미 중국으로 옮겨왔고, 이에 중국은 세계혁명의 역사적 책임을 당연히 짊어져야 한다고 주장했다. 다시 말해 마오쩌둥은 극단적인 무산계급의 정치투쟁을 통해 이 위기를 극복코자 하였던 바, 그 대외적 실천이 곧 무산계급 국제주의였던 것이다.

1958년 10월 중국공산당 중앙위원회는 <대외경제, 기술원조사업의 영도를 강화할 것에 대한 지시보고>에서 "결코 국내의 임무가 긴박하다는 이유로 대외원조의 사업을 소홀히 하거나 심지어 배제해서는 안 된다"고 강조하였다. 이러한 중국의 대외원조 원칙은 마오쩌둥의 선동적 발언을 통해 더욱 확대되었다.

· 이미 혁명의 승리를 획득한 인민(중국의 인민)은 해방을 위해 투쟁하는 인민(외국의 인민)을 도와야 한다. 이것이 바로 우리의 국제주의 의무이다.

· 어디든 혁명이 발생하면, 우리는 바로 원조한다.
· 무산계급 국제주의는 우리 대외정책의 최고지휘원칙이다.

1950년대 북한과 베트남에 집중되었던 중국의 대외원조는 60년대 이후 그 대상과 규모가 전면적으로 확대되기 시작했다. 관련 연구에 따르면 1967년 중국의 전체 재정지출에서 이미 4.5%를 차지하고 있던 대외원조액은 1972년에 6.7%, 1973년에는 무려 7.2%로 증가했다. 심지어 수천만 명이 아사했다고 추정되던 60년대 초의 빈곤시기에도 중국의 대외원조는 오히려 증가하였다.

무산계급 국제주의에 의해 외교와 혁명의 상하관계가 규정되었고, 여기서 외교는 혁명에 철저히 종속되었다. 마오쩌둥은 피압박민족과 제국주의 사이에, 나아가 피압박계급과 압박계급 사이에 평화공존이란 있을 수 없다고 강조했다. 이로써 1953년 이래 중국이 동남아 여러 국가와 약속했던 "평화공존"은 폐기되었고, 동남아 각국과의 외교는 급속히 좌경화되었다.

마오쩌둥은 "필리핀, 캄보디아, 라오스, 태국, 말레이시아 등 국가의 제국주의를 쫓아내지 않고, 독점자본 및 친제국주의 분자를 뿌리 뽑지 않고서는 우리의 국가 또한 최후의 해방을 획득할 수 없다"면서 동남아 각국의 공산당조직 및 그 혁명을 주동적으로 지원하기 시작했다. 심지어 마오쩌둥은 라오스, 미얀마 공산당 지도자에게 다음과 같은 지원까지 약속했다.

당신들은 중국 변방에서 라오스, 미얀마 민족과 비슷하게 생긴 소수민족을 징병하라. 이는 그들 소수민족의 국제주의 의무이다. 중국의 변방을 당신들의 후방으로 삼아라.

이러한 중국의 파격적인 지원 아래 베트남, 라오스, 캄보디아는 결국 공산혁명을 성공시켜 정권을 장악했고, 말레이시아, 미얀마, 태국, 필리핀, 인도네시아의 공산당 또한 중국의 물질적, 전술적 지원을 받아 무장투쟁을 시작했다.

중국의 동남아 각국에 대한 극단적인 무산계급 국제주의가 실천되면서 현지에 거주하고 있던 화교는 더욱 곤경으로 내몰렸다. 동남아 각국의 민족주의 공세로부터 가뜩이나 힘들어하던 화교는 계급혁명의 고조 속에서 부르주아로 분류되면서 현지에서의 삶은 붕괴되었다.

1965년 인도네시아에서 30만의 화교가 학살되었고, 1975년부터 베트남에서는 100만의 화교난민이 발생했으며, 캄보디아에서는 20만의 화교가 크메르 루즈(Khmers Rouges)정권에 희생되었다. 이에 대해 중국은 무산계급 국제주의를 강조했을 뿐, 국가가 응당 짊어져야 할 교민보호의 의무는 지극히 형식적으로 처리되었다.

1965년 수십만의 화교가 학살당한 인도네시아의 반(反)화교 폭동 당시 중국은 단지 세 차례 선박을 파견하여 3천여 명의 화교를 귀국시켰을 뿐이었다. 인도네시아에서 화교에 대한 학살이 진행되고 있을 때, 당시 중국의 외교부장 천이가 언급했던 아래 표현은 수백 년 전 "버려진 백성"에 대해 보여주었던 명나라와 청나라의 냉정한 태도와 너무나 유사하다.

> 화교문제는 작은 문제이다. …, 오직 반제국주의와 반식민주의가 양국의 공통 목표이며, 관심사이다.

중화인민공화국 건국 직후 5년 동안 중국으로 돌아온 화교의 숫자는 17만 8천명에 이르고 있었다. 여기에 더해 베트남의 28만 명과 인도네시아의 30만 명 화교, 그리고 동남아 각지의 무수한 화교가 현지의 폭력사태를 피해 중국으로 밀려들었다. 외교가 이미 혁명에 종속되어 있는 상황에서 조국이었던 중국은 이들을 철저히 계급적 각도에서 대우하였다.

문화대혁명 종료 이후 발표된 통계에 따르면, 34,766명의 사망을 포함해 744,554명의 귀국화교가 우파분자, 반혁명분자, 지주분자, 부르주아, 간첩, 내통 등의 혐의로 직접적 박해를 받았고, 무려 1억 명이 화교 사건과 연루되어 수난을 당했다. 이는 당시 중국 전체인구의 1/7에 해당하는 규모였다.

평화공존의 외교정책은 "계급투쟁의 포기"이자 투항주의라 규정되었다. 화교의 생존과 발전을 다소나마 고려했던 건국 초기의 화교정책은 모두 화교의 혁명성을 약화시켰다거나, 혹은 수정주의에 근거한 "특수화"의 산물이었다고 비판받았다.

결국 중국공산당의 무산계급 국제주의 원칙아래 화교의 존재는 결국 폐기될 수밖에 없는 운명이었다.

혁명을 위한 도구

중화인민공화국 수립이후부터 개혁개방 이전까지의 화교정책은 철저히 중국공산당이 최고의 대외원칙으로 제시했던 무산계급 국제주의에 종속되어 있었다. 그러므로 1952년 <해외교민공작에

관한 지시>나 1955년 <이중국적 문제에 관한 조약>의 체결은 국가차원의 외교이익이나 화교 개인차원의 안전이익보다는 중국공산당의 무산계급 국제주의에 근거한 전략적 고려가 우선이었다.

무산계급 국제주의는 중국공산당의 역사적 사명이었겠지만, 마오쩌둥에 의해 장악된 중국공산당의 맹목적인 실천과정은 당시 중국에 총체적인 위기를 가져왔다. 중국공산당의 계급이익을 위해 중화인민공화국의 국가이익을 희생시킬 수 있는가? 이 과정에서 중국공산당 내부의 반발도 존재했다.

1962년 중국공산당 중앙 대외연락부장 왕자샹은 "평화공존 5개원칙"에 근거한 미국, 소련, 인도와의 화해 및 "실사구시(實事求是)"에 따른 해외원소의 축소를 건의했다. 이는 평화외교와 대외원조가 중국공산당의 세계혁명이 아닌 국가차원의 이익에 부합해야 한다는, 지금의 시각으로 보면 지극히 당연한 주장이었다.

하지만 마오쩌둥은 오히려 왕자샹을 통렬히 비판하고 숙청시켰다. 왕자샹의 숙청과정은 중국 내부에서 분명한 학습효과를 남겼다. 이후 중국공산당 내에서 평화외교나 대외원조를 둘러싼 일체의 이의제기는 봉쇄되었고, 오직 극단적 혁명의 주장만이 난무하였다. 국가 차원의 모든 이익은 무산계급 국제주의에 철저히 희생되었고, 주변 국가의 안전은 심각하게 위협받았으며, 그 사이에 끼어있던 화교의 생존기반은 철저히 붕괴되었다.

개혁개방이 시작되면서 중국공산당의 무산계급 국제주의, 특히 혁명수출은 포기되었다. 화교정책에 있어 중국공산당은 뒤로 물러났고, 대신 국가가 전면에 나섰다.

중국의 화교정책은 현재 큰 성과를 거두었다고 평가받고 있다.

지난 역사의 교훈을 근거로 수립된 지극히 조심스러운 화교정책을 통해 중국과 화교사회의 관계는 서서히 복원되었고, 화교의 투자를 통해 중국의 개혁개방은 안정적으로 진행되었다. 동남아와의 외교관계 또한 성숙해졌다. 특히 화교문제를 둘러싸고 1967년 단절되었던 인도네시아와의 외교관계는 1990년 다시 복구되었다.

최근 중국의 화교정책에 또 다시 변화의 바람이 불고 있다. 대표적인 예로 <귀교 교권 권익보호법>과 <외국인의 중국영주권 신청에 대한 심사 관리 시행령>의 공포와 화교정책에 대한 중국공산당 통일전선부의 역할 확대이다. 이는 조심스럽게 진행되던 중국의 화교정책이 법적 근거의 마련을 통해 공식화되고 있음을, 그리고 화교정책에 중국공산당의 입김이 다시금 세지기 시작했음을 의미한다. 물론 이 정책의 주요 대상은 외국국적을 가진 화인이다.

이러한 중국 화교정책의 적극적 변화는 시진핑의 등장 및 그에 의해서 촉발된 "중화민족 위대부흥"이라는 중국의 꿈과 궤를 같이 한다. 물론 이 꿈은 중국을 중심으로 한 관련 국가의 공동 발전을 추구하는 것이기에 과거 중국이 추진했던 무산계급 국제주의와는 그 목표와 방식에 다름이 있다.

하지만 견제장치가 없는 최고 권력에 의해 추진되고 있다는 점, 중국의 범위를 넘어 주변 국가에 영향을 미치고 있다는 점, 꿈의 실현을 위해 중국의 국가이익마저 희생시키고 있다는 점, 그리고 특히 해외화교의 역할이 다시금 동원되고 있다는 점 등은 분명 과거의 우려를 다시 떠올리기에 충분한 이유가 된다.

출전 "중국의 교민정책에 대한 재 고찰-건국초기 중국공산당의 무산계급 국제주의 관점을 중심으로", <한국동북아논총> 2018년 6월

제6장

개혁개방을 위한 화교

화교를 둘러싼 현대중국의 딜레마

화교의 지위와 역할

현대 화교정책의 전략적 이원성

전략적 이원성의 탄력적 적용

화교를 둘러싼 현대중국의 딜레마

민족국가주의라는 근대의 논리가 그 역할을 수행하고 있는 한, 현재 진행되고 있는 세계화란 결국 국가 사이의 경쟁을 의미할 수밖에 없으며, 현대 국가의 발전 또한 세계화에 대한 능동적 참여를 전제하게 된다. 세계화는 국경을 넘어 세계를 가로지르는 인간 활동의 확대와 그 활동의 결과이다. 이에 국경을 가로지르며 생존해왔던 세계 각국의 디아스포라는 해당 조국의 세계화를 위해 활용될 수 있는 충실한 조력자라는 특별한 의미를 부여받는다.

초국가적 성향을 지닌 디아스포라는 모국, 현지 거주 국가, 해당 디아스포라의 커뮤니티라는 세 가지 조건에 의해 그 성격과 발전방향이 규정된다. 즉, 디아스포라는 주로 경제적 이익에 따라, 다시 좀 더 구체적으로 표현하면 자본주의 생산 및 소비관계의 흐름과 요구에 따라 모국에서 현지 거주국가로 이주하였고, 이 과정에서 그들 내부의 커뮤니티 또한 자본주의적 생활방식을 자연스럽게 내재화할 수 있었다.

그런데 화교를 둘러싼 여러 조건의 상황은 일반 디아스포라의 그것과는 다른 다소 모순적인 요소를 가지고 있다. 주지하다시피 화교의 모국인 중국은 불과 100여년의 시간동안 봉건전제에서 자본주의로, 자본주의에서 사회주의로, 최근에는 사회주의에서 사회주의 시장경제체제로 숨가쁘게 변화하였다.

특히 현재의 중국이 추진하고 있는 세계화는 (일견하기에 모순될 수밖에 없는) 계획경제와 시장경제의 결합에 근거하고 있다. 인류역사의 한 실험으로 평가받는 이 중국식의 세계화에서 화교는 중국의 원거리 민족주의에 영향을 받으며 중국 현대화에 대한 적극적 참여를 요구받고 있다. 하지만 이러한 중국에 대해, 화교 및 동남아 여러 국가의 시선은 결코 곱지만은 않은 실정이다.

우선 화교의 과거를 상기해보면, "세계 3대 경제력"이라는 영광스러운 명성의 이면에 처절한 고통의 역사가 자리 잡고 있다. 앞 장에서 살폈듯이 역사적으로 화교는 모국인 중국으로부터 한때 포기된 백성으로 불리었고, 또 한때는 반동 부르주아, 사회주의 배반자 등으로 낙인찍히면서 온갖 멸시와 배척을 받았을 뿐 아니라, 현지 거주 국가로부터 수시로 반(反)화교폭동의 희생자로 내몰려 왔다. 국경을 걸쳐 생존해야 하는 화교의 입장에서 모국인 중국과의 밀작은 그들의 발전을 위한 토대는커녕 생존 자체를 위협당할 수 있는 위험스런 요소였다.

화교가 집중 거주하는 동남아 여러 국가 또한 중국과 화교의 관계를 예민하고 주시하고 있다. 식민지라는 왜곡된 상황에서 벗어나 새로운 민족국가를 건설한 동남아 각국의 입장에서, 더불어 정치·경제·이념·자원·영토 등의 문제로 중국과 긴장 상태를 유지하고 있는 중국 인접 국가의 입장에서, 현지의 경제력을 장악하고 있는 화교와 중국의 밀착은 각별히 경계해야 할 대상이었다.

중국의 입장에서, 국제적으로 우호적인 외교환경은 개혁개방이라 명명된 중국식 세계화를 추진하는데 우선적으로 담보해야할 객관적 조건이며, 동시에 화교의 중국 경제발전에 대한 참여는 개혁개방을 위한 전제 조건이다. 곧 우호적인 국제환경의 조성과 중국 현대화에 대한 화교의 능동적 참여는 중국의 개혁개방 추진에 결코 포기할 수 없는 두 마리의 토끼인 셈이다.

하지만 이 토끼 두 바리는 각기 다른 방향으로 뛴다. 즉 중국이 동남아 여러 국가와의 우호관계를 우선 고려한다면 화교와의 거리조절에 신경을 써야 하고, 반대로 화교의 활용을 우선해 그들을 중국 쪽으로 포섭하고자 한다면 동남아 여러 국가와의 외교관계가 위험해진다.

이번 장은 두 마리 토끼를 잡기 위한 현재 중국의 화교정책을 살피고자 한다. 저자는 이미 앞에서 中國과 중국, 화교의 여러 명칭, 중국공산당의 화교정책 등을 이야기하면서 여러 가지의 딜레마를 제시하였다. 중국과 中國 사이의 딜레마, 외국인인 화인을 중국의 정책대상으로 품고자 하는 딜레마, 무산계급 정당이면서도 부르주아인 화교를 품고자 하는 딜레마 등이다. 흥미롭게도 이러한 딜레마는 화교를 둘러싼 정치, 정책, 학술, 행정 등 각 측면에서 일관되게 나타나고 있다.

"전략적 모호성-Strategic ambiguity"이란 개념이 있다. 이는 행위주체가 특정한 입장을 취하지 않음으로써 당면한 위험을 모면하거나, 민감한 문제에 봉착할 때 문제의 본질을 고의로 흐리게 만드는 전략이다. 저자는 중국의 화교정책을 이해하는데 이 개념을 활용코자 한다. 다만 중국정부의 화교정책이 분명한 체계와 일관성을 가지고 있는 바, "전략적 모호성" 보다는 모호성 뒤에 감춰진 "전략적 이원성-Strategic duality"이라는 표현이 현상에 더욱 부합할 것으로 판단한다.

화교의 지위와 역할

앞 장에서 설명하였듯이, 고대 中國으로부터 "외면"되었던 화교는 근대 중국의 필요에 따라 중국에 "흡수"되면서 명실상부한 해외의 중국인으로 변모하였다. 외면과 흡수는 모두 고대 中國과 근대 중국이 각기 다른 국가이익에 근거해 내놓은 상반된 정책이었다.

하지만 사회주의 중국이 탄생하면서, 즉 중국공산당에 의한 중화인민공화국이 탄생하면서 화교의 활용가치는 긍정적 측면과 부정적 측면으로 나뉘게 되었다. 즉, 중국공산당의 입상에서 화교는 무산계급 국제주의에 근거해 동남아 각지의 공산혁명을 확산시킬 유력한 도구였지만, 동시에 중화인민공화국의 입장에서 화교는 동남아 각국과의 외교관계 개선을 위해 분명히 정리해야 할 부담스러운 존재였다. 이것은 곧 1976년 마오쩌둥의 사망 이전까지 중국의 화교정책이 갈지자의 행보를 보인 이유이다.

중화인민공화국 성립 당시 중국공산당은 동남아에 대한 혁명수출에 화교를 충분히 활용하고 있었다. 하지만 혁명수출 자체가 동남아와의 외교관계를 악화시키자, 이제 중국공산당은 뒤로 빠지고 국가기관이 나서 동남아와의 외교관계 개선에 힘을 쓰기 시작하였다. 국적을 기준으로 "화교"와 "화인"은 분리되었고, 오직 중국국적을 가진 화교, 귀국해 정착한 화교, 화교의 국내 거주 친척만이 화교정책의 주요대상이 되었다. 50년대 후반부터 시작된 중국의 극단적인 이념투쟁을 계기로 중국공산당의 지위와 역할은 국가를 압도하기 시작하였다. 혁명은 국가이익을 포함한 모든 가치에 우선했고, 이에 화교와 관련된 모든 것은 반동 "해외관계"라는 이름으로 부정되었다. 화교정책은 완전 실종되었다.

1980년대부터 본격적으로 시작된 중국의 개혁개방은 화교에 대한 중국지도층의 태도에 근본적인 변화를 발생시켰다. 1979년 중국공산당 중앙위원회와 국가행정 최고부서인 국무원은 함께 나서 광둥의 선전(深圳), 주하이(珠海), 산토우(汕头) 세 개 지역과 푸젠의 샤먼(厦门)을 경제특구로 지정하였다. 이 경제특구는 사회주의 경제체제에서 벗어난 특권과 혜택을 부여받았다. 중국공산당과 중국정부는 연대해 경제특구에 유입된 외국의 자본과 투자, 그리고 그들의 이익을 법률적으로 보장하였다.

왜 광둥과 푸젠의 네 개 지역이 향후 개혁개방을 이끌어나갈 경제특구로 지정될 수 있었는가!

마오쩌둥의 사망이후 중국의 영도권을 장악한 덩샤오핑은 광둥과 푸젠이 가진 특수한 조건에 주목했다. 즉, 이들 지역은 모두 해외화교의 고향으로서, 직·간접적으로 해외화교와 밀접한 관계를 가지고 있었다. 이에 근거해 덩샤오핑은 다음과 같은 유명한 말을 남긴다.

> **중국정부는 돈이 없다. 하지만 정책은 지원해 줄 수 있다. 광둥과 푸젠이 우선 나서 살길을 개척하라!**

표면적으로 드러난 중국의 정책대상은 화교였지만, 실제 중국이 목표로 삼은 대상은 이미 중국국적을 상실한 외국국적의 화인이었다. 현지 국가의 동화압력에 수 십 년간 시달리면서도 고집스럽게 중국국적을 유지하고 있던 화교와 달리 화인의 삶은 매우 능동적이었다. 그들은 국적이나 정치보다는 경제적 이익을 추구하였고, 국가를 넘어 세계 각 지역의 화인과 연대하여 네트워크를 만들어내었으며, 이러한 네트워크에 기초하여 이미 막강한 경제 실력을 갖추고 있었다. 중국 개혁개방이 필요했던 것은 이 외국국적 화인의 경제력이었다.

중국은 화교정책의 중심을 화교가 아닌 화인으로 수정하면서, 막강한 경제력을 지닌 이 화인을 다시금 중국 정책범위 안으로 끌어들이기 시작하였다. 1993년 장쩌민은 국무원의 교민공작회의에서 외국국적의 화인을 외국인과 동일시할 수 없음을 명확히 하였고, 이어 후진타오와 시진핑은 화인을 "중화민족의 위대한 부흥"을 위한 중요 에너지라고 높이 평가하였다. 화인에 대한 역대 중국 지도자의 인식과 이에 근거한 일련의 발언은 곧바로 당대 중국의 구체적인 화교정책에 반영되었다.

흥미롭게도 화인에 대한 중국 최고 권력자의 인식이 화교에 대한 근대 중국의 "흡수"와 유사하게 보이는 반면, 화인에 대한 법률적 접근은 오히려 50년대 중반 화교에 대한 중국의 "분리"를 연상시킨다. 우선 1980년 제정된 <국적법>의 다음 규정을 보자.

- 중화인민공화국은 중국국민의 이중국적을 승인하지 않는다.
- 중국국적을 취득한 자는 더 이상 외국국적을 보류하지 않는다.
- 해외에 정착한 중국국민이 외국국적을 취득한 경우 중국국적은 자동 상실된다.

위와 더불어 "국외에 거주하는 중국국민은 모두 화교"라는 1957년의 규정은 1984년에 "화교는 국외에 정착, 거주하는 중국국민"

이라고 수정되었다. 여기서 "정착, 거주"는 "화교"와 해외에 잠시 머무르고 있는 "중국국민"을 구별하는 조건으로 작동하고 있다.

이에 근거해 "화교"를 다시 정리하면, 중국 국적 외에 어떠한 외국의 국적도 없어야 하며, 현지에서의 정착을 증명할 수 있어야 하는 해외의 중국국민이다. 이로써 화교에 대한 법률적 규정은 과거의 그것에 비해 다시금 축소되었다.

결국 이는 중국정부의 화교정책에 관한 이중적 태도, 즉 한편으로는 화교정책 대상범위의 확대를 강조하면서도, 다른 한편에서는 오히려 그 법률적 대상을 축소시키고 있는 모순된 상황을 보여준다. 그러나 중국정부가 제시하고 있는 "귀국한 화교-귀교"와 "화교 가족-교권" 및 외국국적 화인에 대한 정의를 살펴보면, 당대 중국의 화교정책이 결코 모순된 것이 아닌 이원적으로 교묘하게 연결되어 있음을 발견할 수 있다.

1990년의 <귀교 교권 권익보호법>에 근거하면, 권익을 보호받을 수 있는 "귀교"는 귀국하여 정착한 화교를 의미하며, "교권"이란 해외의 화교 및 귀교의 국내친척을 가리킨다. 여기에는 분명 외국국적의 화인에 대한 고려가 없다. 하지만 이미 1980년 외교부와 교무판공실이 대외비의 형태로 관련기관에 하달한 내용과 2004년 <귀교 교권 권익보호법 실시 시행령>의 내용을 살펴보면 중국의 외국국적 화인에 대한 분명한 태도가 일관되게 견지되고 있음이 발견된다. 아래 규정을 통해 외국국적 화인의 국내 친척은 "교권"으로 인정된다.

· 외국국적 화인의 친척을 화교의 친척과 동일하게 우대한다.
· 화교, 귀교가 사망한 후에도, 혹은 화교의 신분이 바뀐 후에도

그 국내의 친척은 법률이 정한 교권의 신분을 유지한다.

결국 중국의 화교정책은 이중적이다. 한 측면에서 외국국적의 화인은 중국의 정책범위에서 배제되어 있다. 이는 분명 동남아 각국과의 외교적 고려에서 출발한다. 하지만 다른 측면에서 이들의 권익은 "교권"을 통해 보호받는다. 이는 분명 화인의 중국 투자를 유도하기 위한 고려이다.

현대 화교정책의 전략적 이원성

우선 정치와 정책의 이원성이다.

당대 중국의 정치가 지향하는 바는 애국적 민족주의를 통한 중화민족의 단결과 부흥이다. 중화민족의 위대성을 강조하고 있는 중국의 애국적 민족주의는 국내의 소수민족에 대해서는 다원일체(多元一體)라는 이론을 통해 "하나의 중화민족"을 제시하고 있고, 화교의 역사를 중화민족의 해외발전역사로 해석한다. 더불어 중국 국학을 연구하는 학자의 연구경향은 화교를 중화민족과 동일시하며, 화교에 대한 국가정책의 기본방침을 "교포의 애국심과 애향심의 열정을 보호하고 발양"하는 것이라 강조하고 있다. 특히 "해외화인은 중국이 가지는 세계 유일의 기회"라는 덩샤오핑의 정치적 견해는 장쩌민, 후진타오, 시진핑을 거쳐 "중화민족의 자원 보물창고"론과 "중화민족의 위대한 부흥을 위한 중요 에너지"론으로 발전하였다.

화교화인이 중화민족의 보물창고이며, 중요 에너지라는 칭송이 정치적 의도에 의해 제기되었다면, 이른바 "중화민족 단결역학"은 학술적으로 이를 뒷받침하고 있다. 조국의 통일과 중화의 진흥을 촉진한다는 명분아래 "중화민족 단결역학"은 화교와 화인을 한데 묶어내고, 이들과 중국의 관계를 중국본위의 입장에서 해석하면서 중화민족 특유의 단결력을 주장한다. 즉, "중화민족 단결역학"에 의해 그려진 모든 화교화인의 모습은 중국을 위해 애국해야 하는 해외의 중국인인 것이다.

하지만 대외적으로 공개되어 있는 중국의 화교정책은 소극적이다. 이는 중국의 주요정치가나 중국 국학계열 학자의 인식 및 태도와 모순되어 있는 것처럼 보인다. 중국의 <국적법>은 이중국적을 인정하지 않는다는 원칙을 고수하면서 "화교"를 제외한 전체 화인을 명백히 외국인으로 분류하고 있고, 중국정부 또한 공개적으로 화인의 충성 및 애국의 대상이 현재 거주하고 있는 국가임을 강조하고 있다. 즉, 외국국적 화인이란 정치·법률적인 측면에서 분명 다른 국가에 속해있고, 또한 다른 국가의 소수민족으로써 현지 민족의 구성부분이라는 것이다.

이러한 소극적 화교정책은 화교를 전문 연구영역으로 삼고 있는 화교학에 의해서도 뒷받침된다. 특히 이중국적문제에 대해서 해당 정책영역과 화교학은 명확한 의견의 일치를 보이는바, 그 초점은 이중국적의 허용이 중국의 "책임을 지는 대국" 건설이라는 전략적 목표와 이익에 부합하지 않는다는 것이다. 화교에 관련된 정책영역과 화교학이 고려하고 있는 바를 정리하면 다음 세 가지로 요약된다.

우선 친근한 중국이미지를 만들기 위한 전략적 고려이다. 중국의 주변 국가는 중국이 외국의 투자를 흡수하고, 동시에 중국의 상품이 국내에 범람하면 자국의 경제가 공동화될 것이라 염려한다. 이에 일부국가는 "중국을 견제하기 위해, …, 지역안보에서 출발하여 일본이 헌법을 수정하는 것(평화헌법의 폐기)이 필요하다"라는 매우 민감한 주장을 제기하기도 하였다. 이러한 상황에서 중국이 수천만의 화교화인 전체를 중국의 정책범위로 포괄한다는 것은 "책임을 지는 대국" 건설에 유용하기는커녕 오히려 패권중화주의에 근거한 "중국위협론"의 증거가 될 수 있다는 것이다.

다음으로는 외교적 고려이다. 중국이 공식적으로 화인을 중국정책의 범위에 편입시킨다면, 다시 말해 이들의 이중국적을 허용하면 중국정부는 외국국적의 화인에 대해 법적인 의무를 짊어지게 된다. 이 상황에서, 화인과 해당 소속국가 사이에 분쟁이 발생할 경우 중국정부가 나서게 되면 이는 자칫 외교적 충돌로 이어질 것이고, 반대로 방관하게 되면 중국공산당정부의 합법성에 대한 중국 내외의 공격을 초래할 것이다.

다음은 중국내부의 정치적 문제에 대한 고려이다. 현재의 중국은 도시의 인구과밀을 통제하기 위한 조치로써 <호적등기 조례(戶口登記條例)>를 통해 도시와 농촌의 분리정책을 추진하고 있다. 이 법적 규정에 따라 모든 중국국민은 이사, 취업, 취학, 복지 등에 관한 권리를 제한받고 있다. 그런데 여기서 만약 수천만에 달하는 화교화인이 위에 언급한 <귀교 교권 권익보호법>에 근거해 출입국, 이동, 이사, 취업, 취학, 복지 등에 특권을 누린다는 것은 당연히 심각한 문제가 될 수 있다. 실제 중국이 2002년 영주권제도를 시행하자 중국 각계각층은 곧바로 "국민대우의 역차별"이라는 비판을 쏟아내었다. 정치적 권리를 제한하고 있는 영주권제도에 대한 반응이 이럴 진데, 이중국적의 허용은 중국내부의 모순을 폭발시킬 위험성이 있다는 것이다.

어떻게 할 것인가?

개혁개방을 위해, "중화민족의 위대한 부흥"을 위해, "중화민족의 자원 보물창고"인 외국국적의 화인을 적극 흡수할 것인가?

아니면 동남아 각 국과의 우호적인 외교를 위해, "책임을 지는 대국"의 이미지를 만들기 위해, 중국 내부와의 형평성 고려를 위해 외국인 신분의 화인과 거리를 둘 것인가?

중국 국무원의 교무판공실 조직운영을 들여다보면, 중국 화교 정책의 방향과 함께 전략적 맥락을 엿볼 수 있다.

베이징의 시청취 푸와이다제 (西城区 阜外大街) 35호에 위치해 있는 국무원 교무판공실은 중국의 교민업무를 총괄하는 대표적인 국가기구이다. 교무(僑務), 즉 이름 그대로 교민업무를 담당하고 있는 공식기구이기 때문에 외국국적의 화인은 이들의 행정 범위에 포함되어 있지 않다.

그런데 흥미를 끄는 것은 중국해외교류협회라는 민간기구가 국가조직인 교무판공실의 사무실과 전화, 그리고 인터넷 홈페이지를 공유하고 있다는 사실이다. 중국해외교류협회의 주요 간부 구성을 살펴보면 역시 이채롭다. 우선 정관을 보자. 최고 심의의결의 기능을 가진 이사회 이사는 "각 방면 인사 간의 협상을 통해 선출"된다고 규정되어 있다. 심히 모호하고 간략하다. 현재 중국해외교류협회 회장을 비롯한 이사회 이사 및 각 간부의 명단을 살펴보면, 모두 교무판공실 소속의 간부이다.

중국해외교류협회는 중국이 해외화인과의 관계를 강화시키기 위해 1990년에 발족시킨 민간단체이다. 이 협회의 정관 제2조는 이 협회가 전국적인 민간단체임을, 제3조는 이 협회의 목적이 해외 교민과의 우호증진 및 합작과 교류의 발전을 촉진함에 있다고 분명히 규정하고 있다.

결국 교무판공실과 중국해외교류협회의 역할과 기능을 비교하면, 중국교민인 화교에 관한 업무는 교무판공실이라는 공식기구에서 담당한다. 그리고 중국의 정책 범위 밖에 놓여 있지만 실제적으로 중국의 개혁개방에 도움을 줄 수 있는 외국국적의 화인에 관한 업무는 중국해외교류협회라는 민간조직이 담당하고 있다.

필리핀 마닐라 <상보(商報)>는 교무판공실과 중국해외교류협회의 이중적 구조와 운영을 꿰뚫어 비판한다. 즉, 국무원 교무판공실이 중국해외교류협회의 뒤에서 외국국적 화인의 사무를 실제 관장하고 있으며, 이를 통해 민감한 화인의 국적문제를 고의적으로 모호하게 만들고 있다는 것이다.

정확한 지적이다. 하지만 화교정책을 둘러싼 중국의 전체 조직구도를 보면 모호라는 표현은 적절치 않다. 중화인민공화국이라는 국가는 중국공산당의 영도로 움직이고 있다. 이 내용은 이미 앞의 제5장에서 언급했다. 그러하기에 화교정책의 최고 정점에 역시 중국공산당이 위치해 있다. 중국해외교류협회는 민간조직이지만 실제 중국공산당 통일전선부가 관리하고 있다.

다음 표는 타이완학자 판스핑의 <중국의 화교정책과 업무체계>라는 책에서 가져 온 것으로, 중국의 화교정책에 관여하고 있는 여러 기구를 일목요연하게 정리하고 있다. 전국인민대표대회는 중화인민공화국의 최고 권력기구이고, 정치협상회의는 중화인민공화국을 운영하는 통일전선 조직이다. 그 가운데 위치하고 있는 중국공산당은 이 양자를 통일, 관리하고 있다.

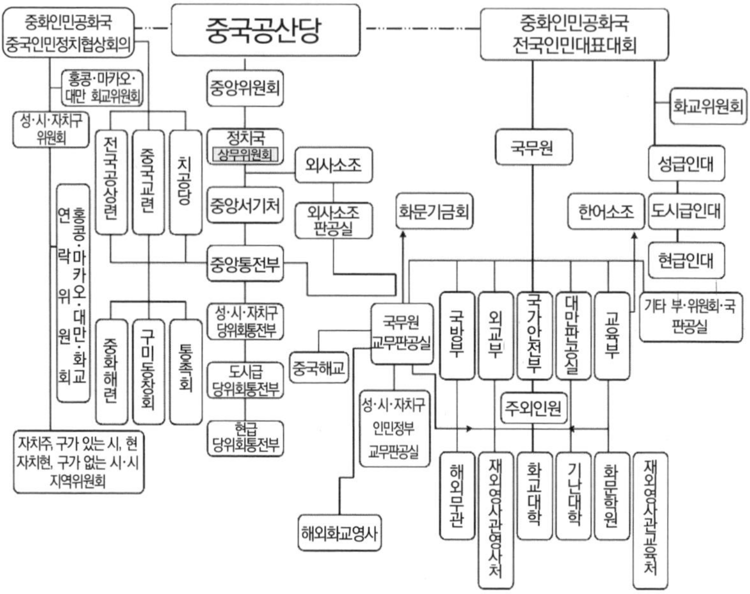

이제 위의 표를 참고해 화교정책 운영체계에 접근해본다. 중국공산당의 당헌과 중화인민공화국의 헌법은 중화인민공화국에 대한 중국공산당의 영도지위를 분명히 밝히고 있다. 즉, 전체 중국은 중국공산당의 영도를 받는다. 이 중국공산당에서 실제적인 최고 권력기구이며 최종 의사결정기관은 중앙위원회의 정치국 상무위원회이다. 이 정치국 상무위원회 직속으로 외사소조가 있고, 이 아래 통전부(즉, 통일전선부)가 있다. 통일전선부는 위에서 언급한 중국해외교류협회(중국해교로 약칭)뿐 아니라 치공당, 구미동창회, 중화해외연의회(中華海外联谊会, 중화해련으로 약칭)를 관리한다.

조직 구성원을 보자. 외사소조의 역대 조장은 장쩌민, 후진타오, 시진핑에 이어지는 중국 권력 서열 1위의 인물이며, 역대 조원은 국가부주석, 각 부서 장관 및 교무판공실 주임 등으로 구성된 중국권력의 핵심 구성원이다. 그리고 통일전선부의 부장과 부부장은 중화해외연의회의 회장과 부회장을 겸임하며, 그 중앙회 및 지역 분회의 경우도 해당 지역의 통일전선부가 관리한다.

위의 사실에 근거해 중국의 화교정책을 다시 아래로부터 정리하면 다음과 같다.

첫째, 국가기관인 국무원 교무판공실이 화교업무를 담당하고, 민간기구인 중국해외교류협회가 외국국적의 화인업무를 담당하는 것으로 보이지만, 이는 형식적인 것일 뿐 실제 교무판공실이 화교업무뿐 아니라 화인업무까지 장악하고 있다.

둘째, 국가조직인 국무원 교무판공실이 중국해외교류협회라는 민간 기구를 통해 외국국적의 화인에 대한 정책을 입안, 실천하고 있는 것으로 보이지만, 실제 그 위에는 중국공산당이 자리하고 있다. 즉, 중국해외교류협회는 중국공산당 통일전선부에 장악되어 있고, 교무판공실 역시 중국공산당 중앙 외사소조의 영도를 받는다.

결국 중국의 화교정책은 모호하게 보이지만 실제 이원적으로 움직이고 있고, 더불어 이 이원적 운영은 중국공산당의 총 노선에 통일적으로 관리되고 있다.

매년 다양한 명목으로 개최하는 중국의 국빈연회에 세계 각국의 교포가 초대되는데, 실제 초대된 교포의 90%이상은 외국국적의 화인이다. 이는 중국의 화인에 대한 이중적 전략, 즉 법률로서는 이중국적을 승인하지 않으면서도, 실제 상황에서는 이들을 중국인으로 대접하고 있음을 보여준다.

전략적 이원성의 탄력적 적용

100여년 역사를 가진 중국 화교정책이 가장 우려하는 것은 화교정책과 외교정책의 충돌이며, 이는 곧 중국과 화인의 관계가 중국과 동남아 외교관계와 반비례의 관계에 놓여 있음을 보여준다. 다시말해 중국이 화인과 밀착할 경우 동남아와의 외교관계는 소원해지고, 반대로 중국이 동남아와의 외교관계를 우선할 경우 화인과 멀어진다는 것이다.

이러한 우려에 근거해 중국 화교정책의 핵심은 어떻게 외국국적 화인과 동남아 각국의 지지를 동시에 확보할 것인가에 있다.

중국의 정치영역과 정책영역에서 내놓고 있는 서로 모순되는 화교정책은 실제 중국공산당의 통일적이고 전략적인 계산에 근거한 이원적 정책의 산물이었다. 즉, 교무판공실에서는 정책적 차원에서 이중국적을 허용하지 않는 원칙을 견지함으로써 화인의 법적 귀속을 둘러싸고 야기될 수 있는 외교적 분쟁을 효과적으로 제어하고 있다. 동시에 중국해외교류협회(그리고 그 뒤에 은폐되어 있는 중국공산당)에서는 다양한 경로를 통해 화인에 대한 중국의 사랑을 보여줌으로써 중국에 대한 화인의 참여를 확대시키고 있다.

화교화인에 대한 모순된 이원정책은 중국이 처한 외교적 상황, 발전전략, 개혁개방의 요구, 그리고 국내의 정치적 조건 등이 동시적으로 고려된 타협의 산물이다. 그렇기 때문에 중국의 정치적·경제적 변화에 따라 화교화인에 대한 정책의 폭과 깊이도 달라질 수 있다. 더군다나 이 정책은 중국 내부의 정치적 압력으로부터 자유롭지 못하다. 민족주의나 애국주의에 근거한 중국공산당에 대한 비판 여론은 결국 중국공산당의 총 노선에 영향을 미치기 때문에 화교정책, 특히 외국국적의 화인에 대한 정책은 언제든 중국 정치의 요구에 종속될 수 있다는 위험이 있다.

최근 그 조짐이 나타나고 있다. 2018년 3월 중국공산당 중앙위원회는 <당과 국가기구의 개혁 심화를 위한 방안>을 하달하였는데, 이 방안에 다음과 같은 화교정책 조직의 변화 내용이 담겼다.

> **화교사업을 중앙통일전선부가 통일적으로 관리한다. 해외통일전선사업에 대한 중국공산당의 집중적인 통일 영도를 강화하기 위해, 해외교포와 귀교교권의 단결을 촉진하기 위해, …, 국무원 교무판공실을 중앙통일전선부에 편입시킨다.**

중국학계는 이 지시를 근거로 1980년대 이래 추진되어온 화교정책이 새로운 시대에 부합하는 새로운 단계로 진입하였다고 평가한다. 새로운 시대라 함은 도광양회(韬光养晦)의 덩샤오핑 시대를 넘어 대국굴기(大國崛起)를 외치는 시진핑 시대의 개막이고, 본격적으로 이른바 중국의 꿈을 실현시킬 시대가 시작되었다는 것이다.

오늘의 중국사회에서 자신을 드러내지 않고 때를 기다리며 실력을 기른다는 "도광양회"는 그 유효기간이 끝난 것으로 보인다. 대신 대국으로서 세계 속에 그 위상을 드러낸다는 "대국굴기"의 구호가 넘쳐나고 있다.

대국굴기, 이 속에서 외국국적의 화인은 당연히 중국 대국굴기를 위한 자원으로 활용된다.

더군다나 교무판공실의 화교업무가 이제 정식으로 중국공산당 통일전선부로 이관되었다. 이 말인즉, 이제는 외국국적 화인의 민감성을 고려한 전략적 이중성보다는 중국공산당의 통일전선이 더욱 큰 힘을 발휘할 것임을 의미한다.

중국공산당 통일전선부의 통일적 지휘를 받게 될 화교정책에 대해 동남아 각 국가와 화교화인이 과연 어떻게 반응할지 궁금하다.

출전 “화교화인정책의 전략적 이중성”, <중국학논총> 2012년 8월

제7장

화교경제의 특성과 화교네트워크

첫 번째 오해. 화교는 모두 같다?

두 번째 오해. 화교네트워크의 중심은 중국이다?

반(反)중심의 화교네트워크, 반(半)투명의 화교경제

개혁개방을 추진하고 있는 현대 중국은 각 방면에서 눈부신 발전을 구가하고 있으며, 특히 그 경제 발전은 이미 경이로운 수준의 것으로 평가받고 있다. 불과 1세기 전만 하더라도 탐욕스럽기 그지없던 서방 열강의 포식 대상이었고, 또한 몇 십 년 전만 하더라도 낙후된 사회주의의 표본이던 중국이 어떻게 이렇듯 놀라운 성과를 거두게 되었는가?

세계는 중국의 성과를 분석하고 그 미래를 전망하면서 중국의 성장 동력을 탐색해 나갔고, 이 과정에서 중국 밖의 또 다른 중국 요소인 화교의 존재를 발견하였다. 화교의 정체성과 경제 역량, 그리고 화교와 중국 사이의 관계가 집중적으로 논의되었다.

다양한 통계 수치는 모두 개혁개방이래 중국에 투자되었던 전체 외국자본 가운데 반 이상이 홍콩과 마카오를 통해 유입된 화교의 자본임을 설명하고 있었다. 이는 중국의 개혁개방과 화교 사이에 밀접한 관계가 존재하고 있음을 단적으로 의미하는 것이었다.

우리 한국 또한 최근 화교에 큰 관심을 보이고 있다. 한국의 화교에 대한 본격적인 관심은 이웃나라 중국의 경제적 성취를 바라보면서 비롯되었다. 우선 거대한 화교의 경제역량이 이목을 끌었고, 이 역량을 중국의 개혁개방에 효과적으로 유입시킬 수 있었던 중국의 화교정책이 주의를 모았다.

그 결과 도출된 주제가 바로 화교네트워크였다. 한국은 발 빠르게 움직였다. 화교네트워크를 한국경제에 연동시키기 위해 화교기업인의 모임인 세계화상대회(世界華商大會)를 유치하였고, 더불어 이 화교네트워크를 모델로 삼아 한국교포를 주축으로 한 세계한상대회가 시작되었다. 그러나 세계화상대회의 유치를 통해 얻고자 했던 화교자본의 유치는 실패했다.

이번 장에서는 화교경제 및 화교네트워크에 대해 우리가 가지고 있는 오해에 대해 이야기 하고자 한다. 오해의 출발점은 화교, 화교와 중국의 관계, 화교네트워크의 조직 및 운영에 대한 "당연히 그러하겠지"라는 당위이다. 이 오해의 해소는 한국이 화교자본의 유치에 실패한 원인을 설명할 것이고, 나아가 세계한상대회가 나아가야 할 방향을 보여줄 것이다.

첫 번째 오해.
화교는 모두 같다?

1990년대 이래 화교의 가치를 비로소 인식한 한국은 정책적으로 화교자본과의 연결에 힘쓰기 시작하였다. 과거 한국화교에 대한 압박정책을 말끔히 취소하였고, 화교자본의 유치를 위해 전국 대도시에 차이나타운의 건립을 추진하였으며, 정부가 직접 나서 세계화상대회의 유치를 위해 뛰어다녔다.

이 결과 한국은 일본, 마카오, 영국, 타이완과의 경합에서 승리해 2005년 제8회 세계화상대회를 서울에서 개최하는 성과를 올렸다. 이는 모두 화교자본을 유치하여 외자 다변화의 목표를 달성키 위한 한국정부의 구체적인 노력이었다.

당초의 계산은 이러했다. 한국 각 대도시에 차이나타운이 건설되어 한국화교사회가 활성화되면, 그리고 세계화상대회를 통해 한국화교가 화교네트워크의 한 부분을 차지하게 되면, 거대 화교자본이 화교네트워크를 타고 한국에 유입될 것이다. 세계화상대회에는 하루 밤에 수백억 원을 모을 수 있다고 평가되는 화교기업인들이 초대되었고, 한국사회는 이들이 밥 먹고 잠자는 데만 280억 원을 쓸 것이라는 소박한 계산을 신뢰하였다.

하지만 화교네트워크에의 참여와 이에 따른 화교자본의 유입은 기대에 크게 못 미쳤다. 세계화상대회가 개최되었던 시기 한국에 투자된 외국자본 가운데 화교자본은 겨우 5%정도에 불과한 것으로 통계되었다.

계산은 어디에서 잘못되었을까?

착오는 한국화교, 동남아화교, 미국화교 등의 지역적 차이나 이민 1세대나 2세대, 혼혈세대의 세대별 차이를 인식치 못하고, 세계 각지의 화교를 다 같은 "해외의 중국인"이라고 생각하는 지극히 단순한 화교인식에서 출발했다.

한국화교는 우리가 이해하고 있는 화교, 특히 그 절대다수를 차지하는 동남아화교와 큰 차이가 있다. 이를 정리하면 아래와 같다.

첫째, 역사적 출발점의 차이이다. 동남아 화교의 역사는 中國으로부터의 외면에서 시작되었다. 그들은 중국으로부터 보호는커녕 철저히 외면당했고, 생존을 위해 스스로의 역량에 의지했다. 이와는 상반되게 한국화교의 역사는 청(淸)나라 정부의 정책적 비호 아래 그 역사를 시작하였다. 한국화교는 모국으로부터 보호받았고, 모국의 정책에 의해 그들의 경제역량이 키워졌다. 동남아 화교는 中國의 "포기된 백성"이었지만, 한국화교는 中國의 대리인이었다.

둘째, 역사성의 차이이다. 동남아 화교의 역사는 서구 자본주의 열강의 식민지 건설 과정에서 발생하였다. 상업에 종사하던 화교, 즉 화상(華商)은 자본주의 경제체제 속에서 활약했고, 노동에 종사하던 화교, 즉 화공(華工)은 철도, 도로, 항만 등 세계 자본주의 경제기초를 닦는데 동원되었다. 이러한 의미에서 화교는 자본주의의 세계화, 즉 근대의 파생물이라고 할 수 있었다. 하지만 한국화교의 경우는 달랐다. 청나라는 당시 조선에 대한 전통적 지배권을 강화하기 위해 화교의 한국이민과 정착을 정책적으로 지원하였다. 그렇기 때문에 한국화교의 역사는 시기상 "근대"의 초기에 속하지만, 그 내용은 오히려 "고대"의 말기에 머물러 있었다.

셋째, 정체성의 차이이다. 동남아 화교는 중국에 버림받고 해외로 튕겨 나온 존재이다. 그렇기 때문에 그들은 국가나 민족에 대한 정체성 보다는 푸젠사람이나 광둥사람이라는 지역적 정체성, 그리고 왕씨나 천씨와 같은 혈연적 정체성을 강하게 가지고 있다. 하지만 한국화교는 당시 청나라 정부로부터 온갖 비호를 받고 있었기 때문에 이민 초기부터 청나라에 대한 강한 정체성을 가지고 있었다. 청나라에 대한 정체성은 당시 조선인과의 정서적 괴리를 가져왔을 뿐 아니라 과거 명(明)나라가 망하면서 한국에 이주 정착했던 명나라 이민사회와의 단절을 야기했다.

넷째, 출신지역의 차이이다. 푸젠, 광둥, 하이난, 커쟈 출신이 대부분을 차지하는 동남아 화교는 주로 홍콩과 싱가포르를 경유하여 세계 각지로 이동하였다. 이들은 출신지역의 사투리와 혈연관계, 그리고 신앙을 통해 국가를 초월한 네트워크를 형성하였다. 하지만 한국화교의 주류는 산둥(山東)출신이다. 그들 대부분은 주로 산둥에서 육로나 해로를 통해 곧바로 조선에 들어와 정착하였다. 당연히 이들의 경제활동은 해외의 다른 지역출신 화교와 연결되지 못하고, 한국이라는 공간에 제한되어 이루어졌다.

다섯째, 국가의식의 차이이다. 동남아 화교는 중국정부의 정책변화와 동남아 각 국가의 동화압력에 순응하면서 현지화를 받아들여 이미 90%이상이 중국국적을 포기한 화인, 즉 중국 정책범위 밖의 외국인으로 변모하였다. 하지만 한국화교는 한국정부의 차별화 정책과 타이완 국민당정부의 국민화(國民化) 정책으로 철저하게 "중화민국"의 해외교민으로 자리 잡았다. 비록 한국과의 혼혈이 진행되었더라도, 그리고 이미 한국문화를 그들의 삶 속에 받아들이고 있다 하더라도, 한국화교는 여전히 스스로를 중국인이라 자처하고 있다.

냉정히 말해 최근 한국사회가 한국화교에 대해 보여주는 관심의 목적은 오직 하나, 한국의 발전을 위한 수단으로써의 활용이다. 하지만 한국화교를 수단으로 활용하는 것이 가능할지, 또한 이 수단을 통해 소기의 목적 달성이 가능할지는 심히 의심스럽다.

혈연과 지연 등 전통적 연줄을 통해 건설되었던 초기 화교네트워크의 주역은 주로 중국 남부 연해지역 출신의 화교였다. 그러므로 이 네트워크에 산둥출신 화교를 위한 자리는 마련되어 있지 않았음은 두말할 나위가 없다. 그리고 세계 각지의 화교 가운데 경제적 역량을 인정받고 있는 푸젠, 광둥, 민난, 하이난, 커쟈 출신의 화교와 산둥출신의 한국화교는 중국표준어를 사용하지 않는다면 서로 말도 통하지 않는다.

이러한 의미에서 볼 때 한국화교는 한국의 이익을 위해 활용할 대상이 아니라 오히려 한국화교가 하루빨리 사회적 기반을 갖추도록 한국이 지원해야 할 대상이다. 한국화교의 본질에 관한 이해가 확보되지 않은 상황에서, 한국에서 최근 논의되고 있는 한국화교에 대한 관심은 시대적 목적의 달성 여부에 따라 언제든 희석될 수 있고, 심지어 과거의 부정적 인식으로 회귀될 수도 있다.

두 번째 오해.
화교네트워크의 중심은 중국이다?

화교의 삶은 다양한 형태의 압박을 운명으로 안고 있다. 이 압박은 화교를 둘러싼 환경에서 비롯된 것으로, 주로 그들 삶을 둘러싼 다수민족의 압박, 현지 정부의 압박, 모국인 중국의 압박, 정체성 혼란에 의한 압박 등이 주요 형태이다.

살아있는 모든 존재가 그러하듯, 화교는 이러한 압박을 이겨내고자 나름의 노력을 경주하면서 살아왔다. 화교네트워크는 다름 아닌 그들 스스로가 만들어 낸 노력의 결과물이다. 그렇기 때문에 화교네트워크는 다음과 같은 두 가지의 태생적인 성향을 갖게 된다.

첫 번째는 지역적 성향이다. 과거 동남아로 이주해 온 화교는 동향사람을 중심으로 그들만의 공동묘지와 사당을 지었다. 화교는 이곳에서 죽은 가족의 장례를 치렀고, 고향으로부터 모시고 온 관우(關羽)나 마조(馬祖)에게 제사를 올렸으며, 그들의 생존과 발전에 필요한 정보를 서로 교환하였다. 이러한 공동묘지와 사당은 같은 사투리를 사용하는 동향인만을 위한 것으로써 현지 원주민은 물론이고, 다른 지역 출신의 화교에 대해서도 배타적이었다. 이 특정지역을 중심으로 엮인 화교집단은 자연스럽게 각 성씨의 종친회 등 혈연집단으로 연결되었고, 이들은 다시 곡물, 고무, 목재, 철물 등 취급상품이나 운수업, 광산업, 금융업 등 사업영역을 매개로 확장되면서 배타적인 이익 공간을 구축해나갔다.

이러한 연유로 화교네트워크는 출신지역별로 각기 다른 사업적 특성을 품고 있었다. 1930년 네덜란드 식민당국이 펴낸 통계에

의하면, 인도네시아에서 푸젠화교의 57.7%는 유통업에, 커자화교의 35.8%는 광산업에, 차오조우(潮州)화교의 48.2%는 고무나 향료 등 농산물 원료 생산에, 그리고 광저우(廣州)화교의 42.7%는 수공업에 종사하는 것으로 나타난다. 태국에 뿌리를 내린 차오조우 화교는 좀 더 뚜렷한 배타적 영역을 구축하고 있었다. 그들은 쌀의 수매, 운반, 가공, 포장, 저장, 수출에 이르는 미곡의 전 유통과정을 독점하면서 다른 지역 출신의 화교가 이에 진출하는 것을 적극적으로 방해하였다.

이러한 화교집단의 배타성은 내부 구성원끼리의 단결을 도모하면서 그들의 권익을 보장하는데 큰 역할을 수행하였지만, 부작용 역시 적지 않았다. 각 지역 출신의 화교집단은 서로 치열하게 경쟁했고, 심지어 폭력의 사용도 서슴지 않았다. 예로 1854년 싱가포르에서는 화교 조직 간의 싸움이 일주일간이나 지속되면서 400여명이 사망하고 300여 동의 건물이 철저히 파괴되었다. 당시 현지를 지배하고 있던 영국 식민정부는 이들 화교집단을 불법단체로 규정하고 강제해산을 집행했다.

지연, 혈연, 신앙 등의 전통적 연줄에 의해 형성되어 방(幫)이나 회(會)라는 조직으로 발전한 각각의 화교집단은 예외 없이 출신지역에서 사용하는 사투리를 통해 가치관을 공유하면서 조직 내부의 연대감을 강화시켰다.

물론 이러한 화교네트워크의 지역적 성향은 세계화의 진전에 따라 다소 변화되고 있는 것은 사실이다. 중국의 발전, 화교학교에서의 표준 중국어 교육, 디지털 화교네트워크의 활용, 그리고 화교권 방송의 시청과 청취는 다양한 성향을 지닌 화교에게 지역적 특성을 뛰어 넘어 중국이라는 공통의 정서적 유대감을 제공하고 있다.

하지만 화교네트워크의 최초 매개가 출신 지역에 근거한 동류의식이었고, 또한 중요사업의 합작이나 승계, 계약에 있어서도 지역적 특성의 공유가 우선되고 있는 실정으로 볼 때, 이 지역적 성향은 여전히 화교네트워크를 이해하는 키워드임에 분명하다.

화교네트워크의 지역적 성향과 더불어 지적해야 할 것은 반(反)정치적 성향이다. 이미 앞서 살펴보았듯이 中國은 자급자족의 경제체제와 이를 뒷받침하는 세계관을 통해 운영되었다. 이러한 체제와 세계관 속에서 내륙의 농업세력에 비해 상대적 자율성을 가진, 즉 언제든지 중국으로부터의 이탈이 가능했던 남부 해안 세력은 억압받았고, 심지어 中國을 거부하고 왜구와 결탁하는 반역자 세력으로 의심받았다. 이에 고대 중국정부는 중국인의 해외이주를 엄격히 금지하였고, 이미 이주한 자들에 대해서는 중국인의 자격마저 박탈해버렸다.

모국인 중국으로부터 버려진 화교는 타향에서의 생존을 위해 스스로를 지켜낼 조직이 필요했다. 이에 그들은 고향으로부터 가져온 지역적, 혈연적 배경을 근거로 네트워크를 구축했고, 역시 중국의 반역세력이었던 홍문(洪門) 등 비밀결사조직과 연대했다. 이런 의미에서 이 화교네트워크는 중국에 의해서 만들어지기는커녕, 오히려 중국의 압박 속에서 그들 스스로가 만들어낸 생존의 보장이었다.

근대가 시작되면서 중국은 화교의 이용가치를 발견하고, 그들을 향해 뜨거운 러브 콜을 보내기 시작하였다. 화교라는 멋진 이름을 붙여주었고, 중국국적을 부여해 주었을 뿐 아니라 지배계급으로 진입할 수 있는 구체적 통로까지 제공하였다. 이에 화교는 크게 감격했다. 그들은 혁명의 어머니로서 중국의 혁명에 적극 참여하였고, 중국의 항일전쟁과 나아가 사회주의 중국의 건설에 크나큰 공헌을 하였다.

하지만 필요에 따라 인정받은 화교의 지위나 역할은 그 필요의 변화에 따라 끊임없이 요동칠 수밖에 없었다. 새롭게 건립된 사회주의 중국은 동남아 여러 국가와의 외교적 필요와 무산계급 국제주의라는 혁명의 필요에 따라 화교를 다시 사지로 내몰았다. 이 내용은 제5장에서 이미 살펴본 터이다.

중국의 필요는 화교의 삶을 규정했다. 中國의 가치에 의해 화교는 외면되었고, 중국의 근대화에 의해 흡수되었으며, 중국의 외교와 혁명에 의해 다시 분리되었다. 이로써 비롯된 화교의 반(反)정치적 성향은 곧바로 화교네트워크의 기본성향으로 자리 잡았다.

동남아 화교 대부분은 "중국인"이라 불리는 것을 거부한다. 심지어 화교가 다수를 차지하고 있는 싱가포르에서 화교사회는 스스로를 화교나 화인이 아닌 싱가포르인이라는 정체성을 제시하면서 공개적으로 정치에 대한 반감을 드러내고 있다. 싱가포르 중화총상회(中華總商會)의 정치에 대한 입장 또한 명료하다. 그들은 중화총상회의 건립 및 운영의 목적이 전 세계 화교 사이의 네트워크를 구축하여 상호간의 경제적 이익을 도모하는 것일 뿐 정치에는 관심이 없다고 공식적으로 표명한다. 중국 해외이민이 다수를 차지하고 있는 싱가포르의 경우가 이럴진데 화교가 소수를 차지하는 다른 지역의 경우는 두말 할 나위가 없겠다.

반(反)중심의 화교네트워크, 반(半)투명의 화교경제

화교의 삶은 주변 환경에 의해 언제든지 위협받을 수 있다. 디아스포라의 운명이다. 어디로 가든 화교는 다수의 현지민족에 의해 둘러싸여 있고, 화교의 행위는 다수 현지민족의 주목을 받게 된다. 이러한 의미에서 화교의 반(反)정치적 성향은 현재의 국가체제가 지속되는 한 화교에게만 국한되는 성향이 아니라 모든 디아스포라가 가질 수밖에 없는 태생적 성향이라 할 수 있다.

이렇듯 강력한 화교네트워크의 반정치적 성향은 정치를 회피하는 소극적 태도에 머무르지 않고 한설음 더 나아가 반(反)중심, 반(半)투명의 2차적 특징을 만들어내고 있다.

하나의 운영시스템에 중심이 있다는 것은 곧 중심의 역량이나 의도에 따라 전체 시스템이 움직이고, 나아가 이 시스템에 포함되어 있는 모든 구성원이 중심의 특정 의도에 따라 수단으로 전락할 수 있음을 의미하고 있다. 그래서 화교네트워크는 중심을 거부한다.

물론 한때 화교네트워크에 중심이 등장한 때가 있었다. 대략 19세기말부터 20세기 중반까지의 시기로서, 그 중심은 곧 중국이었다. 중국은 동남아 각지에 영사관을 설치하여 화교의 행정사무를 통일적으로 관리하였다. 또한 중화상회(中華商會)를 만들어 화교경제와 중국경제를 연동시켰다. 그리고 동남아 각지의 화교학교에 교사를 파견하여 중국의 교육체제를 이식하고, 화교에 대한 통일적 교육을 실시하였다.

이러한 중국의 정책은 화교네트워크를 타고 효과적으로 화교 개개인에 영향을 미쳤고, 또 그 의도대로 화교는 신속히 해외의 중국인으로 변모하였다. 하지만 중국에 충성한 화교는 그 대가를 치러야 했다. 화교를 지배하고 있는 현지정부와 다수 원주민은 화교를 억압했고, 이는 중국의 외교문제로 확산되었다. 당시 중국에게 있어 외교는 화교보다 더 중요한 것이었다. 중국은 결국 중심으로써의 역할을 포기하고 화교에게서 등을 돌려버렸다.

이러한 기억 탓에 동남아 화교는 중국이 중심이 되는 조직의 구성이나 운영에 극도의 거부감을 갖는다. 심지어 화교나 화인이란 이름마저도 거부한다. 그러하기에 과거 중국이 중심이 되었던 화교사회의 연결시스템에 네트워크라는 이름은 어울리지 않는다. 당시의 그것에 굳이 이름을 붙여본다면 중국블록 정도가 합당하지 않을까 생각된다.

화교는 생존을 위해 여러 형태의 사회연결망에 참여했고, 이 연결망이 점차 확대되면서 세계적인 화교네트워크로 발전하였다. 네트워크라는 것은 거미줄과 같은 그물망의 구조를 갖는 것인 바, 화교네트워크는 중국요소를 공유하고 있는 수많은 화교의 연결이다. 그렇기 때문에 이 네트워크에 대한 가입과 탈퇴 또한 자유스럽다. 이익이 보이면 참여하고, 이익이 없으면 참여하지 않으면 그 뿐이다. 이것이 화교네트워크가 갖는 반(反)중심의 성향이다.

화교네트워크의 구체적이면서도 대표적인 모델은 2년에 한 번씩 개최되는 세계화상대회이다. 여기에도 물론 중심은 없다. 1991년 싱가포르에서 시작된 세계화상대회는 홍콩, 태국 방콕, 캐나다 밴쿠버, 호주 멜버른, 중국 난징(南京), 말레시아 쿠알라룸푸르, 한국 서울, 일본 고베·오사카, 필리핀 마닐라, 싱가포르, 중국 청두(成都), 인도네시아 발리, 미얀마 양곤의 순서로 지금까지 개최되었다. 이 가운데 중국에서 개최된 것은 2001년 남경대회와 2013년 청두

대회뿐이었다. 1993년 홍콩대회는 당시 영국의 소관이었다.

이제 화교경제의 또 다른 특성을 살펴보자. 반(半)투명이다. 화교는 역사적 연유로 말미암아 자신의 노출을 꺼려하는 경향을 보인다. 이 피해의식은 과거에 대한 기억의 소산일 뿐 아니라 현재의 삶에 대한 지극히 현실적인 염려이다. 다수 민족에 의해 둘러싸인 삶이 그들의 운명일진데, 자신을 온전히 투명하게 드러낸다는 것은 분명 어리석은 짓일 것이다.

그래서 동남아 화교는 정치활동을 기피할 뿐 아니라 중국에 대한 경제적 참여 또한 극히 조심스러운 태도를 보인다. 물론 개혁개방의 중국은 화교에게 막대한 이익을 안겨 줄 수 있는 훌륭한 시장이었나. 하지만 이 이익만으로 화교가 중국에 다시 참여하기란 여전히 안심할 수 없었다. 중국과의 관계 밀착이 야기할 수 있는 현지국가의 반발이 염려되었고, 과거 중국이 화교에 대해 보여준 비열한 이용과 배신의 기억이 떠올랐다.

화교가 중국에 투자하기 위해서는 여러 가지의 안전장치가 필요했다. 예를 들면 아래와 같다.

- 중국에 대한 개인의 직접 투자를 피하고, 제3국에 설립된 자회사를 경유해 중국에 투자한다.
- 동향회, 종친회 등 전통조직으로 연결된 타 지역의 화교사회와 연합하여 중국에 참여한다.
- 공익법인을 만들어 자신의 출신이나 혈연과 관계가 있는 중국 특정지역의 사업에 참여한다.
- 자신이 소재하고 있는 현지국가와 연합하여 해당 국가의 명의로 중국의 사업에 투자한다.

· 조세회피가 가능하고 익명성이 보장된 제3국에서 펀드를 조성해 중국에 단기 투자한다.

화교의 중국 투자는 위의 한 가지 방법만을 취하는 것이 아니라 자본을 쪼개 여러 방법을 함께 구사한다. 이런 연유로 화교의 중국에 대한 실제 투자규모와 통계상 드러난 투자규모 사이에는 상당한 허수가 있다.

화교의 중국 투자에 있어 싱가포르의 역할이 동반되었다. 싱가포르화교는 중화총상회, 화상네트워크(http://www.wcbn.com.sg), 그리고 세계화상대회에 적극 참여하면서 싱가포르가 중국에 대해 견지하고 있는 신중한 태도를 세계화교에 끊임없이 전파시키고 있다.

이 신중한 태도는 다름 아닌 중국을 모국이라기보다는 정서적 친목과 교역의 대상으로만 인식하는 태도이다. 종종 발현되고 있는 중국의 화교에 대한 민족주의적 요구, 그리고 화교사회 내부에 발생하는 중화민족에 대한 담론은 싱가포르화교사회가 가지고 있는 여과기능과 이들의 네트워크에 대한 적극적 개입을 통해 희석되고 탈색될 수 있었다.

중국정부 또한 반(反)중심이라는 화교네트워크의 특성과 반(半)투명이라는 화교경제의 특징을 충분히 인정하고 있다. 중국이 화교의 자본을 유치하고, 나아가 화교네트워크에 참여하기 위해서는 이 특성에 근거한 화교의 요구를 만족시켜야 했다. 중국이 화교와 중국 사이의 정치적 관계를 은폐하는 이유가 바로 그것이다.

특히 홍콩은 화교경제의 특성에 맞춤으로 설계된 안전장치였다. 홍콩에서는 어느 나라의 기업도 홍콩의 기업으로 등록할 수 있었고, 홍콩기업으로 등록된 기업의 중국투자는 우대받았다. 그리고 중국과 홍콩이 체결한 CEPA(경제협력 동반자 협정)에 근거하여 이들에게 무관세의 혜택까지 부여하였다. 홍콩기업에 대한 중국의 정치적 요구는 법률로써 통제되었다. 신분이 노출되는 것을 꺼려하는 화교는 홍콩에서 신분을 세탁했다. 홍콩은 중국에의 투자를 원하는 화교에게 홍콩인의 신분을 제공해 주었고, 이들 투자의 안정성을 보장하였다.

결국 화교의 자본은 화교네트워크내부에서 감추어지거나 분산되었고, 중국에 대한 투자와 이익의 회수에 대한 위험성은 홍콩이나 싱가포르를 경유하면서 적절히 희석될 수 있었다.

오늘날의 화교네트워크는 화교경제가 가지고 있는 본원적 특성, 즉 반(反)중심적·반(半)투명직 특성에 근거하여 발전히고 있으며, 중국 또한 이 특성을 인정하면서 화교네트워크에 적극 참여하고 있다. 그 성적표가 바로 개혁개방의 진전이다.

이에 비해 한국은 어떠한가?

한국은 2002년부터 매년 세계한상대회를 개최하고 있고, 이미 18차에 이르고 있다. 지금까지 모든 대회는 단 한 번의 예외도 없이 한국 내의 여러 도시를 순회하면서 개최되었다. 또한 모두 대회는 한국의 정부기관인 재외동포재단이 주최하였고, 심지어 해외한인에 한국정부의 훈장까지 수여하면서 해외한인의 한국에 대한 애국이 독려되었다. 한인기업의 경제규모는 자랑스럽게 공개되었고, 한인기업인이 한국에 대해 투자는 공개적으로 칭송되었다.

해외한인 또한 화교와 마찬가지로 디아스포라로서의 특성을 가지고 있을 터이다.

한국은 해외한인의 입장을 충분히 고려하고 있는가?

한국 중심의 한민족 네트워크가 오히려 그들의 삶과 발전에 부정적 영향을 끼칠 수 있지 않을까?

과한 기우이기를 희망한다.

출전 "화교네트워크 연구의 현실적 의의", <중국인문과학> 2007년12월

제8장

외교정책과 화교정책의 딜레마

화교의 국적문제

이중국적 논쟁의 배경 및 전개 과정

이중국적 논의의 쟁점

중국 이중국적 불허방침에 대한 전망

이중국적은 한 개인이 두개 이상의 국민신분을 가지는 것으로써, 해당 개인은 소속된 두개 이상의 국가가 규정하고 있는 배타적 권리와 의무를 동시에 향유한다. 이는 민족, 국가, 주권, 민족주의, 애국주의 등 전통적 이념과 의식을 포괄하고, 나아가 납세, 징병, 투표, 영사보호 등의 구체적인 의무 및 권리의 행사와 직접 연결된다. 이러한 의미에서 이중국적은 개인에게는 자유와 권리의 확장이고, 국가에게는 자국의 발전을 위한 해외자산 확보의 수단으로 평가될 수 있다. 또한 이는 <세계인권선언>에서 언급하고 있는 이동 및 국적선택의 자유에 부합하는 것으로써, 인권의 진보를 증명하는 사회적 지표로도 이해될 수 있다.

하지만 이중국적은 분명 해당 개인의 초국가적 권리와 의무를 인정하는 것으로써 국가주권의 전통적이며 독립적인 권한의 행사에 장애로 작용한다. 다시 말해 이 문제는 관련 국가 사이의 외교적 충돌을 야기할 수 있는 구실이고, 소속된 국민 사이의 불화를 조성할 수 있는 조건이며, 나아가 해당 개인이 국가사이의 다툼이나 정치적 목적에 의해 희생될 수 있는 여지가 된다는 것이다.

이번 장은 화교의 이중국적 문제를 둘러싼 논의 및 해당 정책의 역사적 흐름을 이야기하고자 한다. 중국이 화교에 대해 고민하고, 이에 대한 실천적 정책을 발전시켜온 지 벌써 100여년의 시간이 흘렀다. 그간 중국이 축적해온 여러 성과 가운데 이중국적문제에 관한 인식 및 접근방식은 이미 전체 화교정책의 핵심으로 자리하고 있다.

중국은 전 세계 각국에 흩어진 화교의 국적문제를 어떻게 바라보고 있는가?

화교의 국적문제

"포기된 백성"이었던 중국의 해외이민은 중국의 근대화 과정에서 그 활용가치가 새로이 발견되면서 중국에 흡수되었다. 즉, 중국은 외국과의 교역에 화교가 축적하고 있던 상업적 수완이 필요하였고, 중국의 경제발전을 위해 그들의 자본과 지식이 필요하였으며, 중국의 정치적 안정을 위해 그들의 지지가 필요했던 것이다. 1850년대 초부터 청나라 정부는 외국과의 각종 조약을 통해 중국인의 이민관리와 보호의 정책을 추진해나가더니, 급기야 중국의 모든 해외 이민자에게 화교라는 영광스러운 이름을 부여하기에 이르렀다.

중국과 화교의 관계가 급속히 밀착해가는 상황에서 1892년 12월 네덜란드 정부는 출생지주의에 따른 <네덜란드국적 및 거주조례>를 발표하였다. 이 조례에는 다음과 같은 규정이 있었다.

> **제국의 주민이라 함은 제국이나 혹은 식민지의 영지에서 18개월 이상 연속거주하고, 현재 역시 해당 영지에서 거주하고 있는 자이다.**

이 규정은 네덜란드의 식민지였던 인도네시아에도 적용되는 것으로써, 인도네시아에 거주하고 있던 화교는 당연히 그 대상에 포함되었다. 하지만 이미 중국에 흡수되기 시작한 화교는 서방의 국민이 되는 것을 원하지 않았다. 이에 화교는 "한 국가의 국민이란 당연히 그 국가의 국적을 가져야 하며, 국적의 출입은 당연히 법률로서 정해야" 한다면서 청나라 정부에게 "중국인"이라는 법적 신분을 확정해줄 것을 요구하였다. 청나라 정부는 1909년 3월 부계혈통주의에 근거한 <대청국적조례(大淸國籍條例)>을 공포하였다. 그 핵심내용은 아래와 같다.

> 다음에 해당되는 자는 모두 중국에서의 출생여부를 불문하고 중국 국적에 속한다.
> ① 태어날 당시 父가 중국인인 자의 자녀
> ② 태어날 당시 父가 생전에 중국인이었던 자의 자녀
> ③ 태어날 당시 母가 중국인이며 父가 국적이 불명하거나 무국적자인 자의 자녀

이 조례는 1911년 신해혁명으로 청나라가 무너지면서 실행도 못하고 요절하였지만, 그 부계혈통주의는 1914년과 1929년의 <중화민국 국적법>의 제정 및 시행에 있어 여전히 원칙으로 견지되었다.

그런데 중국의 국적법이 부계혈통주의를 원칙으로 삼은 것에 반해, 당시 동남아를 지배하고 있던 서방 각국의 국적법은 출생지주의를 따르고 있었다. 이 말인즉, 동남아에 거주하고 있던 화교가 중국과 서방 국가의 국민범주에 동시에 포함되었음을 의미하며, 또한 화교의 이중국적을 둘러싼 마찰이 발생할 수 있는 기본조건이 마련되었음을 설명한다.

흥미롭게도 당시 화교의 이중국적을 둘러싼 공개적인 마찰이나 충돌은 발생하지 않았다. 우선 동남아를 지배하던 서방열강이 현지의 원주민에게 국적을 부여한 이유는 다름 아닌 세금징수와 노역동원 등 식민경영의 필요에 의한 것이었다. 그런데 당시 동남아 각지의 화교사회는 카피탄이라 불리는 식민당국의 대리인을 통해 효

과적으로 통제되고 있었고, 역시 카피탄을 통해 화교의 세금징수나 노역동원이 이루어지고 있었다. 이에 현지의 식민당국은 해당 지역의 화교에게 종주국의 국적을 취득하라고 강하게 요구할 필요가 없었다.

화교 또한 서방열강의 국적을 희망하지 않았다. 화교의 동남아 거주는 장기적 계획에 의한 이민이 아니라 언젠가는 중국으로 돌아갈 생각을 품고 있었던 한시적 이민이었다. 더군다나 중국의 근대화와 혁명에 참여하면서 화교는 이미 중국에 기울어져 있었고, 그들 대부분은 언젠가는 금의환향하리라는 꿈을 키우고 있었다.

그런데 제2차 세계대전이 끝나면서 화교의 국적을 둘러싼 환경에 근본적인 변화가 발생하였다. 화교가 주로 집중해 있던 동남아 각 지역이 서방열강으로부터 독립을 획득하였고, 중국에서는 사회주의 혁명이 발생하여 중화인민공화국이 탄생하였다. 동남아 각국은 독립국가의 상황과 요구에 맞추어 국적법을 제정코자 하였고, 서방세계로부터 고립되어 있었던 사회주의 중국은 동남아 국가와의 우호적인 외교관계가 절실했다.

우선 동남아 각국의 기본 상황을 보자. 민족주의의 열망으로 충만한 동남아 각국은 중국과 화교에 모두 우호적이지 않았다. 사회주의 중국은 동남아 각국에 혁명을 수출코자 했고, 동남아 각국 정부는 화교를 그 혁명수출의 대리인으로 인식하였다. 더군다나 동남아 각국 원주민의 화교의 경제력에 대한 반감은 컸다. 한때 서방열강의 식민지 경영에 참여했던 화교는 식민당국이 남기고 떠난 생산도구를 우선 장악함으로써 현지 원주민보다 우세한 지위를 차지하고 있었다. 화교에 대한 현지 정부와 원주민의 불만은 당연한 것이었다.

그러나 정작 당사자인 화교 자신은 사태의 긴박함을 정확히 인식하지 못하고 있었다. 그들은 오히려 일본과의 적대적 관계에서 비롯된 중국과의 동질감, 중국 항일전쟁에의 참여, 새로운 중국의 성립이라는 조건아래 중국 민족주의의 정서에 흠뻑 도취되어 있었다. 동남아 각 국가가 화교를 공산주의자 혹은 잠재적 공산주의자로 의심하면서 이들의 활동을 감시하고 있는 상황에서, 동남아 각국의 화교는 사회주의 중국의 상징인 오성홍기를 내걸고 각종 집회를 조직했다. 심지어 인도네시아 화교는 중국의 공산혁명 성공 1주년을 기념한다면서 무려 50만 화교가 동원되는 경축행사를 준비하고 있었다.

이렇듯 위험스런 토양위에 확산되고 있던 동남아 여러 국가의 중국에 대한 의심은 화교의 생존권을 위협하였을 뿐 아니라, 중국과 해당 국가 사이의 외교적 분쟁의 씨앗을 키워나갔다. 이 가운데 특히 화교의 이중국적은 냉전, 계급, 민족국가건설, 종족갈등 등의 문제와 얽히면서 점차 화교개인의 문제를 넘어 외교문제의 핵심으로 발전하였다.

총리 겸 외교부장으로써 국가조직 전반을 관리하고 있던 저우언라이와 화교정책을 관할하던 허샹닝 등은 화교의 이중국적문제에 주목했다. 그들은 이 문제를 중화인민공화국의 안정과 발전을 위해 그 무엇보다 우선 해결해야 할 당면과제로 인식하고 있었다.

화교의 이중국적이 동남아 전체의 외교적 문제로 비화하자 마오쩌둥은 결국 저우언라이의 문제인식에 동의하였고, 비로소 화교의 이중국적문제에 대한 중국공산당과 중국정부의 입장이 정리될 수 있었다. 중국정부는 우선 당사자인 동남아 화교에게 1951년 12월 27일 이전까지 어느 한쪽의 국적을 선택하는 것이 바람

직하다는 의견을 전달하였다.

하지만 이 의견은 화교의 강렬한 반대에 부딪쳐 실행되지 못했다. 중국 근대화를 이끌었고, 중국 "혁명의 어머니" 역할을 수행했으며, 또한 중국공산당의 혁명 사업에 충실히 참여해 새로운 중국 건설에 분명한 지분을 가지고 있었던 화교의 입장에서 중국국적의 포기는 받아들일 수 없는 것이었다.

화교의 중국에 대한 열렬한 사랑과 상관없이 중국의 화교정책은 확정되어 있었다. 당시 중국정부에 있어 중요한 것은 화교의 애국이 아니라 동남아와의 우호적인 외교관계 수립이었다. 이에 중국정부는 화교사회에 대한 설득을 넘어 공개적인 압박을 가하기 시작하였다. 중국정부가 주동적으로 다시 인도네시아정부에 화교의 국적문제 해결을 위한 외교적 교섭을 타진하기 시작하였고, 동시에 화교사회에 중국공산당 동남아 지부의 폐쇄명령을 통보하였다.

이러한 중국정부의 행동과 발맞추어 1954년 인도네시아정부 또한 현지의 모든 화교에게 인도네시아의 국적취득을 위한 행정적 수속에 참여할 것을 강력하게 요구하였다. 하지만 여전히 인도네시아의 300만 화교 가운데 30%인 90만 명만이 인도네시아 국적을 신청하였고, 나머지 210만 명은 중국의 열렬한 해외국민으로 남아있었다.

1954년 중국 베이징에서 제1차 전국인민대표대회가 개최되었다. 이 대회에 참석한 1,141명의 대표가운데 30명의 화교가 포함되어 있었다. 여기서 저우언라이는 화교의 국적문제가 화교 자신을 곤경에 빠뜨리고 나아가 중국과 동남아 각국 사이에 불화를 야기하고 있는 상황을 지적하면서, 중국정부는 이의 최종적 해결을 위한 준비를 이미 마쳤음을 천명하였다.

공교롭게도 인도네시아정부는 다른 각도에서 이 회의를 지켜보고 있었다. 인도네시아는 중국의 정치회의에 인도네시아 국적을 지닌 화교가 참석한 것에 대해 의혹을 품고, 당시 중국을 방문한 인도의 네루총리를 통해 중국정부에 화교의 국적문제에 관한 협상을 제안하였다.

결국 중국과 인도네시아의 필요에 따라 1955년 아시아·아프리카 반둥회의에서 <이중국적문제에 관한 조약>이 체결되었다. 이 조약의 핵심은 다음과 같다.

> **중화인민공화국의 국적과 인도네시아공화국 국적을 함께 가지고 있는 모든 자는 자신의 의지에 따라 중화인민공화국의 국적과 인도네시아공화국의 국적 가운데 어느 하나의 국적만을 취득하여야 한다.**

인도네시아 수카르노대통령은 기자 간담회에서 다음과 같이 이 조약의 의미를 평가했다.

> **이 조약의 체결은 인도네시아에서 장기 거주하고 있는 화교의 이중국적문제를 해결하였을 뿐 아니라 다른 동남아국가에게도 동일한 문제의 해결을 위해 매우 좋은 모델을 제공하였다.**

<이중국적문제에 관한 조약>은 중국과 동남아 사이의 평화적 외교관계를 위해 필요불가결한 선례를 남겨놓았다. 실제 태국, 말레이시아, 필리핀, 싱가포르 등 동남아 각국은 중국과 외교관계를 수립하면서 예외 없이 이중국적 불허의 방침을 서로 확인하였다.

중국과 동남아 현지 국가사이에서 양다리를 걸치고 있던 동남

아 화교는 이제 중국의 국민인가, 아니면 현지의 국민인가라는 양자택일의 기로에 섰다.

어떻게 할 것인가?

예상외로 화교는 이 선택을 순순히 받아들였다. 아마도 동남아 화교의 입장에서 현지에 뿌리를 내리고 살면서 이미 떠나 온 중국에 여전히 충성해야 한다는 현실은 상당히 난처하고 불편한 것이었다. 그러한 의미에서 이 양자택일은 화교로 하여금 중국국민으로써 살아가던지, 아니면 현재의 삶을 그대로 인정받을 것인지를 확실하게 정리케 만들었던, 아마도 고마운 강요였을 것으로 이해된다.

이러한 화교의 심리는 1956년 저우언라이가 미얀마 화교지도자와의 담화에서 언급한 것처럼 전통시대 시집간 여인네의 처지와 같은 것으로 판단된다. 친정은 친정일 뿐 현재의 남편보다 더 큰 사랑의 대상이 될 수는 없는 것이었다. 더군다나 당시 동남아 현지에서 출생한 화교의 수는 이미 중국에서 건너온 1세대 화교의 규모를 크게 압도하고 있었다. 현지 출생의 화교에게 있어 중국은 친정도 아닌 외가일 뿐이었다.

1947년 말레이시아와 싱가포르 현지에서 출생한 화교는 이미 63.5%와 59.9%의 비율을 점하고 있었다. 인도네시아의 경우도 마찬가지였다. 1956년 209만 화교 가운데 인도네시아 현지에서 출생한 이는 무려 85%에 달하고 있었다.

1세대 화교와 비교하여 현지 출생의 화교는 현지의 언어, 문화에 익숙하였지만, 반대로 모국인 중국과의 관계는 생소할 수밖에 없었다. 그들은 현지에 뿌리내려져 있는 삶과 그 미래를 당연하게 받아들였다. 현지의 국적을 선택한 화교는 이제 화인이 되었다.

인도네시아의 저명한 화인 정치가 샤오위찬은 인도네시아 화인이 가져야 할 정체성에 대해 다음과 같이 정리하였다.

> **인도네시아 화인의 항구적인 활로는 바로 인도네시아 국민이 되는 것이다. 우리가 인도네시아에서 출생하여 성장하였으며, 또한 인도네시아에서 묻힐 것이기 때문이다.**

동남아의 각국 정부 또한 정치·경제·교육·문화의 다양한 각도에서 화교의 현지 국적 취득을 요구하는 한편, 이들을 현지 사회에 동화시키기 위한 정책을 추진해나갔다. 예로 필리핀정부는 필리핀은 필리핀인의 소유이며, 필리핀인은 다른 국가의 국민보다 우선되어야 한다는 필리핀인 우선정책을 펼쳤다. 인도네시아는 법령을 통해 중국국적 화교의 경제활동을 제한하면서 인도네시아 민족기업이 이들 사업과 사업공간을 접수할 권리가 있음을 규정하였다. 화교의 조직설립 및 정치활동은 금지되었고, 중국어 신문잡지는 폐간되었으며, 심지어 공공장소에서의 중국어사용 및 중국어로 된 노래, 영화 등의 수입 또한 금지되었다.

중국과의 정치적 연계가 끊어지자, 현지정부의 강압적인 동화정책은 더욱 심화되었다. 결국 동남아 화교 가운데 90%이상이 중국의 국적을 포기하고 현지의 국적을 취득하였다.

이로써 화교의 정치적·법률적 문제는 일단 해결되었다. 하지만 디아스포라로서의 화인이 가지고 있는 태생적 문제, 즉 모국과 현지국가 사이의 이중적 정체성의 문제와 이에 따른 갈등의 가능성은 결코 한순간에 해결될 수 있는 성질의 것이 아니었다. 행정절차를 통해 이미 절대다수의 화교가 중국국적을 포기하고 현지에의 동화라는 운명을 받아들였지만, 이들이 지역적·혈연적 매개를 통해 맺고 있던 중국내 친척과의 교류와 정서적 교감은 그렇게 쉽게 끊어지지 않았다.

화인과 중국 사이의 관계를 철저하게 끊어버린 것은 해당 화인이 법적으로 소속되어 있던 동남아 국가가 아니라 화인의 모국이었고, 또 친정집이라 일컬어졌던 중국이었다.

1950년대 말부터 중국에 극단적인 이념투쟁이 시작되면서 화교와 관련된 모든 "해외관계"는 철저히 부정되었다. 이른바 해외관계란 해외에 친척이나 친구가 있는 중국국민을 가리킨다. 그들은 지주, 부농, 반동, 우파, 악질과 함께 "나쁜 여섯 부류"-흑육류(黑六類)라 불리면서, 중국이 타도해야 할 대표적 대상으로 분류되었다.

중국은 국내에 거주하고 있던 해외 화인의 친구나 친척을 감시했고, 서신을 포함한 화인과의 모든 교류를 간첩행위로 의심했으며, 중국에 이미 귀국해 정착한 화교의 사회적 지위와 경제적 권익마저도 모두 박탈했다. 문화대혁명 시기, 1만 3천 명의 화교출신 간부가 정치적 박해를 받았고, 귀국 화교에 대한 협박, 구타, 재산몰수, 인권침해, 차별 등 사안이 무려 6만 4천 건이나 발생하였다.

문화대혁명이 끝난 직후, 중국의 화교정책을 담당했던 랴오청즈는 <인민일보(人民日報)>에 "무슨 이유로 해외의 화교와 중국 혈통의 외국국적 친구를 통일전선 밖으로 내 몰아야 하는가?"라고 과거의 화교정책을 비판했다. 이 말인즉, 이제는 외국국적 화인을 통일전선 안으로 포함시켜야 한다는 주장이다. 이는 곧바로 동남아 각국을 자극했다. 동남아 각국은 중국정부가 다시 화인의 이중국적을 허용하고, 더불어 이들을 중국정치의 대상으로 포섭코자 책동하고 있다며 강한 의심을 표시하였다. 이에 덩샤오핑을 비롯하여 국가주석 리셴녠, 인민정치협상회의 의장 덩잉차오 등 중국의 주요 지도자는 곧바로 태국, 싱가포르, 말레이시아, 필리핀, 미얀마를 잇달아 방문하여 이중국적 불허방침을 다시금 천명함으로써 중국에 대한 이들 국가의 의심을 해소코자 노력하였다.

1980년 <중화인민공화국 국적법>은 이렇듯 민감한 시대적 상황아래에서 탄생한 법령이었다. 이의 공포는 화교의 이중국적을 인정하지 않겠다는, 그리고 동남아 각 국가와의 외교관계를 우선 고려하겠다는 중국정부의 명확한 의지 표현이었다.

- 중화인민공화국은 중국국민의 이중국적을 승인하지 않는다.
- 중국국적을 취득한 자는 더 이상 외국국적을 보류하지 않는다.
- 해외에 정착한 중국국민이 외국국적을 취득한 경우 중국국적은 자동 상실된다.

이중국적 논쟁의 배경 및 전개 과정

중국정부의 공식적이면서도 명확한 이중국적 불허의 방침에도 불구하고, 20세기 말 다시 화교의 이중국적에 대한 논의가 표면으로 부상했다.

1999년 중국정치협상회의는 12명의 위원이 연대 제출한 <"중국국민의 이중국적 불허" 규정 철회에 관한 건의안>을 접수하였다. 이 건의안이 제시하고 있는 이중국적 불허 규정 철회 요구의 근거는 다음과 같다.

첫째, 최근 새로운 이민이 급증하고 있고, 중국대사관은 이들의 실제적인 이중국적을 묵인하고 있는 실정이다.

둘째, 이중국적을 인정한다면 위험스런 처지에 놓인 동남아 화교와 화인을 교민보호의 차원에서 적극적으로 보호할 수 있다.

셋째, 국가의 이익을 위해, 화교와 화인의 애국심을 제고하기 위해, 대외개방을 지속시키기 위해, 외국의 고급기술과 자본을 유치하기 위해, 중국의 영향력을 확대하기 위해, 세계각지 화교와 화인의 단결을 드높이기 위해, 통일전선공작을 전개하기 위해 중국의 국직이 필요하다.

이 건의에 대해 중국 공안부는 아래의 이유를 들어 이중국적 불허 규정 철회의 요구를 거절하였다.

첫째, 이중국적 불허의 방침은 국적충돌의 문제를 해결하는데 유리하다.

둘째, 이중국적 불허의 방침은 화교와 화인이 거주하는 국가의 중국에 대한 의심을 소멸시키는데 유리하다.

셋째, 이중국적 불허의 방침은 화교와 화인이 소속된 국가로부터 그 이익을 보호받는데 유리하다.

넷째, 이중국적 불허의 방침은 중국의 외교에 유리하다.

다섯째, 이중국적 불허의 방침은 중국의 국가이익에 부합한다.

여섯째, 이미 화교와 화인의 편리를 위해서 영주권 발급을 고려하고 있다.

중국의 정치현실에서 접근해 볼 때, 정치협상회의에서 논의된 위 건의는 12명 위원의 개인적 의견이라기보다는 주변상황의 충분한 검토와 사전 조율을 통해 전략적으로 제시된 것으로 볼 수 있다. 충분히 민감할 수 있는, 더욱이 동남아 국가와의 마찰을 야기할 수 있는 위와 같은 건의가 중국정부기구의 공개적인 회의에서 논의될 수 있었던 이유는 80년대부터 조심스럽게 시작된 중국정부의 화인에 대한 정책변화와 이에 따른 화인의 중국에 대한 영향력 확대에서 찾을 수 있다.

70년대까지 중국 지도층의 외국국적 화인에 대한 태도는 냉정하리만큼 단호했다. 50년대 이미 마오쩌둥은 "태국의 화교가 태국국적에 들어가면 태국인이다", "(캄보디아 국적을 취득한 화교의) 조국은 캄보디아이다"라고 언급하면서 현지국적을 취득한 화인과 중국과의 관계를 명확히 정리하였다.

화교의 권익보호에 지대한 관심을 가지고 있었던 저우언라이의 냉정함은 오히려 여기서 한걸음 더 나간다. 저우언라이는 현지의 국적을 취득한 화인을 교민이나 교포의 개념과 완전 분리시켜 중국의 정치활동에 참가하는 것은 물론 화교단체의 활동에 참여하는 것마저도 거부하였고, 나아가 중국을 연상시킬 수 있는 화족이나 화예의 호칭 사용 또한 부정하였다. 결국 당시의 화인은 저우언라이의 언급처럼 "우리나라의 정책범위에 속하지 않는" 외국인일 뿐이었다.

그런데 20년대 80년대부터 외국국적의 화인에 대한 중국지도층의 태도에 미묘한 변화가 발생하였고, 그 변화는 시간의 흐름에 따라 구체적으로 발전하였다. 1982년 덩샤오핑은 "외국국적의 화인에 대한 정책과 담화는 매우 신중해야 한다. 이는 특히 동남아에서 매우 민감한 문제이다"라고 언급하고 있는데, 이는 외국국적 화인이 이미 중국 정책의 대상으로 변화해 있음을 설명한다.

덩샤오핑의 화인에 대한 인식은 개혁개방의 진전에 따라 보다 적극적으로 변모한다. 예로 총리 리펑은 화교와 화인 가운데 현지국적을 취득한 화인이 이미 절대다수를 차지하고 있는 현실을 감안하여 화인이 화교정책의 중심이 되어야 한다고 주장하였다. 90년대에 이르면서 화인에 대한 중국의 적극적 태도는 공식화되었다. 덩샤오핑의 뒤를 이은 장쩌민은 1993년 교민을 대상으로 하는 국무원의 교민공작회의에서 화교정책이 외교에 종속되어야한다고 전제한 후, 화인을 외국인과 동일시할 수 없음을 명확히 했고, 2004년 후진타오는 화교와 화인을 한데 묶어 교포라 칭하면서 중화민족의 위대한 부흥을 위한 중요 에너지로 평가하였다.

외국국적의 화인에 대한 중국 지도층의 인식변화는 곧바로 중국의 전체 화교정책에 영향을 미쳤다. 80년대부터 현재까지 중국 화교정책의 실무책임을 맡고 있는 랴오후이의 인식을 살펴보자.

> **화교와 화인 가운데 화인은 그 숫자, 경제능력, 타이완에 대한 공작 등 각 방면에 있어 절대적인 우위를 차지한다. 그러므로 해외의 교민 공작을 전개하는 데 있어 마땅히 화인공작이 중심이 되어야 한다.**

본래 교민업무를 맡고 있던 각 정부 조직 또한 상시적인 연석회의를 통해 교민업무의 대상을 화교에서 화인으로 전환, 이에 대한 효율적이고 조심스러운 정책을 수립, 집행, 감독하기 시작하였다.

중국공산당의 당 조직과 중화인민공화국의 국가 조직 속에서 화교정책에 관여하는 부서의 규모는 실로 방대하다. 그 대표적 조직을 열거하면, 중국치공당(1925년 성립), 중화전국 귀국화교 연합회(1956년 성립), 국무원 교무판공실(1978년 성립), 전국인민대표대회 화교위원회(1983년 성립), 전국 정치협상회의 홍콩·마카오·타이완 화교 위원회(2003년 성립) 등이 있다. "오교(五僑)"라 불리는 이 다섯 개 조직은 중국공산당의 주도아래 상시적으로 연석회의를 진행하면서 화교정책의 통일성과 체계성을 강화하고 있다.

이외 중국해외교류협회, 구미동창회, 중화해외연의회(中華海外联谊会)는 해외 화인과의 교류에 치중하고 있는 독립법인의 사회단체이지만, 실제 이 조직들은 모두 중국공산당 통일전선부의 지휘를 받고 있다. 이는 모두 중국의 화교와 화인에 대한 정책이 매우 치밀하게 진행되고 있을 뿐 아니라, 이들의 정책 대상이 이미 화인에 집중되고 있으며, 그 정점에는 중국공산당의 통일적 지휘가 있음을 보여준다.

외국인 신분을 가진 화인은 중국의 교민이 아니다. 그러므로 위에서 열거한 중국공산당 조직이나 국가조직이 화인문제를 다루는 것은 해당 화인이 법적으로 소속된 국가에 대한 내정간섭이 된다. 이에 중국 교민업무의 대표 기구인 국무원 교무판공실은 민간단체라고 명시된 중국해외교류협회라는 간판을 따로 내걸고 외교적·법률적 문제를 피해가면서 화인에 대한 정책을 추진해가고 있다. 이에 대해서는 앞서 전략적 이중성이라 설명한 바 있다.

중국 화교정책과 관련된 법률이나 규정에서도 화인에 대한 전략적 고려가 교묘하게 반영되고 있다. 그 대표적 예가 귀교와 교권에 대한 새로운 규정이다. 개혁개방 이전의 규정을 보면 귀교는 귀국하여 정착한 화교이며, 교권이란 화교 또는 귀교의 국내가족을 가리킨다고 명시하고 있다. 이 규정은 1990년의 <귀교 교권

권익보호법>에도 여전히 관철되고 있다. 여기에는 외국국적 화인에 대한 고려를 발견할 수 없다. 하지만 위의 법 실행에 앞서 중국정부가 모든 관련 부서에 하달한 화교정책의 원칙을 보면 화인에 대한 분명한 고려가 발견된다. 즉, “一视同仁, 不得歧视, 根据特点, 适当照顾”이다. 이 말을 우리말로 풀어보면 다음과 같다.

평등하게 대우하여 차별하지 않으며,
개별상황에 근거하여 현실적으로 보살핀다.

위의 원칙이 외국국적 화인에 대한 조심스러운 배려였다면, 2004년 공포된 <귀교 교권 권익보호법 실시 시행령>은 보다 적극적인 배려였다. “화교의 신분이 바뀌더라도 국내 교권의 신분은 변하지 않는다”고 규정한 이 시행령을 통해 외국국적 화인은 교권이라는 매개를 통해 그 권익을 합법적으로 보장받을 수 있게 되었다.

개혁개방 시기 중국 화교정책의 특징은 관련법의 제정을 통해 해당정책의 안정성과 실효성을 담보하고 있다는 점이다. 화교정책의 법제화는 다음 두 가지의 핵심내용을 갖는다.

첫 번째는 외교적 마찰을 배제하기 위해 국적을 기준으로 화교와 화인을 명확히 구분하고, 정책대상을 중국교민 신분인 화교, 귀교, 교권에 집중한다. 이는 교민정책에 관한 중국의 공식적 입장이다.

두 번째는 외국인으로 규정된 화인을 포섭하기 위해 이들과 직접적으로 연결된 교권을 우대한다. 이는 외국국적 화인에 대한 러브콜이며, 또한 중국교민정책의 전략적 목표이다.

물론 화교와 화인에 대한 중국 지도층의 태도 변화는 개혁개방의 지속적 추진을 위한 경제적 필요에서 출발한다. 중국이 최근 발표한 각종 통계자료를 종합하여 살펴보면 개혁개방이래 중국에 투자된 외국자본 가운데 반 수 이상이 홍콩과 마카오에서 유입된 자금인데, 이 자금 가운데 절대다수가 화인이 홍콩과 마카오를 경유해 투자한 자금이라고 추정되고 있다. 이는 국내외적으로 성공적 진행을 인정받고 있는 중국의 개혁개방과 화인사이의 관계를 단적으로 설명한다.

중국정부의 화인에 대한 새로운 관계의 설정 및 개혁개방의 성공적 진전은 당연히 화인의 투자를 유도하였을 뿐 아니라 그들의 중국에 대한 정치적·사회적 영향력까지 함께 키워주었다.

화인의 개혁개방에 대한 참여가 한창 확대되는 시점에서, 장쩌민이 주창한 "3개 대표"는 2002년 중국공산당의 지도이념으로써 중국공산당 당헌에 정식으로 포함되었다. 이른바 "3개 대표"란 중국공산당이 대표해야 할 세 가지를 가리키는데, 그 첫째는 선진생산력, 둘째는 선진문화발전, 세 번째는 광범위한 인민의 근본 이익이다.

여기서 주의해야 할 것은 중국공산당이 부르주아의 지위를 암묵적으로 인정했다는 것이다. 이 "3개 대표"에서 언급하고 있는 선진생산력과 선진문화발전의 주요 에너지는 부르주아에서 나오며, 광범위한 인민은 당연히 부르주아를 포함한다. 이는 중국 부르주아가 이제 중국공산당과 정부에 자신의 이익을 과감히 요구할 수 있는 정치적 주체로 인정받았음을 의미한다. 수많은 중국의 자본가가 중국공산당에 가입했고, 심지어 각 단위의 인민대표로 추대되었다.

중국 부르주아와 밀접히 연결된 화교와 화인은 80년대 이래 마련된 중국 국내의 정치적·사회적·경제적 연결고리를 통해 끊임없이 그들의 다양한 요구를 중국정부에 전달하였다. 1999년 중국정치협상회의에 제출된 이중국적 불허 규정의 철회 건의안은 이러한 내외의 요구가 결집된 것이었다. 이 건의는 비록 중국정부에 의해 우회적으로 거절되었지만, 이중국적 허용의 요구는 이미 세계 화교화인사회 및 중국엘리트사회의 주요 관심 대상으로 발전하였다.

우선 2000년 캐나다에서 실시된 <대륙이민 이중국적 회복>에 대한 설문조사에서 응답자 102명 전원이 이중국적 허용을 요구했다는 보도가 인터넷과 잡지 등에 발표되었다. 이어 2003년 10월 캐나다의 표준어 화인 연합회가 실시한 설문조사에서는 1,888명 참가자 가운데 92.6%가, 그리고 브라질에서 실시한 실문조사에서는 95.75%가 이중국적 허용을 요구하였다. 이외에도 2003년 국무원 교무판공실 주임 천위지에가 참석한 캐나다 화인사회의 좌담회와 2004년 프랑스에서 열린 "21세기의 중국, 유학생과 중외교류"에 관한 세미나에서 각기 이중국적 허용에 대한 현지 화교화인사회의 강한 요구가 중국정부에 전달되었다. 그리고 뉴질랜드 화교화인은 별도로 "조국이 하루빨리 국적법을 수정하여 이중국적을 승인해줄 것을 간절히 희망"한다는 내용의 건의서를 중국정부에 제출하였다.

이러한 세계 각지 화교화인과 중국엘리트의 강력한 요구에 따라 중국정치협상회의는 재차 이중국적 문제를 논의하기에 이르렀다. 2004년 <중화인민공화국국적법의 몇 가지 규정에 관한 수정 및 이중국적승인에 관한 선택적 대응에 관한 건의>와 <국적문제를 탄력적으로 처리하여 외국유학생을 국내의 사무에 참여시키기 위한 건의안>이 상정되었다. 이 안건에 대해 중국정부는 일단

1999년의 답변과 마찬가지로 이중국적 불허의 방침을 천명함과 동시에 영주권제도의 도입 및 확산을 통해 화교와 화인의 요구에 대응하겠다는 의지를 표명하였고, 나아가 그들의 정당한 권리와 국가주권 및 이익에 부합하기 위해 국적법의 수정을 고려하고 있다고 밝혔다.

한편에서는 강하게 이중국적 불허의 방침을 천명하면서, 또 다른 한 편에서는 화인을 화교정책의 중심으로 삼고 있는, 일견하기에 모순될 수 있는 중국정부의 태도는 이중국적 문제의 민감성과 복잡성을 반영하고 있다. 예로 2004년 12월 29일 중국국가과학기술부 차관 류옌화는 유학경험자 대표와의 좌담회에서 해외인재의 흡수를 위해 중국은 현재 인도를 모델로 삼아 우대정책을 실시할 계획이라고 발표하였다. 이 발언이 각종 매체와 인터넷에서 중국정부가 곧 이중국적을 인정할 것이라고 이해되면서 적지 않은 혼란을 야기하였고, 결국 중국정부는 이중국적 불허 방침을 재확인하면서 사태를 진정시켰다.

중국을 비롯하여 세계 각지 화교화인사회의 각종 매체에서 전개되는 이중국적 문제에 관한 공방은 오늘 현재까지도 여전히 전개되고 있다.

이중국적 논의의 쟁점

불과 50년 전, 중국은 동남아와의 외교문제와 화교의 생존권 문제 등을 고려하여 이중국적 불허의 원칙을 수립하였고, 이 원칙은 화교 및 해당 화교가 거주하는 국가의 동의를 통해 확고히 견지될 수 있었다. 그렇다면 이중국적 문제를 둘러싼 논란이 최근 중국 내외에서 확산되는 현상은 무엇을 의미하는가? 화교화인의 생존과 발전은 시대적 상황, 그들 자신의 역량, 현재 거주하는 국가, 그리고 모국이라는 여러 객관적·주관적 조건에 의해 결정되는바, 이들 조건의 변화과정을 살펴보면서 이 논란의 배경에 접근해본다.

첫째, 시대상황이다. 1970년대 이래 이중국적을 허용하는 국가가 점차 증가하였고, 급기야 이는 하나의 시대적 추세로 인정되고 있다. 경제일체화로부터 모습을 드러낸 세계화는 각 행위주체 사이의 공간적 거리를 단축시키거나, 혹은 소멸시킴으로써 공간의 개념을 변화시켰다. 주지하다시피 생산력의 기본요소인 노동력의 이동은 세계화의 중요요소이다. 그러한 의미에서 어떤 이는 20세기 말부터 21세기 초까지의 10여년을 국제적 이민의 시대라 명명하기도 하였다.

둘째, 화교화인 역량과 처지의 변화이다. 과거 중국의 이민은 주로 동남아에 집중되었다. 하지만 개혁개방 이래의 이민은 주로 북미, 유럽, 호주 등 선진국에 집중되었다. 캐나다의 경우 1990년대 이래 이미 30만 명 이상의 새로운 중국이민이 유입되었고, 2007년 미국에 정착한 화교화인의 수는 200만을 넘어섰다. 동남아에 비해 민족갈등의 위험요소가 현저히 낮은 서방국가에서 고학력과 함께 전문기술로 무장한 새로운 중국의 이민은 적극적으로 주류사회에 진입할 수 있었다. 그런데 서방에 정착한 이민 1세대의 주요 인맥은 여전히 중국에 머물러 있었다. 그들은 중국과의 빈번한 왕래가 필요했을 뿐 아니라, 중국에 대한 강한 자신감과 함께 개혁개방 이후 중국이 보장해 주는 각종의 정치적·경제적 이익에 매력을 느끼고 있었다.

셋째, 현재 거주국가의 상황이다. 개혁개방이래 이민희망자의 주요 대상 국가는 미국, 캐나다, 뉴질랜드 등 구미 국가로서, 이중국적을 허용하거나 적어도 금지하지 않는 나라이다. 특히 화교화인이 집중 거주하고 있는 미국과 캐나다는 각기 1967년과 1977년 이래 이중국적을 인정해왔다. 이러한 상황에서 "해외에 거주하고 있는 중국국민이 스스로의 의지로써 외국국적에 가입하거나 취득할 경우, 자동으로 중국국적을 상실"한다고 규정하고 있는 <중화인민공화국 국적법>의 존재는 현지 화교화인이 얻을 수 있는 이중적 이익을 근본적으로 가로막고 있는 것이었다.

넷째, 모국인 중국의 상황이다. 80년대부터 본격적으로 시작된 개혁개방으로 해외이민자가 급증하였고, 동시에 중국의 국제적·경제적 지위가 크게 높아졌다. 이 상황은 화교화인에게 중국발전에 대한 참여와 이에 따른 이익추구의 욕구를 불러일으켜 빈번한 고향방문이나 영구귀국을 유도하였다. 통계에 따르면 1978년부터 2003년까지 외국으로 유학을 떠난 중국인의 수는 70만 명인데, 이 가운데 귀국자의 수는 17만 명에 달하였다. 또한 중국의 첨단과학기술 개발단지 및 정부의 과학기술부문에서 근무하는 50% 이상의 인력은 최근 해외의 생활을 정리하고 영구 귀국한 유학생과 화교화인이었다. 중국의 성장은 세계 화교화인 각자에게 이익을 창출할 새로운 가능성을 보여주었고, 나아가 중국에 대한 정서적 자부심을 강화시켰다.

위와 같은 배경아래 이중국적문제와 직접적 이해관계가 걸린 화교화인 및 중국 엘리트는 적극적으로 중국이 이중국적을 허용해야 하는 근거를 발굴해내면서 중국정부에 압박을 가하였다. 이

중국적을 허용해야 한다는 근거는 바로 이중국적 허용이 다음과 같이 중국과 화교화인의 모두의 이익에 부합한다는 것이었다.

① 이중국적 불허가 중국에 대한 출입국, 방문, 취업, 창업, 거주, 자녀교육에 있어 불편을 준다.
② 중국인의 신분으로 중국의 사업에 참여하고 싶다.
③ 이중국적의 허용은 화인이 가지고 있는 막대한 자금, 기술, 경험 및 인재를 중국에 끌어올 수 있다.
④ 이중국적이 허용되어야 중국은 적극적으로 세계화를 추진할 수 있다.
⑤ 이중국적이 허용되면 중국이 동남아 화인을 공식적으로 보호할 수 있다.
⑥ 이중국적이 허용되면 세계 각지의 화인이 주인공의 자세로 중화민족의 부흥에 참여할 수 있다.
⑦ 이중국적이 허용되면 국내법에 의거하여 국내로 유입된 화인의 민사, 형사상 문제를 처리할 수 있다.
⑧ 이중국적이 허용되면 타이완 독립의 목소리를 차단하고, 해외의 적대세력에 효과적으로 대응할 수 있다.

위와 같은 장밋빛 근거와 전망으로 서방의 화교화인사회는 아래와 같이 강하게 이중국적 허용을 요구하였다.

건국초기부터 지금까지 세계에 큰 변화가 발생했으며, 중국 또한 국적법을 실행한 20여 년 동안 많은 변화가 있었다. 현재의 국제적 환경은 국적법을 수정할 가장 좋은 기회이다.

그런데 문제의 핵심은 세계 각지에 흩어져 거주하고 있는 화교화인의 정치적·경제적·사회적 처지가 동일하지 않고, 이에 따라 중국정부가 얻을 수 있는 이익도 매우 유동적이라는 사실이다. 화교화인사회에서 이중국적 허용을 요구하는 부류는 거의 개혁개방 이후 서방 선진국으로 이민, 정착한 이민 1세대에 집중되어 있다.

화교의 이중국적문제는 중국의 국내정치, 화교나 화인 개인, 화교가 현재 거주하는 국가, 중국과 해당 국가 사이의 외교관계 등과 복잡하게 얽혀있다. 그렇기 때문에 어느 일각의 제한된 요구, 혹은 어느 한 국가의 국가이익에 근거하여 문제가 다뤄질 경우, 이는 결국 위에서 열거한 모든 행위주체에게 예상치 못한 영향을 주게 된다.

동남아에 거주하고 있는 화교화인사회, 그리고 화교출신 학자들은 대게 이중국적 허용의 요구에 대해 매우 민감하고 단호하게 반응한다. 이들은 이중국적 논의 자체가 이중적 이익을 취하고자 하는 자들과 화교화인의 자금이 탐이 난 중국정부의 이기적인 표현일 뿐이라 비판하면서, 이의 허용은 역사의 후퇴이며, 역사에 대한 조롱이라며 비판의 수위를 높이고 있다.

동남아 화교화인사회가 이중국적 허용을 반대하면서 제시하는 이유는 주로 아래와 같은 절박한 현실문제이다.

① 동남아의 반(反)중국 정서는 아직 소멸되지 않았다. 동남아에는 화인이 많고, 경제적으로 비교적 큰 영향력을 가지고 있다. 하지만 사회·경제적 지위, 언어와 문화, 종교습관 등의 측면에 있어 원주민과 많은 차이가 있고, 이에 따른 갈등이 수시로 발생한다. 그렇기 때문에 화인의 일거수일투족, 특히 정치적인 행위는

언제나 주변을 둘러싼 다수 원주민의 의심을 유발할 수 있다. 또한 현지의 정치집단은 특정한 정치적 목적을 달성하기 위해 각 민족 사이의 모순을 선동하거나 확대하고, 심지어 유혈충돌을 조장해왔다. 그 가운데 화인은 대표적인 희생물이었다. 예로 1969년 5월 말레이시아 총선에서 화인이 참여한 연맹당이 당초 예상하고 있던 의석수의 확보에 실패하자 5·13사건이 발생했고, 그 결과 화인을 주요대상으로 한 대규모 유혈사태가 발생했다. 또한 1976년 이래 베트남정부는 중국국적을 보류한 화교에 대해서 호적을 말소하고, 취업 및 취학권리를 박탈하였으며, 공무원직과 군적(軍籍)을 취소하였고, 화교의 모든 자치조직을 폐쇄하였다. 경제적인 압박은 더 심했다. 무거운 세금이 부괴되었고, 식량이 징발되었으며, 재산까지도 압류되었다. 결국 4년 만에 100만 명의 베트남 화교가 해외로 탈출하였다. 동남아에서 화교를 대상으로 하는 각종의 폭력사태는 끊이지 않고 이어지고 있다. 1997년 아시아 금융위기가 인도네시아를 석권하면서 계층 간의 갈등이 심화되자, 정치권은 이 갈등을 현지 화인에게 전가하였다. 인도네시아정부는 5월 13일부터 16일까지 진행된 폭동으로 1,250명이 사망하고, 24명이 부상당했으며 85명이 성폭행 및 윤간을 당했다고 발표했다.

② 동남아 각국은 경제·정치·문화·사회 등 영역에서 화교화인에 대한 각종의 제한조치를 취해왔다. 이 문제의 완전한 해결은 각 화인이 소재하고 있는 국가의 명실상부한 주인이 되고, 그 주인 된 권리를 행사할 수 있을 때 가능하다. 화인이 현지에서 계속 생존, 발전코자 한다면 이 정치적 선택은 피할 수 없는 현실이다.

③ 50년대부터 70년대까지 동남아의 화교 90%이상은 이미 이

중국적을 정리하고 현지국적을 취득하였다. 그들의 절대다수는 3, 4, 5세대 이상으로 이미 현지사회에 동화되어 있고, 또한 역사적으로 이중국적이 가져다준 곤란함과 위험성을 알고 있기 때문에 이중국적을 고려하지 않고 있다.

화교출신 학자는 동남아 화교화인사회의 염려와 마찬가지로 동남아의 현실적 문제에 적극 공감한다. 그들은 위 열거된 우려에 더해 이중국적의 허용이 중국에 미칠 수 있는 부작용을 제기한다. 즉 이중국적 허용은 "책임을 지는 대국"건설이라는 중국의 전략적 목표와 이익에 부합하지 않을 뿐만 아니라 국내정치의 안정에도 불리하게 작용할 수 있다는 것이다. 이를 정리하면 다음과 같다.

① 동남아 국가와의 외교적 문제이다. 중국은 동남아 국가와 비교하여 사회체제 및 규모가 다른 사회주의 대국이다. 개혁개방이후 사회주의에 대한 의심이 많이 줄어들긴 했지만, 중국의 발전에 대해 동남아 국가의 평가는 긍정적이지만은 않다. 즉, 이들 국가의 일각은 중국이 블랙홀처럼 외국의 투자를 흡수하고, 중국의 상품이 동남아를 석권하면서 동남아 각국의 경제를 공동화시킬 것이라고 염려한다. 이러한 염려에서 출발하여 "중국위협론"이 등장했고, 심지어 동남아 일부 국가는 "중국을 견제하기 위해, …, 지역안보에서 출발하여 일본이 헌법을 수정하는 것(평화헌법의 폐기)이 필요하다"라는 매우 민감한 주장도 등장했다. 그러므로 현재 중국 외교의 당면 과제는 중국에 대한 주변의 비판적 인식을 해소시켜 이로부터 파생되는 갈등을 완화시키는 것에 있다. 이 중대한 과제아래 이중국적 인정을 통한 화인의 중국에 대한 참여나 화인에 대한 통일전선 확대는 "책임을 지는 대국" 건설의 행보는커

녕 오히려 "중국위협론"의 유력한 근거로 역이용될 수밖에 없다.

② 중국 내부의 정치적 문제이다. 만약 이중국적이 허용되어 외국국적 화인이 중국의 국민신분을 갖게 되면, 중국정부는 이 화인을 보호해야 할 법적인 책임을 갖게 된다. 이 말인즉, 해외에서 화인을 둘러싼 분쟁이 발생하였을 때 중국정부는 마땅히 화인 보호에 나서야 한다. 그렇지 않을 경우 중국정부의 합법성은 중국 내외로부터 심각한 공격을 받게 된다.

더욱이 현재 중국은 <호적등기 조례(戶口登記條例)>를 통해 도시와 농촌에 대한 분리정책을 추진하고 있다. 농촌주민은 이 조례에 따라 도시로의 이사, 취업, 취학뿐 아니라 심지어 복지까지도 제한받는다. 이 상황에서 화인이 중국국적을 갖게 되면, 그리고 이로써 <귀교 교권 권익보호법>이 규정한 권익을 확보하게 되면, 이들이 향유할 권익은 일반적인 국민대우를 훨씬 초월한다. 이는 "국민대우의 역차별"로써 정치적 분노를 촉발시킬 수 있다.

더군다나 이중국적의 허용문제는 중국의 소수민족 문제와도 연관된다. 예로 중국이 인도와 이중국적의 상호 허용에 합의한다면, 인도에 망명중인 수많은 티베트인은 인도의 국적을 소유하게 된다. 한국에 거주하고 있는 조선족의 입장도 마찬가지이다. 티베트나 위그루지역의 분리 독립 요구가 소멸되지 있는 상황에서 이중국적의 허용은 중국 밖의 한족을 단결시키는데 효과가 있을 수 있겠지만, 중국 안에서 소수민족을 이탈케 할 위험이 있다. 중국 55개 소수민족은 전체 인구의 8%에 불과하지만, 그들이 차지하고 있는 공간은 무려 64%에 달한다.

중국 이중국적 불허방침에 대한 전망

중국의 이중국적 문제에 대한 고민은 당연히 국가이익에 대한 고려에서 출발한다. 국가이익이란 중국이 처한 상황이나 목표에 따라 충분히 달라질 수 있는데, 작게는 외화유치일 수도 있고, 크게는 "중화민족의 위대한 부흥"이라는 세계화 전략의 일환일 수도 있으며, 또 다른 각도에서는 민주주의의 정착을 위한 인권의 진보일 수도 있다.

20세기 초 부계혈통주의에 근거한 국적법의 제정은 근대화를 위해 필요한 정보, 자금, 지식, 조직을 화교에게서 얻어내고자 하는 국가이익에서 비롯되었다. 50년대 서방세계로부터 고립된 사회주의 중국의 국가이익은 주변 국가와의 안정적 외교관계의 수립이었다. 이를 위해 중국은 충성스런 화교의 반발에도 불구하고 이중국적 불허의 방침을 수립하였다.

20세기 말에 접어들면서 이중국적을 둘러싼 논의가 다시 시작되었다. 이 문제가 중국정치협상회의에서 공식적으로 거론되었다는 것은 중국이 현재 취하고자 하는 국가이익에 변화가 발생하였음을 의미한다. 새로운 국가이익 및 이에 따른 이중국적 허용에 대한 정책적 검토를 위해서는 당연히 과거 추진되었던 상관 정책과 그 영향에 대한 성실한 분석이 전제되어야 한다. 분석의 편의를 위해 중국정부의 화교정책을 대략 3단계로 나누어 살필 수 있다.

1단계는 19세기 말부터 1950년대 중반 이전까지이다. 당시 중국은 화교를 중국의 해외국민으로 흡수했고, 이 정책은 근대화나 혁명이라는 중국의 국가이익을 극대화시키는데 충분한 역할을 수행하였다. 하지만 중국과 화교의 밀착은 동남아 각 국가의 중국에 대한 의심을 초래하였다.

2단계는 50년대 중반부터 70년대까지이다. 당시 중국은 동남아 각국과의 외교관계를 위해 화교를 중국에서 분리시켰다. 현지의 국적을 취득한 화인은 중국의 정책범위 밖으로 배제되었고, 이미 극소수로 전락한 화교 또한 당시 중국의 극단적 이념 투쟁 속에서 배척되었다. 하지만 화교의 이중국적 문제에 관한 외교적 마찰은 종식되었고, 화인은 중국과의 모든 관계를 단절하고 현지에 동화되기 시작하였다. 화인은 모국과의 단절과 현지 국가의 동화 압력 아래에서 스스로의 생존을 모색하였고, 이 과정에서 세계적 범위의 화교네트워크가 마련되기 시작하였다.

3단계는 80년대 이후부터 현재까지의 상황이다. 이 시기 중국은 화교정책의 핵심대상을 화인으로 설정하고, 이들에 대한 이원적인 정책을 추진하였다. 즉, 정부차원에서는 이중국적불허의 원칙을 견지함으로써 화인의 법적귀속을 둘러싸고 야기될 수 있는 외교적 분쟁을 제어하고, 민간차원에서는 다양한 경로를 통해 화인에 대한 중국의 애정을 보여줌으로써 중국에 대한 화인의 참여를 확대시키는 것이다. 이러한 화인정책의 모순된 이원구조는 중국이 처한 외교적 상황, 발전전략, 개혁개방의 요구, 그리고 국내의 정치적 조건 등을 고려한 타협의 산물이었다. 화인정책을 둘러싼 타협에서 중국정부는 외교를 최우선의 조건으로 내 걸고 있는데, 이는 곧 현재 외교관계의 안정수준에 따라 화교 전체에 대한 정책의 폭과 깊이도 달라질 수 있다는 것을 의미한다.

1980년 이중국적 불허 방침이 명확히 규정된 <국적법>의 공포, 1999년과 2004년 중국정부의 공식적인 이중국적 불허방침의 재천명, 2006년 화교의 국적문제에 관한 중국정부의 원칙 천명이 이어지는 상황에서도, 외국인 신분의 화인에 대한 중국의 애정공세는 더욱 뜨거워졌다. 화인은 80년대 조심스럽게 중국정책의 범주 내로 포섭되더니 점차 화교정책의 중심으로 발전하였고, 급기야 최근에는 "중화민족의 위대한 부흥"을 위한 중요 에너지로 평가되기에 이르렀다.

현재 중국은 동남아 국가와의 원만한 관계를 견지하면서도 지속적으로 개혁개방의 성과를 만들어내고 있다. 이런 현실을 감안하여 80년대 이래 중국정부의 화교정책을 아무리 보수적으로 평가하더라도 중국의 국가이익에 부정적 영향을 줄 만큼의 외교적·경제적 과오는 발견되지 않는다. 그렇다면 지금 현재 중국정부의 입장에서 이중국적을 허용한다는 것은 결국 손해나는 장사일 뿐이라는 결론이 도출된다.

물론 중국정부가 언제쯤이나 화교화인의 이중국적을 인정하게 될지도 단언하기 힘들다. 하지만 중국 화교정책의 역사적 과정과 그 정책의 성과를 짚어보면, 중국이 처한 상황이나 조건에 근본적인 변화가 발생할 때까지, 즉 중국의 민주주의가 완성되고 안정적인 세계화가 실현되는 그날까지 이중국적 불허의 원칙은 견지될 것으로 전망된다.

출전 "화교화인의 이중국적 논쟁 연구", <세계지역연구논총> 2008년 12월

제9장

귀교 교권 권익보호법

전략적 이원성의 법제화

<귀교 교권 권익보호법> 이전의 화교정책

1990년 <귀교 교권 권익보호법>의 제정

<귀교 교권 권익보호법>의 발전과 영주권제도의 탄생

<귀교 교권 권익보호법>의 성과와 전망

전략적 이원성의 법제화

1980년대 이래 중국정부가 내놓은 화교정책은 분명 성공적이었다. 개혁개방의 진전이 그 대표적 성과이다.

중국의 세계화 측면, 즉 "중화민족의 위대한 부흥"이라는 중국의 꿈을 실현시키는데 있어서도 화교화인의 역할은 지대하다. 당대의 중국정부는 전 세계에 흩어져 있는 화교화인을 포섭하고, 이에 대한 중국정부의 영향력을 확대시키기 위해 부단히 노력해왔다. 화교, 화인, 화예, 화족, 화상 등 호칭으로 분류되던 중국 해외교민에게 화교화인이라는 범칭을 부여하였고, 다양한 형태의 통로를 통해 화교화인에 대한 중국의 구심력을 날로 강화시켰다. 이로써 중국정부는 타이완과의 통일문제, 즉 양안문제에서의 주도권을 장악하게 되었을 뿐만 아니라 국제사회에서 중국정부의 영향력까지 크게 제고시킬 수 있었다. 이 과정에서 화교화인은 스스로가 원하던 원하지 않던 이미 그들은 "중화민족의 위대한 부흥"의 사명을 짊어진 "중국 밖의 중국", 즉 외화(外華)로 인식되었다.

그러나 이중국적을 허용하고 있지 않은 중국의 현행 국적법에 근거해 볼 때, 전체 중국 해외이민의 90%이상을 차지하고 있는 외국국적의 화인 신분은 중국의 정책범위 밖에 위치되어 있는, 즉 분명한 외국인이다. 그렇기 때문에 중국정부의 외국국적 화인에 대한 정책적 고려와 이에 따른 양자의 밀착은 자칫 해당 화인이 거주하는 국가의 오해를 야기하고, 심지어 중국의 외교관계에 손상을 미칠 위험성이 존재한다.

이와 같은 화교정책의 딜레마를 둘러싸고 중국정부가 현재 구사하고 있는 전략은 외교우선의 전제아래 명분이나 형식보다는 현실이익을 매개로 화인과의 유대를 강화하는 것으로 집중되었다. 즉 공식적 정책대상을 화교와 화인으로 엄격히 구분하고, 국가기구와 민간기구, 공개와 비공개의 이중적인 접근방법을 통해 화교화인 각 개인의 특성에 근거한 세심한 배려를 제공한다는 것이다.

이번 장에서 집중적으로 논하고자 하는 것은 중국정부가 1990년 제정, 2000년 수정, 그리고 2004년 그 구체적인 매뉴얼을 공개한 <귀교 교권 권익보호법>이다. 이는 당대 중국정부가 화교, 귀교, 교권의 권익을 보호하기 위해 제정한 화교정책 관련 최고 권위의 법령이다.

과거 중국정부의 화교정책은 대략 고대 中國의 “외면”, 근대 중국의 “흡수”, 사회주의 중국의 “분리”, 개혁개방 중국의 “초청”으로 구분할 수 있다. 이 “초청” 단계가 시작된 지 10년 만에 출현한 1990년 <귀교 교권 권익보호법>은 개혁개방 초기 내부지시나 대외비의 형태로 조심스럽게 발급되던 화교화인에 대한 “초청”이 이제 공식적인 단계로 진입하기 시작했음을 의미한다.

1990년 법률에서는 화교, 귀교, 교권 등 중국교민의 권익 및 그 보호에 관한 내용이 명시되었고, 2000년 수정법률에서는 교민업무의 주체, 대상의 구체화와 더불어 해당 권익이 침해되었을 경우, 이에 대한 구체적인 처리방법이 보완되었다. 물론 <귀교 교권 권익보호법>의 적용범위는 중국의 국민신분인 화교, 귀교, 교권에 제한되어 있었고, 외국국적 화인에 대한 정책은 여전히 내부지침의 수준에 머물러 있었다.

하지만 2004년 <귀교 교권 권익보호법>의 운영지침 형태로 공개된 <귀교 교권 권익보호법 실시 시행령>은 외국국적 화인이 중국의 정책범위 내로 편입되기 시작했음을 알리는 신호탄이었다. 해당 법령 제3조는 “화교의 신분이 바뀌더라도 국내 교권의 신분은 변하지 않는다”라고 규정하고 있다. 이 말인즉, 화교가 현지국적을 취득하였더라도, 즉 중국국적을 포기하여 외국인 신분이 되었더라도 중국 내에 살고 있는 그들 친척의 권익은 그대로 보호받는다는 공개적 선언이었다.

비공개, 비공식에서 출발하여 점차 공개, 공식의 방향으로 변모해 나아가는 중국정부의 화교정책은 개혁개방이래 확보된 성취, 즉 국가경쟁력의 제고와 이에 따른 외교적 자신감에서 비롯되었다. 특히 화인에 대한 정책은 동남아 여러 국가의 중국에 대한 정서 및 외교적 요구에 따라 효율적으로 통제, 조절되었고, 이로써 발생한 화인의 중국에 대한 소외감은 민간영역에서의 배려와 교권권익보호라는 법률적 고리를 통해 보상되었다. 1990년 인도네시아와의 국교회복과 이로부터 불과 한 달 뒤 공포된 <귀교 교권 권익보호법>은 중국의 화교정책이 외교정책과 충분한 호흡을 함께 나누고 있음을 증명한다.

<귀교 교권 권익보호법> 이전의 화교정책

군군신신부부자자(君君臣臣父父子子), 임금은 임금다워야 하고, 신하는 신하다워야 하고, 아버지는 아버지다워야 하고, 아들은 아들다워야 한다는 공자의 말씀이다. 이 뒤에는 무한대의 이음

줄이 있을 터이다. 이렇듯 모든 존재에 정해진 위치와 역할을 설정해 놓았던 고대 중국의 통치이념과 가치관에 근거할 때, 중국의 해외이민자는 스스로 中國을 버리고 오랑캐가 되어버린 "포기된 백성"일 뿐이었다. 中國은 이들을 외면하였다. 물론 무역이익의 필요에 따라 때때로 이들의 출입국을 방관하기도 하였지만, 외면과 배척은 해외 이민자에 대한 中國의 일관된 태도였다.

19세기 중반 이래 해외이민자의 이용가치를 발견한 중국은 그들을 화교라 칭하면서 적극적으로 포섭하였다. 관직이나 작위를 수여하여 화교가 중국의 지배계급으로 진입할 수 있는 구체적 통로를 제시하였고, <대청국적조례>를 통해 중국국민이라는 근대적 법적 신분까지 제시하였다.

화교에 대한 인정과 우대는 중국국민당의 중화민국을 거쳐 사회주의 중국 초기까지 이어졌다. 1949년 중화인민공화국 성립 당시 헌법적 기능을 가지고 있었던 <중국인민 정치협상회의 공동강령>은 분명하게 화교가 노동자, 농민, 혁명군인, 지식인, 소자산계급, 민족자산계급, 소수민족, 애국민주주의자와 함께 중국인민 정치협상회의의 대표라고 규정하였다.

화교는 명실상부한 중국의 국민임을 인정받으면서 중국에 흡수되었다.

1950년대부터 중국의 화교정책은 외교정책에 의해 압도되었고, 이에 화교는 중국으로부터 분리되기 시작하였다. 서방세계로부터 고립된 사회주의 중국은 동남아 국가와의 우호적인 환경이 절실히 필요했고, 이러한 외교적 요구 속에서 화교의 존재는 중국 외교의 부담이었다. 특히 화교의 이중국적은 냉전, 계급, 민족국가 건설, 종족갈등 등의 문제와 얽히면서 점차 중국과 동남아 각국

사이의 외교적 현안문제로 발전하였다. 이에 중국정부는 화교의 이중국적문제를 자국의 안정적 건설과 발전을 위해 그 무엇보다 우선 해결해야 할 당면과제로 인식하기에 이르렀다.

이로써 중국정부는 인도네시아를 시작으로 싱가포르, 말레이시아, 태국, 필리핀 등 국가와 화교의 이중국적을 불허한다는 조약과 성명을 발표했다. 중국정부는 화교에게 법적인 결별을 통보함과 함께, 정서적 관계마저도 단절시켰다. 이 시기, 화인은 이미 중국의 정책 범위 밖에 놓인 명백한 외국인으로 변모하였다.

중국 개혁개방은 중국에 새로운 필요가 발생했음을 의미한다. 문화대혁명이 종식된 지 얼마 지나지 않은 1977년 10월 덩샤오핑은 다음과 같이 언급했다.

> 이른바 "해외관계"가 복잡해 믿을 수가 없다는 따위의 말은 반동이다. 우리는 현재, 해외관계가 너무 많은 것이 아니라 오히려 너무 적다. 이것은 좋은 것으로 (우리는 이를 통해) 각 방면의 관계를 개척할 수 있다.

여기에서 언급된 "해외관계"란 해외에 친척이나 친구가 있는 중국 국민을 가리킨다. 개혁개방 이전 이 해외관계는 지주, 부농, 반동, 우파, 악질과 함께 "나쁜 여섯 부류"-흑육류(黑六類)로 구분되었다. 이들은 중국이 타도해야 할 대표적 대상이었다.

그러나 개혁개방에 있어 해외관계란 중국에게 당장 필요한 자금, 정보, 지식, 조직이었고, 덩샤오핑의 "해외관계"에 대한 긍정은 향후 전개될 개혁개방과 화교정책의 흐름을 암시하는 것이었다. 화교의 고향이었고, 그러하기에 "해외관계"의 대표지역으로 낙인찍혀 그간 숱한 고통을 받아왔던 광둥의 선전(深圳), 주하이(珠海), 산토우(汕头) 세 개 지역과 푸젠의 샤먼(厦门)이 경제특구로 지정되면서 개혁개방은 시작되었고, 화교정책의 실무를 전담할 교무판공실이 국무원 직속기구로 설치되었다. 중국은 경제특구라는 공간을 통해, 그리고 교무판공실이라는 국가기구를 통해 세계의 모든 화교에게 러브콜을 보냈다.

그러나 정작 중국에게 필요한 자금, 정보, 지식, 조직을 가진 이들은 이미 중국인이 아닌 외국의 국민으로 변모해 있었다.

동남아 여러 국가의 중국에 대한 의심과 경계가 여전한 상황에서 중국과 외국국적 화인의 밀착은 곧 동남아 각국의 중국에 대한 반김을 심화시킬 수 있는 충분한 에너지를 가지고 있었다. 이러한 딜레마 속에서 중국정부가 고안한 것은 이원적 접근법이었다.

화교정책 책임자 랴오청즈는 "우리나라의 정확한 외교노선을 견지하는 것이 화교정책의 기본원칙이다"라고 천명하였고, 1980년 중국정부는 이중국적을 불허하는 <중화인민공화국 국적법>을 공포하여 동남아 각 국가의 우려를 종식시키고자 했다. 이는 지극히 공식적인 것으로서, 그 대상은 중국국적을 지닌 화교였다.

중국의 정책영역에서 배제된 외국국적 화인에 대해서는 다른 통로가 마련되고 있었다. <국적법>이 공포되었던 1980년, 외교부와 교무판공실은 대외비의 형태로 각 성(省), 시(市), 자치구 인민정부, 국무원의 각 위원회, 직속기구, 해외의 대사관 및 영사관, UN중국대표단, 홍콩·마카오공작위원회에 <외국국적 화인 공작방침정책에 대한 협조요청>을 전달하였다. 그 대략적 내용은 아래와 같다.

· 외국국적 화인에 대한 업무는 화교에 관한 공식적 업무와 구분한다.
· 외국국적 화인은 중국과 여러 방면으로 연결되어 있다.
· 화인에게는 민간통로를 활용하여 조심히 접근한다.
· 외국국적 화인의 국내 친척을 화교의 국내 친척과 동일하게 우대한다.
· 외국국적 화인의 명칭은 외적화인(外籍華人-Foreign nationals of Chinese origin)이라 정한다.

이 내부문건을 통해 우리는 중국정부가 외국국적 화인을 은밀하게 중국의 화교정책과 연결하고 있음을 어렵지 않게 발견할 수 있다. 1984년의 <화교, 귀교, 화교학생, 귀교학생, 교권 등 신분에 관한 해석> 및 <화교, 귀교, 화교학생, 귀교학생, 교권, 외적화인의 신분에 관한 해석>등의 관련 규정 역시 위 문건에 기초하고 있다. 대외비로 관리되었던 이들 문건의 내용은 모두 외국적 화인에 관한 우대를 규정하고 있는데, 그 핵심 내용을 정리하면 아래와 같다.

① 외국국적 화인이 귀국해 중국의 국적을 회복하면 귀국화교-귀교이다.
② 외국국적 화인의 국내거주 친척은 화교 친척-교권과 동일한 대우를 향유한다.
③ 화교우대정책은 외국국적 화인에게 동일하게 적용한다.

특히 위의 문건에서 언급된 내용은 헌법을 통해 확고하게 지지받고 있었다. 1982년 새롭게 제정된 <중화인민공화국헌법> 제

50조는 "중화인민공화국은 화교의 정당한 권리와 이익을 보호하고, 귀교와 교권의 합법적 권리와 이익을 보호한다"고 규정하고 있다. 즉, 헌법은 화교, 귀교, 교권의 권익 보호를 보장하고, 대외비로 구분된 관련 문건은 외국적 화인을 귀교, 교권과 연결시키고 있는 것이다.

이로써 화교와 화인을 망라한 전체 중국의 해외이민자는 중국의 정치적·비정치적 영역을 통한 이중적 접근법을 통해 중국의 정책영역에 포섭되었다. 이는 곧 화교학의 권위자 왕겅우의 언급처럼 "중국 밖의 중국"(외화外華-external China)이라 할 수 있는 새로운 정책영역의 출현을 의미하였다.

특히 헌법이 규정한 귀교와 교권에 대한 우대정책은 외국국적 화인을 "중국 밖의 중국"의 구성원으로 변모시키는데 결정적 작용을 하였다. 중국과 화인은 표면적인 정치적 단절과 무관하게 경제적·문화적으로 밀착되었다. 이러한 양자의 밀착 속에서 중국의 개혁개방은 성공적으로 진행되었으며, 화인의 경제력 역시 더불어 급속히 성장하였다.

이제 남은 것은 그간 중국을 경계해왔던 동남아의 여러 국가가 이러한 중국정부의 외국국적 화인에 대한 이중적 접근법을 어떻게 이해할 것인가의 문제였다.

1990년 <귀교 교권 권익보호법>의 제정

외국국적 화인에 대한 정책수립에 있어 중국정부가 가장 신중하게 고려했던 문제는 동남아, 특히 인도네시아와의 외교관계였다. 인도네시아는 제2차 세계대전 종전으로 네덜란드로부터 독립한 직후부터 줄곧 중국과 화교의 관계를 의심해 왔다. 중국과 인도네시아가 1955년 <이중국적문제에 관한 조약>을 통해 현안이었던 화교의 법적 신분문제를 신속히 처리하였음에도 양자의 관계는 좀처럼 호전되지 않았다. 거의 매년 화교화인에 대한 약탈, 강도, 방화, 납치, 강간, 살인 등의 사건이 줄을 잇더니 1965년 9·30사건에는 무려 50만 명의 희생자가 발생했고, 결국 1967년 양국의 외교관계는 단절되고 말았다.

1980년대 이래 경제발전이라는 시대적 요구는 중국과 인도네시아를 협상의 테이블로 다시 불러 앉혔다. 1985년 싱가포르에서 진행된 두 나라의 무역재개 합의에 수하르토가 서명함으로써 중국과 인도네시아의 직접무역은 재개되었다. 그리고 1988년 7월 인도네시아 국방장관은 다음과 같이 중국과의 관계 개선에 대한 메시지를 전달하였다.

> **인도네시아는 중국의 존재를 인정해야 한다. 지리적 원인뿐만 아니라 중국은 크고 인구가 많다. 문제의 해결이 필요할 경우 우리는 중국과 직접적으로 담판할 수 있다. …, 20여 년간 우리는 중국과 외교관계가 없었다. 25년 전의 사안을 이렇게 끌고 가고 싶은가? 당연히 아니다.**

중국과 인도네시아의 관계가 호전되는 과정에서 주목할 사안은 중국정부의 동남아 외교정책 및 동남아 거주 화인에 대한 접근방식의 변화였다. 1978년 덩샤오핑은 공개적으로 "혁명수출"을 포기한다고 선언했다. 이어 80년대 중국외교부 차관이던 궁다페이는 인도네시아 기자에게 중국은 외국의 내정에 간섭하지 않으며, 혁명을 수출하지 않는다고 중국의 외교원칙을 다시금 천명하였다. 당시 중국외교부는 아래와 같은 다섯 항목의 화교정책 기본원칙을 공개하였다.

첫째, 화교화인의 생존과 발전에 관한 이익, 중국과 해당 거주국가 사이의 우호관계에 관한 이익, 중국의 현대화건설과 조국통일에 관한 이익을 함께 추구한다는 원칙.

둘째, 국적 구별의 원칙.

셋째, 공개 합법의 원칙.

넷째, 적극 디당의 원칙.

다섯째, 평등 배려의 원칙.

중국정부의 외교우선의 화교정책은 때때로 중국정부를 난처한 처지에 내몰았다. 동남아 여러 국가에서 발생했던 반(反)화교 폭력사태에 대해 중국정부는 형식적인 유감이나 우려의 표시만 했을 뿐, 화인보호에 적극적으로 나설 수 없었다. 절대다수를 차지하는 화인은 법적으로 중국의 교민이 아니었기 때문이다. 이러한 태도는 화교화인사회의 극렬한 분노뿐만 아니라 국내에서조차도 심각한 반발을 촉발하였다.

대표적인 예로 1998년 5월 수 만의 화교화인이 희생되었던 인도네시아 반화교 폭동이 있다. 미국정부는 이를 인종차별에 의한 폭동이라 규정하면서, 미국대사관이 화인난민을 수용하겠다고 선언하는 등 인도네시아정부에 압력을 가했다. 하지만 정작 중국정부는 인도네시아 내정에 대한 불간섭을 표방하면서 사태를 관망하였고, 중국대사관 역시 화인난민 수용에 냉담하였다. 당시 인도네시아 거리에는 현지 화인이 써서 붙인 것으로 보이는 다음의 표어가 등장했다.

> **미국의 개가 될지언정 중국인은 되지 않겠다.**

이는 분명 중국정부의 태도에 대한 화교사회의 분노였다. 하지만 외교우선이라는 중국정부의 정책에는 변화가 없었다.

여기서 우리는 중국 개혁개방의 유연성에 주의할 필요가 있다. 중국은 이미 사회주의를 표방하면서도 이 체제와 모순될 수밖에 없는 시장경제를 접목시키고 있었고, 이러한 유연성은 외교우선의 화교정책을 다차원적으로 발전시켰다. 랴오청즈의 화교업무를 그대로 물려받은 그 아들 랴오후이는 아래와 같이 화인에 대한 공작의 중요성을 강조하였다.

> **화교와 화인 가운데 화인은 그 규모, 경제능력, 타이완에 대한 공작 등 각 방면에 있어 절대적인 우위를 차지한다. 그러므로 화인에 대한 공작은 마땅히 우리의 국외 교민공작에서 중심이 되어야 한다.**

중국정부의 화인에 대한 관심은 동남아 각국과의 외교적 마찰 가능성이 차단되어 있다는 전제아래, 그리고 화인과 개혁개방을 하나로 묶어낸다는 전략적 목표아래 다양한 경로를 통해 표현되었다.

화교화인의 고향은 중국정부로부터 해외무역에 관한 특혜를 부여받았고, 타 지역보다 우선적으로 사적 이익의 권리를 보장받았다. 민간 영역에서의 활동은 더욱 두드러졌다. 새롭게 단장된 화교화인의 고향은 해외의 친척과 친구를 불러 모았고, 민간인의 신분으로 고향을 방문한 화인은 해당 지방정부와 지역민으로부터 조직적이고 열렬한 환대를 받았다. 화교화인을 감동시켰을 이러한 민간 교류의 배경에 중국정부의 정책적 지원이 있었음은 두말할 나위가 없다. 그 가운데 화인의 중국거주 친척에 대한 우대정책은 외국국적 화인이 중국의 외교적 고민을 이해하고, 나아가 중국에 대한 투자에 참여케 유도할 유효한 기제였다.

화교화인에 대한 중국의 민관분리, 정경분리라는 지극히 전략적인 이중정책은 80년대 후반 중국 내외의 시대적 상황, 즉 중국과 동남아 각 국가와의 외교관계 호전, 개혁개방의 성공적 진진, 동남아 각국 및 화교화인사회의 경제 발전 등과 맞물려 그 성과를 인정받았다. 더군다나 1989년 "천안문사태" 이후 중국이 당면한 서방의 압박은 중국으로 하여금 화교화인과의 유대를 더욱 강화해야 할 필요성을 인식케 하였다.

이러한 내외 환경의 변화 속에서 1990년 중국정부는 외교정책과 화교정책의 두 영역에서 상호 연동되는 두 가지의 성과를 거두게 된다. 우선 그 하나는 1990년 8월 8일 인도네시아와의 국교회복이었다. 양국의 국교 회복 당시 거론된 주요 의제는 경제, 무역, 과학기술, 문화 등 여러 방면의 교류 확대와 이에 근거한 동반자관계의 모색이었다. 여기서 화인에 대한 언급은 없었다. 이는 인도네시아화인의 문제가 더 이상 정치나 외교의 문제가 될 수 없음을 서로 재확인하는 것이었다.

그리고 다음의 성과는 인도네시아와의 국교가 회복된 지 한 달 만인 1990년 9월 공포된 <귀교 교권 권익보호법>이었다. 전체

22개 항목으로 구성된 이 법률에 근거하여 귀교와 교권이 중국정부로부터 보호받게 된 권익을 정리하면 아래와 같다.

첫째, 정치적 권익이다. 국가는 귀교 및 교권의 귀국과 정착의 권리를 보장하고, 이를 위한 편의를 제공하며, 더불어 참정 및 결사의 권익을 보호한다.

둘째, 경제적 권익이다. 국가는 귀교 및 교권이 성립한 단체, 농장, 삼림, 기업, 투자, 공익사업, 부동산의 소유권, 송금 수입, 국외유산의 승계, 접수, 증여 및 처분에 관한 권익을 보호한다.

셋째, 사회적 권익이다. 국가는 귀교 및 교권의 국내 학습권을 보장하고, 이들의 취업, 의료, 유학에 관한 권익을 보호한다.

넷째, "해외관계"의 권익이다. 국가는 귀교 및 교권의 해외 통신, 출국, 해외방문, 해외정착, 해외에서의 정당 권익 등 이른바 "해외관계"의 권익을 보장한다.

엄밀히 볼 때, 이 보호법에서 제시된 여러 조항들은 화교, 귀교, 교권과 같은 중국국적의 소지자를 대상으로 하기 때문에 외국인 신분인 외국국적 화인과는 관계가 없어 보인다. 하지만 대외비 형식으로 이미 각 관련기관이 공유하고 있던 지침은 외국국적 화인을 화교와 동일하게 취급하고 있었다.

이 법률의 제정 및 공포는 중국정부가 80년대 이후 내부규정 등의 형태로 조심스럽게 모색해왔던 화교정책이 중국외교의 발전과 호응하면서 본격적인 정책궤도에 진입하였음을 의미한다. 인도네시아정부는 이 법의 공포에 대해 어떠한 의견도 표명하지 않았으며, 이후에도 인도네시아화인이나 이중국적에 관한 문제는 국가 사이의 공개적인 논의에서 배제되었다.

물론 여전히 동남아 여러 국가에 화교화인의 문제와 엮여있는 이른바 "중국위협론"이 유행하고 있었지만, 인도네시아정부는 이 문제가 중국과의 외교에 영향을 미치는 것을 원치 않았다. 심지어 1990년 중국을 방문한 인도네시아 외무장관 아라타스는 중국총리 리펑을 만나 "몇몇이 중국위협론을 유포하고 있지만, 이는 성립될 수 없는 것"이라 단호한 태도를 보였다. 이러한 인도네시아정부의 태도는 중국 외교정책에 대한 신뢰의 표현이었고, 더불어 1990년 제정된 <귀교 교권 권익보호법>에 대한 암묵적 동의였다.

흥미롭게도 32년간 인도네시아를 통치했던 수하르토 정권의 시작과 끝은 인도네시아화인과 깊은 연관이 있었다. 즉, 수하르토는 1965년 무려 50만을 희생시킨 9·30사건으로 집권하였고, 32년 후인 1998년의 세계를 경악케 한 반(反)화교폭동 직후 퇴진하였다. 인도네시아정부의 발표에 의하면 1998년 5월 13일부터 16일까지 진행된 폭동으로 1250명 사망, 24명 부상, 85명 성폭행 및 윤간을 당했다고 전하는데, 수하르토는 이 폭동이 진정된 직후인 5월 19일 대통령직 사퇴를 표명했다. 이는 인도네시아화인의 열악한 생존환경을 극단적으로 보여줌과, 동시에 1990년 <귀교 교권 권익보호법>이 향후 나아가야할 방향을 암시하고 있었다.

<귀교 교권 권익보호법>의 발전과 영주권제도의 탄생

냉전구도가 와해되고 세계화가 진행되면서 과거의 이념적 대립은 경제발전의 추구라는 거대흐름에 결국 압도당하였다. 이로써 동남아 각 국가는 자국 내의 화교화인을 더 이상 중국공산당의 "5열" (Fifth Column)이 아닌, 중국이라는 거대시장뿐만 아니라 전 세계 화교경제네트워크와의 연결을 가능케 할 유력한 매개로 인정하기 시작하였다.

이 과정에서 1990년 공포된 <귀교 교권 권익보호법>은 중국에 대한 화교화인의 구심력을 강화시킬 법률적 기능을 충실히 수행하였다. 이 법이 가져온 성과와 이에 대한 동남아 각 국가의 인정은 해당 법령의 계속적인 보완과 확대를 가져왔다. 1990년 공포 당시 전체 22개 항목으로 구성되었던 해당 법률은 2000년 10월 30개 항목으로 확대 수정되었다. 1990년의 것과 비교하여 추가된 내용은 크게 다음과 같이 두 가지로 요약된다.

첫째, 화교화인업무의 주체와 그 대상의 구체적 명시이다. 즉, 귀교, 교권의 권익 보호에 대한 책임의 소재가 중앙정부 뿐만 아니라 현(縣) 이상 각 급 인민정부 및 화교화인 담당부서에 있음을 명시하였고, 귀교, 교권의 이익을 대표할 기구로서 중화전국귀국화교연합회 및 각 지방의 귀국화교연합회를 지정하였다.

둘째, 권익침해의 경우, 그 처리에 관한 구체적 명시이다. 즉, 법률이 정한 귀교, 교권의 각종 권익이 침해당할 경우, 관련자나 관련기관은 행정처분, 민형사상 책임과 더불어 손해배상의 책임을 진다고 명시하였다.

물론 이 법률의 적용범위는 여전히 중국의 국민신분인 화교, 귀교, 교권에 제한되어 있었고, 중국 화교정책의 핵심이라 할 수 있는 외국국적의 화인에 대한 정책은 여전히 비공개적인 내부지침의 수준에 머물러 있었다.

하지만 중국의 개혁개방과 화교화인의 관계가 심화되면서, 세계 각지에 거주하는 화교화인의 중국에 대한 관심과 요구의 스펙트럼은 큰 폭으로 다양해졌다. 특히 동남아 화교화인사회와는 달리 80년대 이래 고학력과 전문기술로 무장하고 서방의 선진국으로 이민했던 화교화인은 중국정부를 향해 보다 적극적인 발언권을 행사하였다. 이들은 내부지침을 통한 권리보장의 암시가 아닌 해당 권리를 합법적으로 보장하는 법령이나 제도의 제정을 요구하였다.

중국 국내법인 <귀교 교권 권익보호법>이 보장한 여러 정치적·경제적 권익을 향유하기 위해서는 중국의 해외이민이 중국국민의 신분을 가지고 있을 때 가능한 것이기에, 이중국적의 허용여부에 관한 논쟁이 수면위로 떠올랐다. 동남아를 제외한 서방의 화교화인 사회는 여러 공간과 시간에 걸쳐 이중국적 승인에 관한 건의를 중국정부에 정식으로 제출하였다.

디아스포라 각 개인의 속성과 처지는 해당 디아스포라가 처해 있는 공간과 해당 공간을 지배하는 정치·경제·사회적 조건에 따라 달라질 수밖에 없다. 이러한 디아스포라의 근본적 속성에서 보면, 이중국적 승인을 통해 중국정부가 얻을 수 있는 이익은 극히 유동적이며, 심지어 다른 한 측면의 불이익을 동반할 수 있다. 다시 말해, 화교화인의 이중국적문제는 중국의 국가이익, 화교화인 각 개인의 이익, 해당 화교화인이 거주하고 있는 각 국가의 국가이익, 중국과 해당 거주 국가와의 외교이익 등이 서로 복잡하게 얽혀 있다는 것이다.

이에 중국정부는 위에 언급한 각 이익 사이의 손익계산을 통해 화교정책의 기본 틀인 이원구조를 재차 조정하였다. 이는 외국국적 화인을 둘러싼 각 주체 사이의 모순을 최소화하고, 그 이익을 최대화하기 위한 타협이었다.

우선, 중국정부는 정치협상회의로부터 상정된 이중국적승인에 관한 안건에 대해 이중국적 불허의 방침을 재차 천명하였다. 이는 중국에 대해 경계심을 가지고 있는 동남아 각 국가를 향한 외교적 배려의 메시지임과 동시에 화교정책이 외교를 앞지를 수 없다는 외교우선원칙을 화교화인에게 재차 강조한 지극히 정치적인 조치였다.

그리고 화인에 대한 배려는 외교가 아닌 국내법의 정책적 조율과 보완을 통해 논의되었다. 2004년 6월 중국정부는 <귀교 교권 권익보호법>의 구체적인 실행 매뉴얼인 <귀교 교권 권익보호법 실시 시행령>(이하 실시 시행령)을, 그리고 8월에는 <외국인의 중국영주권 신청 심사 관리 시행령(이하 관리 시행령)>을 공개하였다.

<실시 시행령> 제3조는 "화교, 귀교의 사망 혹은 화교의 신분이 바뀌더라도 국내 교권의 신분은 변하지 않는다"라고 명시하고 있다. 이 의미는 곧 중국국민 신분인 화교가 중국국적을 포기하여 외국국민 신분으로 바뀌더라도 해당 화인의 국내 친척 권익을 보장한다는 것이다. 중국정부 자체의 평가처럼, 이 조항은 법치행정의 정신과 실제상황에 근거하여 외국국적 화인의 국내가족인 교권의 합법적 권익을 보호하고, 나아가 정책, 법률, 법규의 일치성을 보여주는 것이었다. 이로써 외국국적 화인의 친척에 대한 보호 및 배려는 더 이상 내부 규정이 아닌 공개적인 법령을 통해 보장

될 수 있었다.

2004년 <실시 시행령>과 거의 동시에 <관리 시행령>이 공포되었다. 중국정부는 <관리 시행령>이 외국인이 중국에서 영주할 수 있는 권리를 처음으로 법제화한 중대한 조처로써, 국제적 관례와 중국의 실제상황에 부응하여 제정된 영주권제도라고 홍보하였다. 하지만 실제 이는 외교우선원칙과 화교정책에 대한 적극적 고려 아래 탄생한 <귀교 교권 권익보호법>의 이란성 쌍둥이로써, 외국국적 화인의 이중국적 허용 요구에 대한 중국정부의 화답이었다. 즉, 외국국적 화인이 중국의 국적이 아닌 중국의 영주권을 취득하게 한다면, 이는 중국이 외교의 원칙으로 내세우는 이중국적불가, 내성간섭불가와 충돌되지 않을 뿐만 아니라 화교화인의 중국에 대한 구심력을 충분히 강화시킬 수 있는 것이었다.

<귀교 교권 권익보호법>과 <외국인의 중국영주권 신청 심사관리 시행령>은 모두 외교정책과 화교정책 사이에서 끊임없이 균형을 잡아야 하는 외줄타기의 운명을 안고 탄생하였다. 외교가 강건해지면 화교정책의 영역이 확장될 수 있지만, 외교가 위태로워지면 화교정책 또한 위축될 수밖에 없다. 이러한 구도아래에서 2011년 4월 21일 중국정부의 대표적인 홍보매체인 <인민일보>는 "중국의 영주권 신청, 더 이상 어렵지 않게 된다"이란 이름으로 영주권제도에 대해 다음과 같은 논평을 내놓았다.

> 영주권 제도는 수많은 화인의 꿈이며, 중국정부의 인재흡수방식이다. 장차 중국정부는 그 자격요건을 완화하고, 더불어 영주권소지자가 국민의 대우를 향유할 수 있도록 조치할 계획이다.

결국 이 논평은 중국의 영주권제도가 외국국적 화인의 요구와 중국의 발전 필요에 의해 탄생한 것임을, 그리고 향후 이의 보완과 확대가 중국정부의 기본 의지임을 분명히 보여주고 있다.

<귀교 교권 권익보호법>의 성과와 전망

중국정부의 입장에서 볼 때, 화교화인은 분명 "하나의 집단적 인력자원, 자본자원, 문화자원, 정치자원, 과학기술자원, 정보통신 네트워크 자원 등 모든 자원의 유형이 일체화된 자원시스템이다."

개혁개방이래의 중국정부는 과거 "해외관계"라고 포기하였던 이 자원을 적극적으로 활용하기 시작하였고, 그 결과 우선 경제적인 측면에서 두드러진 성과를 거두었다. 80년대 이래 중국에 유입된 외자가운데 반 수 이상이 화교화인의 것이었다는 평가는 중국 화교정책이 거둔 대표적 성과로써, 중국의 개혁개방에 대한 화교화인의 결정적 역할을 증명한다.

정치적인 성과 또한 간과할 수 없다. 1982년 덩샤오핑이 미국화인협회의 주석인 리야오즈와 회견하면서 등장했던 "하나의 국가, 두 개의 제도" 논의는 화교화인사회의 보편적 지지를 통해 중국통일의 방법론인 일국양제(一國兩制)라는 모습으로 확정되었다. 그리고 2005년 탄생한 <반(反)분열국가법>은 그 최초 건의에서부터 담론의 형성, 제정과 공포에까지 화교화인의 적극적 참여가 있었다. 즉, 90년대 이래 부각되기 시작한 타이완 민진당(民進黨)의 "타이완독립" 주장은 화교화인사회의 정치적 분열을 야기하기보다는 오히려 보편적인 "타이완 독립반대와 통일촉진" 운동을 촉발시켰다. <반분열국가법>은 당초 2004년 영국국적 화인 찬성이 중국총리 원자바오에 건의한 "통일법"으로부터 그 논의가 시작되었다. 이 논의는 전 세계 100여개 화교화인조직의 각종 토론회를 통해 보완되면서 중국정부에 전달되었고, 중국정부가 이를 받아들이면서 본격적인 법률제정의 절차가 시작되었다.

"일국양제"와 <반분열국가법>은 화교화인의 중국에 대한 관심을 넘어 중국정부와 화교화인 사이의 능동적인 관계를 보여주고 있다. 중국통일영역에 있어 화교화인은 이미 "20세기의 화교는 혁명의 어머니, 21세기의 화교는 통일의 교량"라 표현될 만한 확고한 정치적 지위를 구축하였다.

이러한 경제적·정치적 성과의 핵심 주체는 중국 해외이민의 90%이상을 차지하고 있는 이른바 외국국적 화인이다. 하지만 이중국적을 허용하지 않는 현행 중국의 국적법에 근거해 볼 때, 이들은 분명 중국의 정책범위 밖에 위치되어 있는 외국인이다. 그렇기 때문에 중국정부의 화인에 대한 정책적 고려는 자칫 해당 화인이 거주하는 국가의 심각한 오해를 야기할 수 있다.

이에 중국정부는 동남아 여러 국가와의 원만한 외교관계 설정과 화인에 대한 중국의 영향력 강화라는 모순된 목적을 동시에 달성하기 위해, 공개와 비공개, 국가기관과 민간기관의 이중적 창구를 통한 화교정책을 구사하였다. 즉, 정부차원에서는 공개적으로 이중국적불허의 원칙을 견지함으로써 화인의 법적귀속을 둘러싸고 야기될 수 있는 외교적 분쟁의 씨앗을 근본적으로 제거하였고, 민간차원에서는 비공개적 규정과 비정치적 경로를 통해 화인에 대한 조국의 관심과 배려를 보여주었다. 이러한 중국정부의 전략적 화교정책은 1990년, 2000년, 2004년의 <귀교 교권 권익보호법> 및 <외국인의 중국영주권 신청 심사 관리 시행령>의 시행을 통해 단계적으로 발전해갔다.

<귀교 교권 권익보호법> 이전, 개혁개방 초기 중국 정부의 화교정책은 동남아와의 외교문제에 대한 고려 때문에 법제화단계에 이르지 못하고, 오직 각종 내부규정을 통한 조심스러운 정책운영의 수준에 머물러 있었다. 1990년 <귀교 교권 권익보호법>은 개혁개방에 의한 경이로운 경제 성장 및 동남아 외교의 원만한 발전과 연동되어 제정, 공포되었다. 이 법령의 제정을 통해 화교, 귀교뿐 아니라 외국국적 화인과 연결될 수 있는 국내 친척-교권의 권익이 법률적으로 보장되었다.

2000년 <귀교 교권 권익보호법>의 개정은 1990년 법령의 보완이었다. 아시아 금융위기, 인도네시아의 반(反)화교폭동, 서구 거주 화교화인의 이중국적 요구 등 민감한 사태가 발생하면서 중국의 화교정책은 그 정책범주의 확대보다는 법률적 실효성에 치중하였다. 화교업무의 주체와 그 대상, 그리고 권익침해의 처리 등에 관해 구체적으로 명시되었다.

2004년 <귀교 교권 권익보호법 실시 시행령>과 이의 이란성 쌍둥이인 <외국인의 중국영주권 신청 심사 관리 시행령>은 온전히 외국국적의 화인에 대한 공개적 배려로써 탄생하였다. 이는 WTO가입이후 가속화된 중국경제의 세계화와 외교적 안정에 기초하는데, <실시 시행령>과 <관리 시행령>을 통해 화인은 외국인 신분이라는 태생적 한계를 넘어 중국정책의 한 영역으로 공개 진입할 수 있는 통로를 확보하였다.

중국의 성장과 발전에 남겨진 화교의 뚜렷한 족적은 중국 화교정책의 분명한 성과를 증명한다.

중국 화교정책의 핵심 법령인 <귀교 교권 권익보호법>은 중국이 처한 외교적 상황, 발전전략, 개혁개방의 요구, 그리고 국내 정치적 조건 등을 고려한 타협과 절충의 결과였다. 그리고 이 법령의 정책대상의 폭과 깊이는 그러한 조건들의 성숙이나 관계의 변화에 근거해 끊임없이 조절되었다.

<귀교 교권 권익보호법>에서 읽혀지는 중국의 태도는 과거의 그것에 비해 극히 조심스럽다.

과거의 중국은 화교를 거칠게 호출했다. 일방적이었다.

지금의 중국은 <귀교 교권 권익보호법>이라는 성찬이 마련된 개혁개방이라는 파티를 준비했다. 참석의 결정은 화교화인 개인의 몫이다.

출전 "당대 중국 <귀교 교권 권익보호법>의 역사적 배경 및 그 의의 연구", <중국인문과학> 2014년 8월

제10장

화교정책의 팽창과 조선족

"조선족"의 탄생

조선족의 정체성

한국에 귀국한 조선족의 정체성

조선족의 선택과 중국의 화교화인

2015년 3월 29일 서울 여의도 국회의사당에서 "전국 귀한동포 제1차 대표대회"가 개최되었는데, 흥미롭게도 해당 행사에는 위의 한국어 대회명칭과 "韓籍華人華裔第一次全國代表大會"라는 중국어 대회명칭이 함께 병기된 현수막이 내걸렸다.

다수의 한국 국회의원이 참석한 가운데 특히 이목희 국회의원은 "중국동포센터"와 국회산하 "중국동포 특별위원회"를 만들어 동포들의 일과 삶을 개선하겠다는 정책적 내용을 발표하였다. 그리고 이어 세계화인연합총회(世界華人聯合總會)의 주석 장린은 한국에 거주하고 있는 30만 화인의 조국발전에 대한 공헌을 찬양하였으며, 대회 조직위원회 주석 조명권은 이 대회가 "우리 화인화예(華人華裔)의 자랑이며 또한 동포의 큰 기쁨"이라면서 모국의 발전을 위해 더욱 노력하겠다고 소감을 밝혔다.

우리는 여기서 어렵지 않게 조선족을 둘러싸고 중국은 이들을 화인, 즉 해외의 중국인으로 바라보고, 한국은 동포, 즉 해외의 한국인으로 바라보고 있는 극히 모순된 상황을 발견할 수 있다.

결국 "한적화인(韓籍華人)"의 용어 및 "귀한동포"와 중국어로 표기된 "韓籍華人"의 병기는 적지 않은 논란을 야기하였다. 이주동포개발연구원 곽재석 원장은 조선족동포가 "한적화인"을 자처하며 활동하는 것에 대해 강한 비판을 가하였고, 그해 8월 7일에는 이 문제를 둘러싸고 관계자들이 모여 난상토론을 벌이기도 하였다.

궁금하다.

과연 한국과 중국 사이의 상이한 이해 및 이익구도에 걸쳐있는 조선족 스스로는 과연 어떤 정체성을 가지고 있는가?

그리고 중국의 화교정책은 이들의 정체성 변화에 어떠한 영향을 미쳤는가?

우선 조선족에 대한 한중 양국의 분명한 시각 차이를 살펴볼 필요가 있다. 중국역사학계의 조선족 연구는 중국 동북지역의 개척에서부터 시작하여 항일, 혁명, 개혁개방 등 사회주의 중국의 역사를 함께 걸어온 소수민족으로서의 역사를 강조한다. 이에 반해 한국학계는 조선족이 중국의 국민이라는 현실을 인정하면서도 한민족과의 관계 및 한민족으로서의 강한 민족적·문화적 정체성을 부각시켜 왔다.

양국 학계에서 조선족 역사가 차지하는 지위 또한 상이하다. 중국에서 조선족의 역사는 중국역사의 범주에 명확히 포괄되어 이른바 "중화민족의 위대한 부흥"을 뚜렷이 지향한다. 하지만 한국에서 조선족의 역사는 그 지위를 인정받지 못한 채 오직 모호하게 설계된 "한민족 공동체"의 건설을 지향하고 있다. 조선족의 역사를 둘러싼 양자의 차이에도 불구하고 분명한 점은 한국학계의 조선족에 대한 역사 인식이 조선족의 실제적 삶에 직접적 영향을 미치지 못하지만, 중국학계의 그것은 조선족의 삶과 사고를 지배하는 현실적 정치이념으로 작동한다는 것이다.

한 국가의 민족의식 혹은 국가의식과 밀접한 관계를 맺고 있는 역사학과 달리 사회학은 사회적 관계의 여러 현상을 연구대상으로 삼고 있기 때문에 정치이념이나 진영논리로부터 비교적 자유롭다. 특히 현재 사회학에서 통용되고 있는 디아스포라 개념은 과거의 국가중심 분석틀을 극복해 국가의 경계를 뛰어넘은 새로운 행위자를 의미하고 있어 조선족의 정체성을 이해하는데 유용하다.

윌리엄 샤프란이나 로빈 코헨 등에 의해 정립된 디아스포라에 관한 이론은 이산의 경험과 거주국에서의 차별경험, 그리고 모국에 대한 긍정적 이미지와 헌신성 등을 디아스포라의 조건으로 제시하고 있다. 그런데 이어 살필 시대환경에 따른 조선족 정체성의 변화과정을 보면, 기존의 디아스포라 관련 정의와 조선족의 현실 사이에 상당한 괴리가 있음을 발견할 수 있다. 즉, 당대의 조선족, 특히 재한조선족은 이미 모국과 거주국을 넘어 제3국을 향한 재(再)이민의 경향을 가지고 있고, 초국적 민족네트워크를 통한 제3공간을 구축하고 있으며, 심지어 모국에 대한 능동적 이탈(exit)이 현실로 등장하고 있다. 또한 재한조선족의 정체성 형성에 있어 모국이나 거주국의 역할은 결정적 역할에서 물러나 이미 부차적, 혹은 선택적 요인으로 그 지위가 하향 조정되고 있으며, 대신 조선족 당사자의 능동적 선택권이 크게 강화되고 있는 추세이다.

이번 장에서 살피고자 하는 대상은 조선족, 특히 한국으로 돌아온 조선족이다. 분명 이들은 법적으로 사회주의 중국의 "인민"이다. 당대 중국의 헌법은 아래와 같이 중국의 교육이념을 명시하고 있다.

> 국가는 조국, 인민, 노동, 과학, 사회주의에 대한 사랑의 공덕을 제창하고, 인민 속에서 애국주의, 집단주의, 국제주의, 공산주의 교육을 진행하며, 또한 변증유물주의와 역사유물주의의 교육을 진행하고, 자본주의와 봉건주의, 그리고 기타 진부한 사상을 반대한다.

이는 사회주의 중국의 교육이념과 시스템을 통해 교육된 조선족의 삶과 의식이 사회주의 중국의 이념과 이에 근거한 정책에 지배를 받고, 이에 따라 그들의 정체성 또한 사회주의 중국과 불가분의 관계를 맺고 있음을 의미한다. 그리고 이는 분명 조선족을 둘러싼 생존 및 발전의 조건이 우리의 그것과는 다르다는 것을 더불어 설명하고 있다.

조선족과 관련된 사회현상을 이해하기 위해서는 우선 조선족의 "다름"에 대한 이해가 전제되어야 한다. 조선족 정체성이 가진 "다름"은 그들이 걸어왔던 역사에서 비롯되었고, 또한 조선족 정체성의 내용은 다양한 사회관계 속에서 행해진 여러 차례의 "선택"을 통해 누적되었다.

세계시장의 형성과 더불어 디아스포라의 역할이 큰 폭으로 강화되고 있다. 중국은 개혁개방이래 화교화인을 중국의 발전을 위한 "특수한 기회" 혹은 "중화민족의 인재자원의 보물창고"라고 규정하고, 이를 적극적으로 활용하고 있다. 한국 또한 예외가 아니다. 오늘날의 한국은 조선족을 포함한 재외동포를 국가발전을 위한 소중한 자산으로 여기며 이들에 대한 영향력을 확대시키고자 노력하고 있다.

중국과 한국 사이에 위치해 있는 조선족, 과연 이들의 선택은 무엇일까?

"조선족"의 탄생

조선족(朝鮮族)이란 중국정부가 자국 내의 특정 소수민족에게 부여한 합법적 명칭으로서, 역사적 기억으로서의 “조선”과 현실적 행위주체로서의 “족(族)”을 결합하여 만든 중국 내 55개 소수민족 중 하나이다.

조선족에게 있어 “조선”은 국가로서의 한국이나 북한을 의미한다기보다는 조선족이 “조선족”으로 인정받은 1950년대 이전까지의 역사적 “조선”을 의미한다. 왜냐하면 조선족의 “조선”은 50년대 이후 한반도의 역사진행과 연결되지 못하고, 대신 사회주의 중국이라는 지배 환경의 통제와 영향아래 한국의 “조선”과는 다른 역사의식으로 기능했기 때문이다.

미국의 역사학자 칼 베커에 의하면 역사는 항상 새롭게 다시 쓰이며, 따라서 모든 역사는 현재의 역사이다. 여기서 한발 더 나아가면, 역사의식은 행위자에게 현재 살아가고 있는 시대의 역사적 좌표를 이해케 하고 더불어 행위자가 나아가야 할 방향을 제시한다. 그러므로 조선족의 “조선”은 사회주의 중국의 민족정책아래, 그리고 사회주의 중국이 지정한 조선족자치주라는 공간에서 중국역사의 일부로써 해석될 수밖에 없는 운명을 가지고 있다고 할 수 있다.

조선족의 “조선”이 역사적 기억에서 출발하는 것에 비해, “족”은 그들의 생존 및 발전의 지배적 조건이 되었던 사회주의 중국에 철저히 종속되어 있다. 주지하다시피 1945년 조선이 해방을 맞이하기 전까지 그들의 신분은 “조선족”이 아닌 “조선인”, 즉 일시적으로 불가피하게 중국으로 이주한, 그러나 언젠가는 조선으로 돌아갈 사람이었다.

특히 일본패망직후 중국 동북지역의 혼란과 현지 중국인의 조선인에 대한 참혹한 복수극은 조선인의 귀국을 독촉하였다. 여기서 더해 전후 중국국민당은 "일본 점령 시 동북지구에 이주한 조선인에게 귀국을 명하고 그 재산은 조례에 따라 처분한다"는 내용의 <동북복원계획 강요초안(東北復原計劃綱要草案)>을 발표함으로써 조선인 농민이 경작하고 있던 모든 땅을 적산으로 규정하였고, 더불어 조선족이 가지고 있던 모든 권리를 부정하였다.

이러한 상황에서 당시 조선인에게는 귀국 외에 다른 출구는 없었다. 해방직후부터 1945년 말까지의 4개월 만에 53만의 조선인이 대거 귀국하였고, 그 외의 조선인 또한 조속한 귀국을 준비하고 있었다. 그런데 중국 동북지역에서 중국공산당의 영향력이 확대되면서 조선인은 귀국이 아닌 또 다른 선택의 여지를 발견하기 시작하였다.

코민테른의 이념지도에 따라 중국공산당은 민족문제를 혁명완수를 위한 중요수단으로 이해하고 있었다. 이는 중국국민당의 민족정책과 명확히 비교되는바, 쑨원 이래 장제스까지 중국국민당은 대한족주의(大漢族主義)를 중국민족정책의 기본방향으로 설정한 반면, 중국공산당은 1920년대부터 마르크스레닌주의의 민족자결을 민족정책의 원칙이며 또한 방향으로 설정하고 있었다.

다음은 1945년 전 소수민족 문제에 관해 중국공산당이 발표한 주요 정책결정이다.

> 자유연방제를 통해 몽골, 티베트, 위구르를 통일하고 중화연방공화국을 수립한다. (1922년 중국공산당 제2차 전국대표대회)
>
> 중국의 통일과 민족자결권을 승인한다. (1928년 중국공산당 제6차 전국대표대회)
>
> 중국소비에트정권은 중국경내의 소수민족의 자결권을 승인한다.

…, 몽골, 회족, 티베트, 려족, 고려인 등 중국 국경 내에 거주하는 모든 이들은 완전한 자결권을 갖는다. (1931년 〈중화소비에트공화국 헌법대강〉)

몽골인, 회족인 등 모든 소수민족을 동원하고, 민족자결과 민족자치의 원칙아래 공동으로 항일한다. (1937년 〈중국공산당 항일구국 10대강령〉)

각 소수민족의 문화, 종교, 습관을 존중하고, …, 소수민족에 대한 어떠한 모욕적 언행, 문자, 행동을 금지하며, …, 각 민족과 한족이 평등한 권리를 가지며, 공동으로 일본에 대항한다는 원칙아래 자기의 사무는 자기가 관리할 권한을 가지며, …, 그들에게 중국어의 학습을 강요할 수 없다. (1938년 중국공산당 제6차 중앙위원회 제6차 전체회의)

이와 같이 민족자결을 기본으로 하던 중국공산당의 민족정책은 중화인민공화국 건국 당시 헌법적 기능을 수행하였던 1949년의 <인민정치협상회의 공동강령>에 민족자치의 모습으로 반영되었다. 그리고 나아가 1952년 제정된 <중화인민공화국 민족구역 자치실시강요>는 <공동강령>에 근거하여 자치구 및 자치기관의 건설, 재정을 포함한 자치 권리의 보장 등을 구체적으로 명시하였다.

중국공산당의 소수민족에 대한 명확한 우대방침이 천명된 가운데, 일본패망 직후 동북지역에서는 조선인의 신분문제가 큰 논란을 일으키고 있었다. “화북항전(華北抗戰)에 참가한 조선의용군을 제외하고, 동북의 조선인을 중국 국경내의 소수민족으로 인정해야 한다”는 1945년 9월말 중국공산당 동북국(東北局)의 결의로부터 시작하여 당시 연변의 최고행정기관이었던 연변행정독사전원공서(延边行政督查专员公署)는 1945년 11월 조선인이 정치, 경제, 문화 등 각 영역에서 중국인과 동등한 지위를 갖는다고 발표하였다. 그리고 1946년 3월부터 시작된 토지개혁에서는 조선인에 대한 토지분배가 함께 지시되었다.

하지만 이러한 조치는 현지 중국인의 거센 반발을 야기하였다. 과거 중국인, 조선인, 일본인이 혼거했던 동북지역에서 일제는 중국인과 조선인의 갈등을 정책적으로 조장하였고, 이로써 야기된 중국인의 조선인에 대한 적대감과 보복행위는 해방이후 보편적 사회현상으로 확대되었다. 특히 연변지역 공유지의 1/3을 조선인에게 분배한다는 중국공산당 연변지구위원회의 정책이 전해지자 현지 중국인은 격렬히 반발하였다. 왜냐하면 해당 공유지의 상당 부분이 일제가 중국인 지주로부터 빼앗아 조선인에게 임대했던 토지였기 때문이었다.

하지만 중국국민당과의 정권 쟁탈전에서 중국공산당에 대한 소수민족의 지지는 필수불가결한 것이었고, 이러한 통일전선의 필요에 따라 소수민족에 대한 중국공산당의 정책은 확고하게 견지될 수 있었다. 이에 따라 현지 중국인의 동북 조선인에 대한 멸시적 태도는 중국공산당이 치켜세운 조선인의 혁명성에 의해 오히려 압도되기 시작하였다.

현지 중국인의 반대에도 불구하고 연변지역위원회는 조선인에 대한 토지분배의 결정을 관철해나갔고, 상급 단위인 중국공산당 길림성위원회는 군중대회 등을 통해 지주와의 계급투쟁을 확대시키면서 토지개혁을 추진해나갔다. 이로써 조선인과 중국인 사이의 민족모순은 격화된 지주와 소농사이의 계급모순에 의해 희석되면서 점차 완화되어 갔다.

중국공산당은 토지개혁의 관철과 함께 조선인을 조선족으로 변모시킬 정책적 조치를 추진하기 시작하였다. 1946년 말부터 시작된 중국공산당 주도의 각종 공작회의는 공개적으로 조선인의 신분문제를 공론화하였다. 결국 1948년 8월 연변지구위원회는 1947년 12월 공포된 <동북해방구 실행 토지법 대강 보충 시행령>에 근거하여 조선족의 연변개발에 대한 공헌 및 혁명의 전통을 인정하고 이들의 소수민족지위를 공식적으로 확정하였다.

특히 여기서 주목할 것은 당시 중국공산당이 동북 조선인의 두 개 신분, 즉 조선의 교민이며, 동시에 중국의 국민이라는 이중신분을 암묵적으로 인정하고 있었다는 사실이다. 당시 조선인은 중국과 조선을 "한쪽은 아버지이고, 한쪽은 어머니", "여기도 조국이고 저기도 조국"이라고 생각하였고, 연변지구위원회는 이러한 조선인의 정서를 고려하여 조선인에 대한 두개 국적 인정을 상급단위에 요구하였다.

중국공산당의 모습은 조선인에게 가난, 핍박, 학대로부터 구원해준 선한 존재 또는 은혜를 베풀어준 구세주로 비쳐졌고, 이는 조선인의 선택에 결정적인 역할을 수행하였다. 중국공산당의 토지개혁으로 난생 처음 자신의 토지를 소유하게 된 동북 조선인 소농들은 중국공산당의 지침대로 각 생산단위를 조직화하고 농업생산력을 키워 나갔고, 동시에 해방전쟁이라 포장된 중국 국민당과의 정권쟁탈전에도 적극적으로 참여하였다.

1946년 18만, 그리고 1947년 10만을 끝으로 조선을 향한 귀국행렬은 일단락되었고, 남은 100만여 조선인은 중국공산당의 민족정책에 순응하며 조선족으로 변모하기 시작하였다. 중국정부는 1953년 중국 최고의 권력기구인 전국인민대표대회를 구성할 각 민족대표를 선출하기 위해 1950년부터 이른바 민족구별 사업을 진행하였는데, 조선족은 몽골(蒙古), 회(回), 장(藏), 위그루(维吾

尔), 묘(苗), 이(彝), 만(满), 요(瑶), 려(黎), 고산(高山) 등 소수민족과 함께 최우선적으로 중국소수민족의 지위와 권리를 확보하였고, 앞서 언급한 <민족구역자치 실시강요>에 근거해 조선족의 자치공간인 연변조선민족자치주를 배정받았다.

결국 중국에 거주하던 조선인은 중국의 혁명과정에 참여하면서, 그리고 마르크스레닌주의의 민족정책과 중국공산당의 소수민족 우대정책에 유인되면서 중국에서의 삶을 최종 선택하였다. 이로써 시작된 조선족의 역사는 이제 한국이나 한민족의 한 부분이 아닌 사회주의 중국과 중화민족의 구성요소로서 그 지위를 부여받게 되었다.

조선족의 정체성

"존재가 의식을 규정한다"는 마르크스의 유명한 명제처럼 조선족이라는 존재의 탄생은 조선족으로서의 집단적 자아의식, 즉 조선족의 정체성을 생성시켰다. 조선에 대한 기억과 생존으로서의 조건인 중국 사이에 위치한 조선족은 사회주의 중국이라는 지배환경과 이의 통치이념에 종속되었고, 여기서 조선에 대한 기억은 중국이 허용하는 선에서 유지, 발전될 수밖에 없었다.

1950년대 중반까지 각 소수민족의 "다름"에 대한 중국의 수용력은 조선족의 이중국적을 논의할 정도로 그 허용범주가 꽤나 넓었다. 그 예로 당시 중국조선족 문학은 중국이라는 지배환경에도 불구하고 대개 조선어를 통해 창작활동을 전개하였고, 심지어 김

학철은 <해란강아 말하라>라는 작품을 통해 중국조선족의 이중적 정체성에 대한 문제를 제기하기도 하였다. 하지만 50년대 말부터 시작된 극단적인 이념투쟁을 계기로 중국이 당초 가지고 있었던 "백화제방백가쟁명(百花齊放百家爭鳴)"의 자신감과 관용의 분위기는 극좌의 방향으로 급선회하였고, 이에 소수민족의 "다름"에 대한 수용력 또한 급격히 협소해졌다.

이때부터 1976년 문화대혁명이 끝날 때까지 진행된 극렬한 이념투쟁 속에서 각 소수민족이 가진 이질성, 혹은 이중성은 오직 비판의 대상으로 전락하였고, 이에 따라 각 민족의 문화, 생활습관, 언어와 문자, 민족교육은 일괄 폐지되고 대신 강압적인 민족동화가 추진되었다. 조선족 사회의 대표적 지도자였던 주덕해가 반역자, 간첩, 매국역적 등 혐의로 숙청된 것을 비롯하여, 조선족 사회는 문화대혁명 기간 동안 3천명의 사망과 5천명의 부상을 포함하여 무려 3만 8천여 명이 정치적 박해를 받았다.

김학철을 비롯한 다수의 조선족 작가는 우파로 낙인찍혀 창작의 기회를 박탈당했고, 연변문련(延邊文聯)과 그 산하의 각 협회는 해산되었으며, 연변가무단, 연변연극단 등 예술 공연단체의 활동 또한 중지되었고, <연변>, <장백산> 등 잡지들은 폐간되었으며, 연변대학 등 고등교육기관에서는 조선어 대신 중국어로 강의를 시작하였다.

반우파투쟁과 문화대혁명은 조선족에게 오직 마오쩌둥의 신봉자이며 사회주의의 역군이라는 정체성만을 요구하였고, 이에 "조선"에 대한 기억에 기반하고 있던 조선족의 정체성은 큰 손상을 입었다. 하지만 여기서 우리는 지배환경의 변화에 따라 끌려가기보다는 오히려 자신의 운명을 능동적으로 개척해나가는 조선족

정체성의 한 특징을 발견할 수 있다. 예로 <연변일보>는 한때 <신화사전신(新華社電迅)>이란 중국어 신문으로의 변모를 강요 당하면서도 매일 제1면 상단에 <마오쩌둥어록>을 발췌 게제하고, 마오쩌둥의 "말씀"을 학습·실천하는 무산계급을 주인공으로 내세운 각종 수필과 소설을 발표하면서 조선족사회의 계급의식을 고취시켰다.

또한 중국공산당 연변지방위원회 당서기, 조선족자치주 주장(州長), 연변군분구(延邊軍分區) 정치위원, 길림성 부성장(副省長), 중국공산당 중앙위원회 후보위원이라는 다수의 직위를 가지고 조선족 사회를 이끌어 왔던 조선족의 대표적 지도자 주덕해의 숙청과정은 전체 조선족 사회를 계급두쟁의 소용돌이에 몰아넣었지만, 다른 한편에서 이는 조선족 개개인이 당의 극좌적 노선을 능동적으로 받아들이게 하는 결정적 요인으로 작용하였다.

중화인민공화국 건립 전후의 조선족이 "자신을 바로세우고 삶의 영역을 만들어 가기 위한 방법"으로써 중심 권력에 적극 협조하였다면, 첨예한 계급투쟁 시기의 조선족은 당의 극좌적 정책을 스스로 내재화함으로써 사회주의 중국이 요구하는 혁명투사의 지위를 당당히 쟁취하고자 노력했다.

이러한 정체성의 변화는 디아스포라로서의 조선족이 처한 불안한 처지를 설명할 뿐 아니라 지배환경의 변화에 따른 조선족의 능동적 움직임을 보여준다. 즉, 조선족은 지배환경의 변화에 따라 한때는 민족성, 또 한때는 계급성을 강조하면서 주류 사회와의 관계를 유지하고 있는데, 이는 능동적 통합전략의 한 유형으로서 조선족 정체성의 주요 특징이라 평가할 수 있다.

문화대혁명이 종료되고 개혁개방이 정책적으로 추진되면서 조선족을 포함한 각 소수민족의 “다름”은 다시 인정받기 시작하였다. 문화대혁명으로 폐쇄되었던 전국인민대표대회의 민족위원회는 1979년에 복원되었고, 대표적 우파로 낙인찍혀 민족위원회에서 파면되었던 민족학자 페이샤오퉁은 복권되었다.

개혁개방과 함께 중국사회에 활력과 관용의 분위기가 움트기 시작하자 소수민족에 대한 연구 또한 활발해졌다. 특히 조선족과 같이 국경에 걸쳐 있던 소수민족의 존재는 중국의 국가운영에 있어 지극히 민감한 요소로 작동하였던 바, 이에 중국은 이들 민족의 다름을 인정하면서도, 동시에 중국에 대한 구심력을 강화할 민족이론의 구축이 절실했다. 때마침 제시된 페이샤오퉁의 중화민족 “다원일체(多元一體)” 이론은 중국이 당면한 과제를 해결할 적절한 이론이었고, 이는 향후 중국 민족정책의 기본 이론으로 적극 활용되었다.

페이샤오퉁은 중국 각 소수민족이 갖는 “다름” 사이에 상호 연결이 가능한 매개를 발견하고 이를 “우리”에 대한 인식으로 귀결시켰는데, 그는 “우리”는 무엇이고, “우리”는 어디서 와서 어디로 가며, 또 “우리”는 어떻게 “우리”를 만들어 낼 것인가 등의 문제제기를 통해 중화민족을 “우리”와 등치시켰다. 결국 페이샤오퉁은 100여 년 전 량치차오의 혜안이 녹아있는 “중화민족=우리”의 등식을 이념적으로 이론화하여 중화민족을 향한 각 소수민족의 구심력을 강화함으로써 56개의 “다름”이 함께 나아가야 할 하나의 방향을 제시하였다.

“통일을 향한 다름”이라고 해석할 수 있는 중국의 민족정책은 다시금 조선족 정체성에 관한 담론의 공간을 제공했다. 우선 조선족 작가는 문화대혁명의 억압에서 벗어나 자유로운 창작 활동이 가능해지자 조선족의 현실이나 민족정체성에 관한 작품들을 앞다투어 내놓기 시작하였다. 예로 허륜순이 1996년 발표한 장편소설 <바람꽃>은 조선족 정체성의 문제를 사실적으로 묘사하면서, 깨끗하다/더럽다, 교양있다/무식하다, 부지런하다/게으르다, 베푼다/인색하다 등의 다소 추상화된 이항대립을 통해 한족과의 비교를 통한 조선족의 우월성을 강조하였다. 이항대립구도를 통한 한족과의 비교는 조선족이 보편적으로 가지고 있었던 정체성 확립의 한 방법으로서, 이는 "민족평등"을 주장하는 중국의 공식적 담론의 영향아래 한족에 대한 상대적 우월성을 강조함으로써 한족에 대한 열등감을 상쇄코자 했던 것으로 파악된다.

조선족 문학계가 조선족의 "다름"에 관심을 갖는 것에 비해 조선족 역사학계는 좀 더 명확하게 중국 민족정책에 부응하는 조선족 역사, 즉 중화민족의 역사에 편입된 조선족 역사에 관심을 두었다. 80년대 이래 조선족 학계는 항일투쟁과 해방전쟁에 관한 약사, 투쟁사, 열사전, 인물전, 회고록, 문물지, 문사자료집 등 각종 연구저서를 대량 출간하였는데, 이들 역사서는 예외 없이 중국의 항일전쟁 및 해방전쟁에 대한 조선족의 공헌을 강조함으로써 조선족역사를 중국사의 일부에 위치시키고 있었다.

결국 당대 조선족 정체성은 지배환경인 중국의 정치·경제·인문환경 및 이의 변화에 기민히 대처하면서, 또한 그들의 태생적 조건인 "조선"요인의 강도를 능동적으로 조절하면서 조선족 스스로가 만들어낸 결과물이었다. 조선 및 이주과정에 대한 기억, 동북의 개척과 항일 및 혁명에 대한 자부심, 한족에 대한 우월의식(혹은 피해의식), 사회주의 의식형태와 생활방식, 언어 및 의식주의 혼합, 중국 민족정책에 대한 긍정 등은 모두 조선족 정체성을 구성하는 개별적 요소로 작동해왔다.

그런데 90년대 이래 조선족에게 기억으로서의 "조선"이 아닌 실체로서의 "한국"이 등장하면서, 더욱이 그 "한국"이 개별적 조선족의 삶에 거대한 영향을 미치기 시작하면서 조선족의 정체성을 둘러싼 새로운 형태의 논쟁이 발생하였다.

당대 조선족 사회의 쟁쟁한 문학계 인사가 총동원되어 지금까지도 진행되고 있는 이 논쟁을 대략적으로 정리하자면 우선 중국의 국민정체성을 강조한 "100% 조선족"론, 둘째 디아스포라의 이중정체성을 강조한 "며느리론", 셋째 제3의 문화적 성격을 강조한 "변연문화론"으로 구분할 수 있다. 황유복이 주창하고 있는 "100%조선족"론은 조선족과 한민족의 종족적 연관성을 인정하면서도, "중국의 국민"이 되는 과정에 착안하여 조선족이 명실상부한 "중국국적을 가진 중국 소수민족의 일원"임을 강조하고 있다. 최근 재한조선족을 대상으로 한 조사결과는 재한조선족의 한국에 대한 불만과 중국에 대한 귀속의식의 강화를 보여주는데, 이는 곧 "100%조선족"론의 근거로써 활용된다. 다음으로 정판룡에서 시작하여 조성일, 김호웅 등으로 이어지는 "며느리론", 혹은 "이중정체성론"은 조선족이 가지는 한반도문화와의 동질성을 근거로 조선족이 한민족의 일부임을 인정하고, 나아가 조선족이 한민족의 전통과 "원형"을 떠난다면 결국 타민족에 동화되는 비극을 맞게 될 것이라 염려하고 있다. 그리고 이강일의 "변연문화론"은 조선족사회가 가지고 있는 이중문화성격을 조선족 고유의 장점으로 이해하며, 이 역할을 적극적으로 확대하여 조선족 문화를 발전시키는 것이 조선족, 중국, 한국에 모두 유리하다고 주장하였다. 특히 이강일은 재한조선족이 한국사회에 대해 보편적 반감을 가지고 있다고 지적하면서, 이는 한국중심의 사고 및 이에 따른 차별과 동화의 강요, 그리고 소위 한민족공동체가 가진 극단적인 민족주의 사고에서 비롯되었다고 비판하고 있다.

조선족 사회의 각종 매체를 살펴보면 위의 논쟁이 이미 학계의 범위를 넘어 전체 조선족 사회의 대표적 논쟁으로 진행되고 있음을 발견할 수 있다. 이는 조선족의 정체성 형성 및 변화에 결정적 기능을 수행해 왔던 지배환경의 지위와 역할이 약해진 반면, 조선족 스스로의 능동적 선택이 보다 강화되었음을 의미하고 있다.

한국에 귀국한 조선족의 정체성

1992년 한중수교이래 조선족의 한국 진출은 지속적으로 증가하였고, 현재 그 수는 70만으로 추산되고 있다. 조선족의 한국진출이 급속히 증가한 현상은 조선족을 둘러싼 환경과 이에 따른 이익구도에 근본적 변화가 발생했음을 설명한다.

우선 조선족의 삶을 지배하고 있던 중국의 환경변화를 살펴본다. 개혁개방은 조선족을 포함한 모든 중국인의 가치관과 행동양식을 변화시켰다. 과거 반동으로 비판되었던 개인의 사적 이익 추구는 이제 사회발전을 위한 동력으로 인정받았고, 심지어 부르주아의 이익과 그 지위는 중국공산당이 옹호해야 할 대상으로서 긍정되어 중국공산당 당헌에 당당히 수록되었다.

개혁개방으로 시작된 중국사회의 변화는 곧바로 전통적 의미의 조선족사회를 동요시켰다. 국유기업의 구조조정에 따른 대규모

실업으로 조선족 사회의 경제적 불안이 확대되었고, 앞 다투어 진행된 도시로의 이주나 해외로의 진출은 조선족 사회의 해체라는 위기감을 고조시켰다.

하지만 인구이동이란 본디 생존 및 발전을 위한 선택인 바, 개혁개방이 야기한 위기는 오히려 젊은 조선족에게 기회로 작동하였다. 특히 때맞추어 진행된 한중수교 및 한국 노동시장의 개방은 이러한 조선족에게 한족과의 경쟁에서 우위를 확보할 수 있는 결정적 기회로 이해되었다. 조선족이 가지고 있던 "조선"에 대한 기억은 한국으로의 진출에 있어 다른 외국인이 가지지 못한 문화적·사회적 자본의 기능을 수행하였고, 이들의 경제적 성취는 다시 중국 조선족의 발전욕구를 자극하였다. 이러한 선순환의 결과 조선족의 60%이상이 중국의 대도시나 해외로 삶의 공간을 팽창하는 등, 조선족사회는 급속한 현대화의 과정에 능동적으로 참여해갔다.

조선족의 삶의 영역이 한국에까지 확산되고, 심지어 중국 조선족사회의 와해와 함께 한국조선족사회의 형성과 같은 새로운 사회현상이 발생하면서 한중 양국은 이에 대한 정책을 내놓기 시작하였다.

우선 한국정부는 조선족이 포함된 전체 재외동포를 한국의 소중한 자산이라 선언하고, 나아가 "한민족공동체"의 실현 및 한민족의 정체성 유지를 재외동포 사업의 기본 목표로 설정하면서, 각종 법률과 정책을 통해 재한조선족의 지위와 역할을 설정하였다.

중국 측의 대응은 더욱 더 구체적으로 진행되었다. 조선족 학계가 "며느리론"과 "100%조선족"론을 중심으로 조선족 정체성의 현상 및 방향에 대해 고심하고 있는 사이, 중국정부는 기존의 화교화인 정책을 해외로 이주한 모든 소수민족에까지 확대 적용시킴으로써 한국거주 조선족을 화교화인의 범주에 포함시켰다.

국가가 국제관계에서 주요 행위자로서 역할을 수행하고 있었던 20세기까지 조선족의 삶은 중국이라는 지배환경에 종속되어 있었고, 조선족 정체성의 한 부분을 차지하는 "조선" 요인은 모국에 대한 기억으로서 작동하고 있었다. 이는 전형적인 디아스포라의 모습이었다.

그런데 21세기 개방을 내재화한 조선족, 더군다나 중국을 떠나 해외로 진출한 조선족은 두 개의 모국을 만나게 되었는데, 하나는 기억의 "조선"과는 분명히 다른 새로운 모국-"한국"이고, 다른 하나는 해외로 진출하기 전까지 조국이라 인식하고 있었던 "중국"이나. 여기서 행위주체로서의 조선족은 자신 앞에 놓인 기억으로서의 "조선", 실체로서의 "한국", 그리고 소속된 국가로서의 "중국" 사이에서 자신의 이익을 고려한 합리적인 선택을 하게 된다.

당대 재한조선족의 정체성을 고찰하는데 있어 디아스포라의 합리적 선택은 중요한 의미를 가지고 있다. 세계화가 인정하고 있는 완전경쟁의 시장에서 각 행위자는 자신이 가지고 있는 다양한 자원을 통해 자신의 이익을 추구하는데, 여기서 행위자의 역량은 스스로가 가진 자원의 상대적 희소성에 의해 좌우된다. 앞서 살펴보았듯이 조선족의 역사과정은 조선족의 능동성을 보여준다. 한국에 진출한 조선족에게 있어 그 능동성은 더욱 두드러진다. 이들은 경쟁을 내면화하고 있으며, 스스로가 가진 문화적·사회적 자본을 총동원하여 정보를 분석하면서 보다 큰 이익을 창출해나간다. 물론 태생적으로 이중적 혹은 복합적 정체성을 갖는 조선족에게 있어 한 대상에 대한 선택이 결코 기타 대상에 대한 포기를 의미하지는 않는다. 기 소르망의 주장처럼 진보하는 세계화란 개인의 다중정체성(Multi-identity)을 전제하기 때문이다. 이러한 다중정체성에서 각 대상에 대한 정체성의 범위와 그 깊이는 인식주체가 처한 당시의 시대적 조건과 행위자의 기대이익에 의해 결정된다.

현재의 디아스포라가 거주국 뿐 아니라 모국의 사무에까지 적극적으로 영향을 미칠 수 있는 존재로 발전하는 상황에서, 세계 각국은 각자의 해외교민을 포섭하기 위해 다양한 정책을 내놓고 있다. 행위자에게 있어 선택할 대상이 많아졌다는 것은 행복한 일이기는 하나 다소 곤혹스럽기도 하다. 이에 당대 재한조선족이 보여주는 정체성의 혼란은 초국가적 디아스포라로 나아가는 탈피(脫皮)의 과정으로 이해할 수 있다.

조선족의 선택과 중국의 화교화인

중국의 적극적이고 치밀한 화교화인 정책은 이미 앞 장에서 살펴보았듯이 세계 각지의 화교화인에게 "다시 중국으로"라는 흐름을 제공했고, 결국 개혁개방에 대한 이들의 적극적인 참여를 이끌었다. 심지어 해당 정책의 영향력은 전통적 의미의 화교, 즉 해외의 한족(漢族)이라는 의미를 넘어 해외로 나간 중국의 각 소수민족에게까지 미쳤다. 그 대표적인 사례가 한국에 거주하고 있는 조선족이다.

조선족에게는 한국과 중국이라는 요소가 동시에 존재한다. 이는 조선족의 삶이 경과해온 역사와 사회주의 중국이라는 지배환경에서 비롯되었는데, 이 이중적 정체성은 단일성을 지향해왔던 한국에서뿐만 아니라 중국에서도 한때 이질적인 것이었다. 과거 중국국민당은 이 이질성을 거부했던 반면, 중국공산당은 코민테른의 지침과 통일전선의 필요에 따라 이를 정책적으로 인정했고, 이는 훗날 사회주의 중국의 민족정책으로 확정되었다. 물론 문화대혁명과 같은 극단적인 이념투쟁에서 무산계급을 제외한 여러 형태의 다름은 부정되었지만, 오히려 이 혼란의 역사는 후대에 다름에 대한 인정과 중국 발전의 상관관계를 인식케 하는 교훈을 남겼다.

중국정부의 다름에 대한 인정은 향후에도 지속될 것으로 예상된다. 1981년 중국공산당 제11차 6중 전회에서 덩샤오핑이 제시한 경제건설 중심의 "사회주의 초급단계론"은 당대 중국의 핵심적인 발전전략으로서 이미 확고부동한 지위를 차지하고 있다. 특히 이와 관련하여 1997년 중국공산당 제15차 전국대표대회에서 발표된 장쩌민의 대표발언은 주목할 만하다.

> 중국사회의 주요모순은 인민의 증대되는 물질문화욕구와 낙후한 사회생산 사이의 모순이다. …, 이는 곧 우리가 경제건설을 전체 중국공산당의 전국적 사업 중심으로 삼아야 함을 결정하고, 나아가 모든 사업이 이 중심에 복종해야 함을 결정한다.

이는 중국이 이른바 사회주의초급단계가 완료될 때까지(물론 언제가 될지 모르지만) 계급투쟁이 아닌 경제발전에 총력을 기울이겠다는 선언임과 동시에 중국이 가진 다양한 다름이 경제건설이란 목표를 위해 총동원될 것을 의미하고 있다.

조선족의 역사는 능동의 역사이고, 조선족의 정체성은 시대에 따라 누적된 능동적 선택의 결과물이었다. 중국공산당의 통치권을 받아들이면서 그 신분을 획득한 조선족은 적극적으로 중국공산당의 지도이념과 역사의식을 내재화함으로써 중화민족의 일원으로 그 지위를 확보해갔다. 중화인민공화국 건립 전후인 정치적 관용의 시기에는 자신의 민족성을 당당히 제시하면서 중심 권력에 적극 협조하였고, 극렬한 계급투쟁의 시기에는 그 위험요소를 피하기보다는 보다 적극적으로 당의 극좌적 정책을 스스로 내재화하면서 중국국민으로서의 혁명성을 크게 부각시켰다. 중국의 개혁개방은 조선족의 능동성을 더욱 촉발시켰고, 이들의 정체성 또한 그 선택의 범위가 넓어졌다.

현재 조선족은 중국의 어느 소수민족보다도 개혁개방에 잘 적응하고 있다는 평가를 받고 있다. 농업사회였던 연변은 현재 산업사회를 뛰어넘어 정보화 사회로 가고 있을 정도로 변화가 빠르고, 도시로의 이주와 함께 한국, 일본, 미국 등 해외로의 진출 또한 두드러지고 있다.

조선족은 이 과정에서 경쟁을 내면화하고 있으며, 스스로가 가진 문화적·사회적 자본 및 네트워크를 총동원하여 정보를 수집·분석하면서 이익을 창출해나가고 있다. 물론 이러한 과정이 조선족사회의 해체라는 염려를 낳고 있는 것도 사실이지만, 이는 동시에 조선족 사회가 유연하고 확장된 네트워크사회로 변화하면서 초국가적 디아스포라로 발전하고 있음을 보여주는 뚜렷한 증거이기도 하다.

건국 이래 중국은 다민족통일국가론을 민족정책의 핵심으로 삼고 있는데, 그 의미는 곧 하나의 구심점인 중화민족을 향한 여러 개의 다름을 인정한다는 것이다. 즉 56개 민족의 인정이다.

최근 중국은 통일적이며 치밀하게 계산된 화교정책을 통해 전 세계의 화교화인 뿐만 아니라 재한조선족에 대한 영향력을 행사하고 있다. 중국의 헌법은 "화교의 정당한 권리와 이익을 보호하고, 귀국화교와 화교친족의 합법적 권리와 이익을 보호"한다고 규정하고 있고, <귀교 교권 권익보호법>은 화교, 귀교, 교권 나아가 외국국적의 화인의 중국 내 각종 권익을 구체적으로 보장하고 있다.

중국의 법적 규정에 따르면 화교는 해외에 정착한 중국국적 소지자, 귀교는 중국에 돌아온 화교, 교권은 이 화교나 귀교의 국내 친척을 각기 가리킨다. 그러하기에 한국거주의 조선족은 화교화인의 범주에 포괄되어 있고, 이에 따라 조선족 및 그 중국 내 친척은 모두 해당 법령을 통해 수혜를 받을 수 있는 대상이 된다. 중국이 조선족의 다름을 인정할 뿐 아니라 우대한다는 의미로 해석될 수 있는 이 정책은 중국발전에 대한 기대심리와 맞물리면서 해외조선족의 정체성에 심대한 영향을 미치고 있다.

저자가 참고한 여러 조사는 재한조선족의 중국에 대한 국가정체성과 중화민족에 대한 민족정체성이 강화되고 있는 반면, 한국에 대한 민족정체성은 오히려 약화되고 있다고 평가한다.

당연하지 않은가!

21세기 오늘, 조선족은 중국과 한국 사이에서, 그리고 이 두 국가로부터 기대할 수 있는 두 개의 이익 사이에서 삶을 살아간다.

앞 장의 말미에 언급했듯이, 지금의 중국은 <귀교 교권 권익보호법>이라는 성찬이 마련된 개혁개방이라는 파티를 마련해놓고 있다.

조선족의 마음이 어디로 쏠릴지, 그것은 그들 마음이다.

출전 "조선족 정체성의 "다름"과 "선택"에 관한 역사적 고찰",
<한국동북아논총> 2016년 9월

부 록

1. 대청국적조례

大清國籍條例(1909)

第一章　固有籍

第一条

凡左列人等不论是否生于中国地方均属中国国籍：

一）生而父为中国人者

二）生于父死后而父死时为中国人者

三）母为中国人而父无可考或无国籍者。

第二条

若父母均无可考或均无国籍而生于中国地方者亦属中国国籍。其生地并无可考而在中国地方发现之弃童同。

第二章　入籍

第三条

凡外国人具备左列各款愿入中国国籍者准其呈请入籍：

一）寄居中国连续至十年以上者

二）年满二十岁以上照该国法律为有能力者

三）品行端正者

四）有相当之资产或艺能足以自立者

五）照该国法律于入籍后即应销本国国籍者

其本无国籍人愿入中国国籍者以年满二十岁以上并具备前条第一第三第四各款者为合格。

第四条

凡外国人或无国籍人有殊勋于中国者虽不备前条第一至第四款得由外务部民政部会奏请 旨 特准入籍。

第五条

凡外国人或无国籍人有左列情事之一者均作为入籍：

一）妇女嫁与中国人者

二）以中国人为继父而同居者

三）私生子父为中国人经其父认领者

四）私生子母为中国人父不愿认领而经其母认领者

照本条第一款作为入籍暂以正式结婚呈报有案者为限照第二第三第四款作为入籍者以照该国法律尚未成年及未为人妻者为限。

第六条

凡男子入籍者其妻及未成年之子应随同入籍人一并作为入籍其照该国法律并不随同销除本国国籍者不在此限；若其妻自愿入籍或入籍人愿使其未成年之子入籍者虽不备第三条第一第四各款准其呈请入籍；其入籍人成年之子现住中国者虽不备第三条第一至四各款并准呈请入籍。

第七条

凡妇人有夫者不得独自呈请入籍。

第八条

凡入籍人不得就左列各款官职：

一）军机处内务府各官及京外四品以上文官

二）各项武官及军人

三）上下议院及各省咨议局议员

前项所定限制 特准入籍人自入籍之日起十年以后其馀入籍人自入籍之日起二十年以后得由民政部具奏请 旨豁免。

第九条

凡呈请入籍者应声明入籍后永远遵守中国法律及弃其本国权利出具甘结并由寄居地方公正绅士二人联名出具保结。

第十条

凡呈请入籍者应具呈所在地方官详请该管长官咨请民政部批准牌示给予执照为凭。自给予执照之日起始作为入籍之证。其照第五条作为入籍者应具呈所在地方官详请该管长官咨明民政部存案其在外国者应具呈领事申由出使大臣或迳呈出使大臣咨部存案。

第三章　出籍

第十一条

凡中国人愿入外国国籍者应先呈请出籍。

第十二条

凡中国人无左列各款者始准出籍：

一）未结之刑民诉讼案件

二）兵役之义务

三）应纳未缴之租税

四）官阶及出身。

第十三条

凡中国人有左列情事之一者均作为出籍：

一）妇女嫁与外国人者

二）以外国人为继父而同居者

三）私生子父为外国人其父认领者

四）私生子母为外国人其父不愿认领经其母认领者

照本条第一款作为出籍者以正式结婚呈报有案者为限若照该国法律不因婚配认其入籍者仍属中国国籍照第二第三第四款作为出籍者以照中国法律尚未成年及未为人妻者为限。

第十四条

凡男子出籍者其妻及未成年之子一并作为出籍。若其妻自愿留籍或出籍人愿使其未成年之子留籍者准其呈明仍属中国国籍。

第十五条

凡妇人有夫不得独自呈请出籍。其照中国法律尚未成年及其馀无能力者亦不准自行呈请出籍。

第十六条

凡中国人出籍者所有中国人在内地特有之利益一律得享受。

第十七条

凡呈请出籍者应自行出具甘结声明并无第十二条所列各款及犯罪未经发觉情事。

第十八条

凡呈请出籍者应具呈本籍地方官详请该长官咨请民政部批准牌示其在外国者应具呈领事申由出使大臣或迳呈出使大臣咨部办理。自批准牌示之日起始作为出籍之证其未经呈请批准者不问情形如何仍属中国国籍其照第十三条作为出籍者照第十条第三项办理。

第四章　复籍

第十九条

凡因出嫁外国人而出籍者若离婚或夫死后准其呈请复籍。

第二十条

凡出籍者之妻于离婚或夫死后未成年之子巳达成年后均准呈请复籍。

第二十一条

凡呈请出籍后如仍寄居中国接续至三年以上并合第三条第三、四款者准其呈复籍其外国人入籍又出籍者不在此限。

第二十二条

凡呈请复籍者应由原籍同省公正绅商二人出具保结并照第十条第一项办理其在外国者应由同在该之本国商民二人出具保结呈请领事申由出使大臣或迳呈出使臣咨部办理。自批准牌示之日起始作为复籍之证。

第二十三条

凡复籍者非经过五年以后不得就第八条所列各款官职。如奉 特旨允准不在此限。

第五章 附条

第二十四条

本条例自奏准奉 旨后即时施行。

2. 이중국적문제에 관한 조약

关于双重国籍问题的条约(1955)

第一条

中华人民共和国政府和印度尼西亚共和国政府，根据平等互利和互不干涉内政的原则，在友好合作的基础上，为了合理解决同时具有中华人民共和国国籍和印度尼西亚共和国国籍的人的国籍问题，同意缔结本条约，并各派全权代表如下：

中华人民共和国政府特派中华人民共和国外交部长周恩来；

印度尼西亚共和国政府特派印度尼西亚共和国外交部长苏纳约。

双方全权代表互相校阅全权证书，认为妥善后，议定下列各条：

第一条 缔约双方同意：凡属同时具有中华人民共和国国籍和印度尼西亚共和国国籍的人，都应根据本人自愿的原则，就中华人民共和国国籍和印度尼西亚共和国国籍中选择一种国籍。

具有上述两种国籍的已经结婚的妇女，也应根据本人自愿的原则，在两种国籍中选择一种国籍。

第二条 凡属具有第一条所述两种国籍的人，如在本条约生效时已经成年，应在本条约生效后两年的期限内选择他们的国籍。

本条约所称已经成年的人是指年满十八岁或未满十八岁但已经结婚的人。

第三条 凡属具有第一条所述两种国籍的人，如愿意保留中华人民共和国国籍，必须向中华人民共和国的有关当局宣告放弃印度尼西亚共和国国籍，宣告后即被视为自愿选择中华人民共和国国籍。

凡属具有第一条所述两种国籍的人，如愿意保留印度尼西亚共和国国籍，必须向印度尼西亚共和国的有关当局宣告放弃中华人民共和国国籍，宣告后即被视为自愿选择印度尼西共和国国籍。上述中华人民共和国的有关当局如下：

在中华人民共和国为中华人民共和国政府指定的政府机关；

在印度尼西亚共和国为中华人民共和国驻印度尼西亚共和国的大使馆，中华人民共和国在印度尼西亚共和国的领事馆，和上述大使馆或领事馆根据需要而派员设立的临时办事处，此项临时办事处的设立，应取得印度尼西亚共和国政府的同意。

上述印度尼西亚共和国的有关当局如下：

在印度尼西亚共和国为印度尼西亚共和国政府指定的政府机关；

在中华人民共和国为印度尼西亚共和国驻中华人民共和国的大使馆，印度尼西亚共和国在中华人民共和国的领事馆(如果设有领事馆)，和上述大使馆或领事馆根据需要而派员设立的临时办事处，此项临时办事处的设立，应取得中华人民共和国政府的同意。

为了便利具有第一条所述两种国籍的人选择他们的国籍，缔约双方同意采取简便的宣告办法。

本条所述选择国籍的办法，原则上也适用于居住在中华人民共和国和印度尼西亚共和国两国国境之外的具有第一条所述两种国籍的人。

第四条 缔约双方同意：凡属具有第一条所述两种国籍的人，按照本条约的规定选择了中华人民共和国国籍，即当然丧失印度尼西亚共和国国籍；凡属具有第一条所述两种国籍的人，按照本条约的规定选择了印度尼西亚共和国国籍，即当然丧失中华人民共和国国籍。

第五条 缔约双方同意：凡属具有第一条所述两种国籍的人，如果没有在第二条规定的两年期限内选择他们的国籍，则他们的国籍应按照下列的规定解决：如果他们的父亲是中国人的后裔，他们应被视为选择了中华人民共和国国籍；如果他们的父亲是印度尼西亚人的后裔，他们应被视为选择了印度尼西亚共和国国籍。

上述未在规定期限内选择国籍的人，如果和他们的父亲没有法律上的关系，或他们的父亲的国籍不明，则他们的国籍应按照下列的规定解决：如果他们的母亲是中国人的后裔，他们应被视为选择了中华人民共和国国籍；如果他们的母亲是印度尼西亚人的后裔，他们应被视为选择了印度尼西亚共和国国籍。

第六条 凡属具有第一条所述两种国籍的人，如果在本条约生效时尚未成年，应在他们成年后一年的期限内选择他们的国籍。

在他们未成年期间，应被视为只具有他们的父母双方或父方按照本条约的规定所选择的国籍。如果他们和他们的父亲没有法律上的关系，或他们的父亲在选择国籍前已去世，或他们的父亲国籍不明，则他们在未成年期间应被视为只具有他们的母亲按照本条约的规定所选择的国籍。

如果他们在成年后没有在本条规定的期限内选择他们的国籍，则应被视为自愿选择了他们在未成年期间所具有的国籍。

第七条 凡属具有第一条所述两种国籍的人，在选择了中华人民共和国国籍并丧失了印度尼西亚共和国国籍之后，如果离开中华人民共和国国境，并在中华人民共和国境外固定居住，一经根据本人自愿的原则重新取得印度尼西亚共和国国籍，即当然丧失中华人民共和国国籍。

凡属具有第一条所述两种国籍的人，在选择了印度尼西亚共和国国籍并丧失了中华人民共和国国籍之后，如果离开印度尼西亚共和国国境，并在印度尼西亚共和国境外固定居住，一经根据本人自愿的原则重新取得中华人民共和国国籍，即当然丧失印度尼西亚共和国国籍。

第八条 在印度尼西亚共和国境内出生的儿童，无论他们的父母双方或仅父方具有中华人民共和国国籍，在出生后即具有中华人民共和国国籍。

在中华人民共和国境内出生的儿童，无论他们的父母双方或仅父方具有印度尼西亚共和国国籍，在出生后即具有印度尼西亚共和国国籍。

第九条 一个具有中华人民共和国国籍的儿童，如果在年满五岁之前，被一个印度尼西亚共和国公民合法收养，即取得印度尼西亚共和国国籍，并当然丧失中华人民共和国国籍。

一个具有印度尼西亚共和国国籍的儿童，如果在年满五岁之前，被一个中华人民共和国公民合法收养，即取得中华人民共和国国籍，并当然丧失印度尼西亚共和国国籍。

第十条 中华人民共和国公民同印度尼西亚共和国公民结婚，婚后双方各保有他们原来的国籍，但其中一方如果根据本人自愿原则，申请并取得另一方的国籍，在取得另一方的国籍之后，即当然丧失他或她原来的国籍。

上述申请应向有关国家的有关当局提出。

第十一条 为了改善两国公民互相侨居的情况，缔约双方同意勉励本国侨民，即侨居中华人民共和国的印度尼西亚共和国公民和侨居印度尼西亚共和国的中华人民共和国公民，尊重侨居国政府的法律和社会习惯，不参加侨居国的政治活动。缔约双方愿意各自依照本国政府的法律，互相保护对方侨民的正当权利和利益。

第十二条 缔约双方同意：本条约所未规定的有关执行本条约的各项问题，可由双方协商规定。

第十三条 缔约双方如果在解释或执行本条约时，发生分歧，此项分歧将由双方协商解决。

第十四条 本条约由缔约双方按照各自的宪法程序加以批准，并在互换批准书之日起生效，批准书在北京互换。

本条约有效期二十年，期满后继续有效。在期满后，如一方要求废 除本条约，必须在一年之前书面通知另一方，在发出上述通知一年之后，本条约即行废除。

本条约业经双方全权代表签字并由双方盖章，以昭信守。

1955年4月22日订于万隆，共两份。每份都用中文和印度尼西亚文书就。上述两种文字的条文具有同等效力。

3. 중화인민공화국 국적법

中华人民共和国国籍法(1980)

一九八０年九月十日第五届全国人民代表大会第三次会议通过，一九八０年九月十日全国人民代表大会常务委员会委员长令第八号公布。 一九八０年九月十日起施行。

第一条 中华人民共和国国籍的取得、丧失和恢复，都适用本法。

第二条 中华人民共和国是统一的多民族的国家，各民族的人都具有中国国籍。

第三条 中华人民共和国不承认中国公民具有双重国籍。

第四条 父母双方或一方为中国公民，本人出生在中国，具有中国国籍。

第五条 父母双方或一方为中国公民，本人出生在外国，具有中国国籍；但父母双方或一方为中国公民并定居在外国，本人出生时即具有外国国籍的，不具有中国国籍。

第六条 父母无国籍或国籍不明，定居在中国，本人出生在中国，具有中国国籍。

第七条 外国人或无国籍人，愿意遵守中国宪法和法律，并具有下列条件之一的，可以经申请批

准加入中国国籍：

一、中国人的近亲属；

二、定居在中国的；

三、有其它正当理由。

第八条 申请加入中国国籍获得批准的，即取得中国国籍；被批准加入中国国籍的，不得再保留外国国籍。

第九条 定居外国的中国公民，自愿加入或取得外国国籍的，即自动丧失中国国籍。

第十条 中国公民具有下列条件之一的，可以经申请批准退出中国国籍：

一、外国人的近亲属；

二、定居在外国的；

三、有其它正当理由。

第十一条 申请退出中国国籍获得批准的，即丧失中国国籍。

第十二条 国家工作人员和现役军人，不得退出中国国籍。

第十三条 曾有过中国国籍的外国人，具有正当理由，可以申请恢复中国国籍；被批准恢复中国国籍的，不得再保留外国国籍。

第十四条 中国国籍的取得、丧失和恢复，除第九条规定的以外，必须办理申请手续。未满十八周岁的人，可由其父母或其他法定代理人代为办理申请。

第十五条 受理国籍申请的机关，在国内为当地市、县公安局，在国外为中国外交代表机关和领事机关。

第十六条 加入、退出和恢复中国国籍的申请，由中华人民共和国公安部审批。经批准的，由公安部发给证书。

第十七条 本法公布前，已经取得中国国籍的或已经丧失中国国籍的，继续有效。

第十八条 本法自公布之日起施行。

4. 귀교 교권 권익보호법

中华人民共和国归侨侨眷权益保护法(1990년 제정, 2000년 수정)

第一条 为了保护归侨、侨眷的合法的权利和利益，根据宪法，制定本法。

第二条 归侨是指回国定居的华侨。华侨是指定居在国外的中国公民。侨眷是指华侨、归侨在国内的眷属。本法所称侨眷包括:华侨、归侨的配偶，父母，子女及其配偶，兄弟姐妹，祖父母、外祖父母，孙子女、外孙子女，以及同华侨、归侨有长期扶养关系的其他亲属。

第三条 归侨、侨眷享有宪法和法律规定的公民的权利，并履行宪法和法律规定的公民的义务，任何组织或者个人不得歧视。国家根据实际情况和归侨、侨眷的特点，给予适当照顾，具体办法由国务院或者国务院有关主管部门规定。

第四条 县级以上各级人民政府及其负责侨务工作的机构，组织协调有关部门做好保护归侨、侨眷的合法权益的工作。

第五条 国家对回国定居的华侨给予安置。

第六条 全国人民代表大会和归侨人数较多地区的地方人民代表大会应当有适当名额的归侨代表。

第七条 归侨、侨眷有权依法申请成立社会团体，进行适合归侨′侨眷需要的合法的社会活动。 归侨、侨眷依法成立的社会团体的财产受法律保护，任何组织或者个人不得侵犯。

第八条 中华全国归国华侨联合会和地方归国华侨联合会代表归侨′侨眷的利益，依法维护归侨、侨眷的合法权益。

第九条 国家对安置归侨的农场、林场等企业给予扶持，任何组织或者个人不得侵占其合法使用的土地，不得侵犯其合法权益。在安置归侨的农场、林场等企业所在的地方，可以根据需要合理设置学校和医疗保健机构，国家在人员、设备、经费等方面给予扶助。

第十条 国家依法维护归侨、侨眷职工的社会保障权益。用人单位及归侨、侨眷职工应当依法参加当地的社会保险，缴纳社会保险费用。对丧失劳动能力又无经济来源或者生活确有困难的归侨、侨眷，当地人民政府应当给予救济。

第十一条 国家鼓励和引导归侨、侨眷依法投资兴办产业，特别是兴办高新技术企业，各级人民政府应当给予支持，其合法权益受法律保护。

第十二条 归侨、侨眷在国内兴办公益事业，各级人民政府应当给予支持，其合法权益受法律保护。归侨、侨眷境外亲友捐赠的物资用于国内公益事业的，依照法律、行政法规的规定减征或者免征关税和进口环节的增值税。

第十三条 国家依法保护归侨、侨眷在国内私有房屋的所有权。依法征用、拆迁归侨、侨眷私有房屋的，建设单位应当按照国家有关规定给予合理补偿和妥善安置。

第十四条 各级人民政府应当对归侨、侨眷就业给予照顾，提供必要的指导和服务°归侨学生、归侨子女和华侨在国内的子女升学，按照国家有关规定给予照顾。

第十五条 国家保护归侨、侨眷的侨汇收入。

第十六条 归侨、侨眷有权接受境外亲友的遗赠或者赠与。归侨、侨眷继承境外遗产的权益受法律保护。归侨、侨眷有权处分其在境外的财产。

第十七条 归侨、侨眷与境外亲友的往来和通讯受法律保护。

第十八条 归侨、侨眷申请出境，有关主管部门应当在规定期限内办理手续。归侨、侨眷确因境外直系亲属病危、死亡或者限期处理境外财产等特殊情况急需出境的，有关主管部门应当根据申请人提供的有效证明优先办理手续。

第十九条 国家保障归侨、侨眷出境探亲的权利。归侨、侨眷职工按照国家有关规定享受出境探亲的待遇。

第二十条 归侨、侨眷可以按照国家有关规定申请出境定居，经批准出境定居的，任何组织或者个人不得损害其合法权益。离休、退休、退职的归侨、侨眷职工出境定居的，其离休金、退休金、退职金、养老金照发。

第二十一条 归侨、侨眷申请自费出境学习、讲学的，或者因经商出境的，其所在单位和有关部门应当提供便利。

第二十二条 国家对归侨、侨眷在境外的正当权益，根据中华人民共和国缔结或者参加的国际条约或者国际惯例，给予保护。

第二十三条 归侨、侨眷合法权益受到侵害时，被侵害人有权要求有关主管部门依法处理，或者向人民法院提起诉讼。归国华侨联合会应当给予支持和帮助。

第二十四条 国家机关工作人员玩忽职守或者滥用职权，致使归侨、侨眷合法权益受到损害的，其所在单位或者上级主管机关应当责令改正或者给予行政处分;构成犯罪的，依法追究刑事责任。

第二十五条 任何组织或者个人侵害归侨、侨眷的合法权益，造成归侨、侨眷财产损失或者其他损害的，依法承担民事责任;构成犯罪的，依法追究刑事责任。

第二十六条 违反本法第九条第一款规定，非法占用安置归侨的农场、林场合法使用的土地，有关主管部门应当责令退还;造成损失的，依法承担赔偿责任。

第二十七条 违反本法第十三条规定，非法侵占归侨、侨眷在国内私有房屋的，有关主管部门应当责令退还;造成损失的，依法承担赔偿责任。

第二十八条 违反本法第二十条第二款规定，停发、扣发、侵占或者挪用出境定居的归侨、侨眷的离休金、退休金、退职金、养老金的，有关单位或者有关主管部门应当责令补发，并依法给予赔偿;对直接负责的主管人员和其他直接责任人员，依法给予行政处分;构成犯罪的，依法追究刑事责任。

第二十九条 国务院根据本法制定实施办法。省、自治区、直辖市的人民代表大会常 务委员会可以根据本法和国务院的实施办法，制定实施办法。

第三十条 本法自1991年1月1日起施行。

5. 귀교 교권 권익보호법 실시 시행령

中华人民共和国归侨侨眷权益保护法实施办法(2004)

第一条 根据≪中华人民共和国归侨侨眷权益保护法≫的规定，制定本办法。

第二条 归侨、侨眷的身份，由其常住户口所在地的县级以上地方人民政府负责侨务工作的机构根据本人申请审核认定。与华侨、归侨有长期扶养关系的亲属申请认定侨眷身份的，应当提供由公证机构出具的扶养证明。

第三条 华侨、归侨去世后或者华侨身份改变后，其国内眷属原依法认定的侨眷身份不变。依法与华侨、归侨及其子女解除婚姻关系，或者与华侨、归侨解除扶养关系的，其原依法认定的侨眷身份丧失。

第四条 县级以上地方各级人民政府应当重视和加强归侨、侨眷合法权益保护工作。县级以上人民政府负责侨务工作的机构应当组织协调有关部门做好保护归侨、侨眷合法权益的工作，并组织开展本行政区域内归侨、侨眷权益保护的法律、法规执行情况的监督、检查。县级以上人民政府有关部门应当在各自的职责范围内做好归侨、侨眷合法权益的保护工作。

第五条 华侨要求回国定居的，按照国家有关出入境管理的规定核发回国定居证明。

第六条 地方人民政府和有关部门对回国定居的华侨，按照国家有关规定给予安置。

第七条 中华全国归国华侨联合会以及地方归国华侨联合会按照其章程开展活动，维护归侨、侨眷的合法权益。归侨、侨眷有权依法申请成立其他社会团体，进行适合归侨、侨眷需要的合法的社会活动。归侨、侨眷社会团体的合法权益以及按照章程进行的合法活动，受法律保护;其依法拥有的财产，任何组织或者个人不得侵占、损害。

第八条 各级人民政府核拨给安置归侨的农场、林场等企业的专项经费应当专款专用，任何组织和个人不得挪用、截留或者私分。地方人民政府应当对安置归侨的农场、林场等企业给予扶持。

第九条 安置归侨的农场、林场等企业合法使用的土地、山林、滩涂、水面等资源，企业依法享有使用权，其拥有的生产资料、经营的作物、生产的产品，任何组织或者个人不得侵占、损害;国家依法征收或者征用安置归侨的农场、林场的土地的，依法给予补偿。

第十条 在安置归侨的农场、林场等企业所在的地方设置的学校、医疗保健机构，应当纳入地方人民政府的教育、卫生规划，统一管理。

第十一条 国家依法维护归侨、侨眷的社会保障权益。用人单位和归侨、侨眷应当依法参加当地的社会保险，缴纳社会保险费。参加社会保险的归侨、侨眷依法享受社会保险待遇。地方人民政府对生活确有困难的归侨、侨眷，应当给予救济，并对其生产、就业给予扶持;依法保障丧失劳动能力又无经济来源的归侨、侨眷的基本生活。

第十二条 归侨、侨眷依法投资开发荒山、荒地、滩涂，或者从事农业、林业、牧业、渔业生产，有关地方人民政府应当给予支持。

第十三条 归侨、侨眷在国内兴办公益事业，各级人民政府及其有关部门应当给予支持，其合法权益受法律保护。归侨、侨眷境外亲友捐赠的物资用于国内公益事业的，依法减征或者免征关税和进口环节的增值税。归侨、侨眷及其境外亲友在境内投资的企业捐赠的财产用于公益事业的，依法享受所得税优惠。归侨、侨眷境外亲友向境内捐赠财产的，县级以上人民政府负责侨务工作的机构可以协助办理有关入境手续，为捐赠人实施捐赠项目提供帮助，并依法对捐赠财产的使用与管理进行监督。

第十四条 国家依法保护归侨、侨眷在国内私有房屋的所有权。归侨、侨眷对其私有房屋，依法享有占有、使用、收益和 处分的权利，任何组织或者个人不得侵犯。

第十五条 租赁归侨´侨眷的私有房屋，须由出租人和承租人签订租赁合同，并到房屋所在地的房产管理部门登记备案。租赁合同终止时，承租人应当将房屋退还出租人。

第十六条 依法拆迁归侨、侨眷私有房屋的，拆迁人应当按照国家有关房屋拆迁管理的规定给予货币补偿或者实行房屋产权调换。按照政府规定的租金标准出租的归侨、侨眷的私有房屋被拆迁的，补偿安置的办法由国务院建设主管部门会同有关部门规定。

第十七条 华侨子女回国就读实施义务教育的学校，应当视同当地居民子女办理入学手续;归侨学生、归侨子女和华侨在国内的子女报考国家举办的非义务教育的学校，教育等有关部门应当按照国家有关规定结合本地区实际情况给予照顾。

第十八条 侨汇是归侨、侨眷的合法收人，其所有权受法律保护，任何组织或者个人不得侵占、延迟支付、强行借贷或者非法冻结、没收。

第十九条 归侨、侨眷需要赴境外处分财产或者接受遗产、遗赠、赠与的，有关部门和我国驻外国的外交（领事）机构或者外交部授权的其他驻外机构，可以根据归侨、侨眷的请求提供必要的协助。

第二十条 归侨、侨眷的通信自由和通信秘密受法律保护，任何组织或者个人不得非法开拆、隐匿、毁弃或者盗窃归侨、侨眷的邮件。归侨、侨眷的给据邮件丢失、损毁、内件短少的，邮政部门应当依法赔偿。

第二十一条 归侨、侨眷申请出境的，有关主管部门应当在规定的期限内依法办理手续。归侨、侨眷因境外直系亲属病危、死亡或者处理境外财产等特殊情况急需出境的，有关主管部门应当根据申请人提供的有效证明优先办理。

第二十二条 归侨、侨眷按照国家有关探亲规定享受出境探亲待遇。

第二十三条 按照国家规定退休（离休）的归侨、侨眷获准出境定居的，按照国家规定享受的退休（离休）待遇不变。其养老金可以委托他人领取，但需每年向原工作单位或者负责支付养老金的社会保险经办机构提供由我国驻其所在国的外交（领事）机构或者所在国公证机构出具的本人生存证明文件。归侨、侨眷退休（离休）后出境定居又回国就医的，按照当地有关规定享受相应的医疗待遇。不符合国家规定退休条件的归侨、侨眷职工获准出境定居的，按照国家有关规定办理辞职、解聘、终止劳动关系手续，按照国家有关规定享受一次性离职费及相关待遇，已经参加基本养老保险、基本医疗保险的，由社会保险经办机构按照国家有关规定一次性结清应归属其本人的费用，并终止其基本养老保险、基本医疗保险关系。归侨、侨眷获准出境定居，出境前依法参加前款规定以外的其他社会保险的，按照国家有关规定享受相应的社会保险待遇。

第二十四条 归侨、侨眷在获得前往国家（地区）的入境签证前，所在工作单位或者学校不得因其申请出境而对其免职、辞退、解除劳动关系、停发工资或者责令退学，并且不得收取保证金、抵押金。归侨、侨眷按照国家有关探亲规定获准出境探亲的，在批准的假期内，其工作、租住的公房应当保留。

第二十五条 归侨、侨眷出境探亲或者定居的，按照规定可以兑换外汇;出境定居的，其领取的社会保险金、住房公积金可以按照规定兑换外汇汇出或者携带出境。

第二十六条 我国驻外国的外交（领事）机构根据我国缔结或者参加的国际条约或者国际惯例，保护归侨、侨眷在境外的合法权益。归侨、侨眷在境外有养老金、抚恤金等需要领取的，我国驻外国的外交（领事）机构可以根据其请求提供必要的协助。

第二十七条 归侨、侨眷的合法权益受到侵害的，有权要求有关主管部门依法处理，或者向人民法院起诉。对有经济困难的归侨、侨眷，当地法律援助机构应当依法为其提供法律援助。各级归国华侨联合会应当给予支持和帮助。

第二十八条 经办侨务专项经费的机构、人员违反本办法规定，挪用、截留、私分侨务专项经费的，对直接负责的主管人员和其他直接责任人员依法给予行政处分或者纪律处分;构成犯罪的，依法追究刑事责任。被挪用、截留、私分的侨务专项经费，由其主管部门责令追回。

第二十九条 国家机关工作人员滥用职权、玩忽职守、徇私舞弊，致使归侨、侨眷合法权益受到损害的，对直接负责的主管人员和其他直接责任人员依法给予行政处分或者纪律处分;构成犯罪的，依法追究刑事责任。

第三十条 本办法自2004年7月1日起施行。1993年7月19日国务院发布的《中华人民共和国归侨侨眷权益保护法实施办法》同时废止。

■ 인명 색인

궁다페이

宮達非: 1917~ . 산둥(山東) 출신. 1979년부터 1984년까지 외교부 부부장 역임.

덩샤오핑

鄧小平: 1904~1997. 스촨(四川) 출신. 1978년부터 1983년까지 중국인민정치협상회의 주석, 1981년부터 1989년까지 중화인민공화국 중앙군사위원회 주석. 마오쩌둥에 이어 중국 공산당의 제2세대 지도자.

덩잉차오

鄧穎超: 1904~1992. 허난(河南) 출신. 중국공산당 지도자. 저우언라이(周恩來)의 부인. 1983년부터 1988년까지 전국인민 정치협상회의 주석 역임.

두웨이밍

杜維明: 1940~ . 광둥(廣東) 출신. 현재 미국 하버드 대학교 교수. 신유학파의 대표인물.

랴오청즈

廖承志: 1908~1983. 일본 출생의 광둥인. 중국공산당 원로 랴오중카이(廖仲愷)와 허샹닝의 아들. 중국 화교업무 책임자. 중화인민공화국 성립 후 교무판공실, 홍콩판공실 주임 역임.

랴오후이

廖暉: 1942~ . 광둥 출신. 부친인 랴오청즈를 이어 화교업무 담당. 국무원 교무판공실 주임 역임. 이후 중국공산당의 홍콩마카오 통일전선 사업을 전담.

량치차오

梁啓超: 1873~1929. 광둥 출신. 중국 근대의 사상가, 개혁가, 역사가, 언론인, 교육가. 무술변법 실패 후 일본 망명. 20세기 초 "걸어 다니는 백과사전"이라 불릴 만큼 해박한 지식의 소유자.

루쉰

魯迅: 1881~1936. 저장(浙江) 출신. 근대 중국의 저명 작가로 신문화 운동의 주역. "20세기 동아시아문화지도위에 가장 넓은 영토를 점령한 작가"로 불림.

런비스

任弼时: 1904~1950. 후난(湖南) 출신. 1921년 소련 모스크바 동방대학에서 학습하고, 이후 중국공산당에 참여. 항일전쟁시기 중국공산당의 코민테른대표, 중공중앙 비서장, 중공중앙 서기처 서기를 역임.

뤄팡보

羅芳伯: 1738~1795. 광둥 출신의 커자(客家)인. 인도네시아로 이주해 현지 중국인 이민자의 지도자로 부상하면서 란팡공화국(兰芳共和国) 건립.

류옌화

劉燕華: 1950~ . 허베이 출신. 중국공산당원. 중국 과학기술부 차관. 중국과학원 지리연구소 소장.

리리산

李立三: 1899~1967. 후난 출신. 중국공산당의 초기 지도자. 20년대 후반부터 러시아 혁명을 본떠 도시 중심의 무장봉기로 중국혁명을 기도하였으나 실패하고 당권을 상실.

리셴녠

李先念: 1909~1992. 후베이(湖北) 출신. 중국의 군인이자 정치가. 1983년부터 1988년까지 중화인민공화국 국가주석 역임.

리야오즈

李耀滋: 1914~2011. 베이징 출생의 푸젠인. 미국의 화인과학자. MIT

교수. 미국화인협회 주석.

리쩌호우

李澤厚: 1930~ . 후난 출신. 파리 국제 철학원 원사, 주로 중국근대사상사와 계몽철학을 연구. "중국청년 엘리트를 공산주의의 이념으로부터 해방시켰다"는 평가를 받음.

리치신

李启新: 1910~2007. 하이난(海南) 출신. 1927년 중국공산당 가입. 말레시아공산당 싱가포르지역 부서기. 태국공산당, 말레시아공산당 초기 영도자. 1942년 태국공산당총서기 역임.

리콴유

李光耀: 1923~2015. 싱가포르의 광둥인. 싱가포르의 개국원수. "싱가포르의 국부"

리펑

李鵬: 1928~ . 스촨 출신. 중국의 정치가. 1988년부터 1998년까지 중화인민공화국 국무원 총리 역임.

리훙장

李鴻章: 1823~1901. 안후이(安徽) 출신. 청말 정치가. 양무운동 주도. 태평천국의 반란이후 최고실력자로 등장, 청일전쟁이후 실각.

마오쩌둥

毛澤東: 1893~1976. 후난 출신. 중국공산당 제1대 최고 권력자.

시진핑

習近平: 1953~. 베이징 출신. 중화인민공화국 주석, 중앙군사위원회 주석, 중국공산당 총서기를 겸임하고 있는 당대 중국의 최고 권력자.

샤오위찬

萧玉灿(영문명: Siauw Tiong Djin): 1914~1981. 인도네시아에서 출생한 저명 화인정치가. 인도네시아 독립이후 중앙민족사무위원회 화인소수민족대표. 1954년 인도네시아 국적 협상회의 주석. 인도네시아 국회의원, 제헌의회 의원 역임.

샤오추뉘

肖楚女: 1891~1927. 후베이(湖北) 출신. 중국공산당 초기 청년운동 영도자. 1927년 장제스에 의해 피살. 중국이 뽑은 “새로운 중국의 건립에 공헌한 100명의 모범인물” 가운데 한명.

쉬수훈

许甦魂: 1896~1931. 광둥 출신. 중국공산당 초기 화교공작 책임자. 1924년부터 동남아에서 공산당 활동 전개. 귀국 후 화교협회를 조직하는 등 화교의 항일전쟁 참여를 독려.

쑨원

孫文: 1866~1925. 광둥 출신. 신해혁명을 이끈 혁명가. 중국국민당의 창립자이며, 중화민국의 임시대총통. 현재 중화민국에서 국부로 추앙받고 있음.

쓰투메이탕

司徒美堂: 1868~1955. 광둥 출신. 미국의 화교지도자이며, 홍문치공당의 창시자. 1945년 이후 미국 홍문치공당 총부의 주석을 역임.

왕겅우

王赓武: 1930~ . 인도네시아 출신의 중국역사학자이며, 화교학의 권위자. 홍콩대학 총장, 중화민국중앙연구원 원사, 싱가포르국립대학 교수 역임.

왕밍

王明: 1904~1974. 안후이 출생. 중국공산당 소련유학파 대표. 1931년부터 중국공산당의 코민테른대표를 역임하면서 중국공산당의 당권을 장악. 혁명노선을 둘러싸고 마오쩌둥과 대립.

왕자샹

王稼祥: 1906~1974. 안휘이 출신. 중국공산당의 외교사업 개척자. 중화인민공화국 초대 소련대사. 중국공산당 중앙연락부 부장, 중화인민공화국

외교부 부부장 역임.

양쿠이송

楊奎松: 1953~ . 베이징 출신. 화동사범대학 역사학과 교수. 베이징대학 역사학과 겸임교수. 중국공산당사, 중국현대대외관계사, 중소관계사 연구자.

얍아로이

葉亞來: 1837~1885. 광둥 출신의 커쟈인. 말레이시아 쿠알라룸푸르 지역 제3대 카피탄을 역임, "쿠알라룸푸르 왕"이라 불림.

원자바오

溫家寶: 1942~ . 톈진(天津) 출신. 2003년부터 2013년까지 중국 국무원 총리 역임.

이바이사

易白沙: 1886~1921. 후난 출신. 신문화운동 당시 봉건예교를 정면으로 반대하면서 계몽을 주창했던 대표인물.

위다푸

郁達夫: 1896~1945. 저장(浙江) 출신. 중국근대 저명 소설가. 1940년 싱가포르를 남양학회 창립. 동남아에서 항일 문학 전개.

장궈타오

张国焘: 1897~1979. 쟝시(江西) 출신. 중국공산당 초기 지도자. 1935년부터 혁명노선을 둘러싸고 중공중앙과 불화 시작.

장원티엔

张闻天: 1900~1976. 쟝수(江蘇) 출신. 1925년 중국공산당에 입당. 준의회의에서 마오쩌둥의 주장을 옹호하면서 장궈타오와 대결. 중앙정치국 위원 역임.

장제스

蔣介石: 1887~1975. 저장 출신. 황포군관학교 교장, 국민정부주석, 중국국민당 총재, 중화민국 총통을 역임.

장쩌민

江澤民: 1926~ . 장수 출신. 전 중국공산당 총서기, 중화인민공화국 주석. 마오쩌둥, 덩샤오핑에 이어 중국공산당의 제3대 최고 지도자.

장린

姜琳: 1968~ . 허베이(湖北) 출신. 중국의 사회 활동가. 현재 세계화인 연합총회 주석.

저우언라이

周恩來: 1898~1976. 장수 출신. 중국공산당 창시자중 한명. 중화인민공화국 국무원 총리 겸 외교부장을 역임. 마오쩌둥 시대 중국의 제2인자.

정관잉

鄭觀應: 1842~1922. 광둥 출신. 중국 근대시기의 교육가, 사상가. <성세위언(盛世危言)>을 통해 아편전쟁을 목격하고 열강으로부터 중국을 지키기 위해 개혁해야 한다고 주장.

조우당

邹谠(영어명: Tang Tsou): 1918~1999. 광동 출신. 미국의 정치학자. 미국시카고대학 정치학 박사. 퇴임 후 중국사회과학원 명예연구원, 베이징대학 명예교수.

좡궈투

庄國土: 1952~ . 푸젠(福建) 출신. 샤먼대학 교수. 화교학 전문가.

챤성

單聲: 1929~ . 장수 출신. 영국 기업가. 영중무역협회, 화교교육기금회, 영중문화촉진회 등의 간부 역임. 타이완 독립반대와 양안의 통일에 관심.

천두슈

陈独秀: 1879~1942. 안후이 출신. 중국공산당 창립 회원, 제1대 중국공산당 중앙위원회 총서기. 스탈린 노선에 대한 반발로 중국공산당의 중심노선에서 이탈.

천란빈

陳蘭彬: 1816~1895. 광둥 출신. 중국의 초대 주미공사.

천이

陈毅: 1901~1972. 스촨 출신. 중국공산당의 혁명가이며 중화인민공화국 십대 원수 가운데 1인. 국무원 부총리, 중공중앙군사위원회 부주석, 외교부부장을 역임.

천위지에

陳玉杰: 1941~ . 지린(吉林) 출신. 전 전국인민대표대회 화교위원회 부주임, 국무원 교무판공실 주임.

천쟈겅

陈嘉庚(영문명: Tan Kah Kee): 1874~1961. 푸젠 출신. 기업가, 자선가. 싱가포르에서 사업을 시작하여 전체 동남아의 최대 거부로 성장.

취추바이

瞿秋白: 1899~1935. 장쑤 출신. 중국공산당의 초기 지도자 등 한명으로 러시아어 번역가, 중국의 좌익작가, 공산주의 혁명가.

친펭

陈平: 1924~2013. 말레시아 출생의 푸젠인. 항일활동으로 영국식민당국으로부터 훈장 수상. 1947년 말레시아공산당 총서기에 취임하고 영국군 및 말레시아정부군과 유격전 전개. 1958년 정부군에게 투항.

캉유웨이

康有爲: 1858~1927. 광둥 출신. 청 말부터 중화민국 시기까지의 사상가, 정치가. 대표적인 보황파로서 1898년 무술변법 실패 후 일본으로 망명.

판스핑

範世平: 국립타이완사범대학교 동아시아학과 교수. 주로 중국대륙과 타이완사이의 경제발전, 중국공산당의 타이완정책, 양안관계 등을 연구.

페이샤오퉁

費孝通: 1910~2005. 쟝수 출신. 저명 사회학자, 인류학자, 민족학자. 중국 사회학과 인류학의 기초를 새운 인물. 전 전국인민대표대회 상무위원회 부위원장 역임.

허샹닝

何香凝: 1878~1972. 홍콩 출신. 중국국민당 내부의 대표적 좌파인물. 중화인민공화국 수립이후 중앙인민정부 위원과 화교사무위원회의 주임 등을 역임.

홍쉬추안

洪秀全: 1814~1864. 광둥 출신의 커쟈인. 스스로가 예수의 동생이라고 믿고 기독교에 기초한 종교국가인 태평천국을 건국, 스스로를 천왕(天王)이라 칭함.

후위즈

胡愈之: 1896~1896. 저쟝 출신. 출판가, 사회활동가. 태평양전쟁 발발이후 위다푸 등과 함께 "싱가포르 중국문화계 전시사업단"을 조직, 항일활동 전개.

후쓰

胡適: 1891~1962. 저쟝 출신. 미국 유학, 귀국 후 베이징 대학에서 철학교수 역임. 타이완으로 건너간 이후 타이완중앙연구원 원장 역임.

후진타오

胡錦濤: 1942~ . 쟝수 출신. 전 중국공산당 중앙위원회 총서기이며, 중화인민공화국 주석으로, 장쩌민에 이은 중국공산당의 제4대 최고 지도자.

기 소르망

Guy Sorman: 1944~ . 프랑스 문명비평가. "세계적 석학이자 21세기 몇 안 되는 지성"으로 불림.

네루

Javāharlāl Nehrū: 1889~1964. 인도의 독립운동가 겸 정치가. 1947년부터

1964년까지 초대 인도 총리 역임.

레닌

Vladimir Ilyich Ulyanov: 1870~1924. 러시아 제국과 소비에트 연방의 혁명가. 1917년 볼세비키 혁명을 통해 소비에트 연방을 건설, 초대 의장 역임.

로빈 코헨

Robin Cohen: 1944~ . 남아공화국 출생의 사회과학자. 디아스포라를 피해자, 노동, 통상, 제국, 문화 디아스포라로 유형화.

마링

馬林(영문명: Henk Sneevliet): 1883~1942. 네덜란드 공산주의자. 1914년 네덜란드 식민지였던 인도네시아에서 인도네시아공산당을 조직. 1921년 코민테른의 대표로 중국공산당 창건에 참여.

매슬로우

Abraham H. Maslow: 1908~1970. 미국의 심리학자. 욕구단계설의 주창자.

매카트니

George Macartney: 1737~1806. 영국의 외교관이며, 정치가. 영국령 서인도 제도 총독, 영국 위회 위원 역임. 1793년 중국에 도착, 건륭제에게 통상을 요청, 건륭제의 거절로 실패.

수카르노

Siauw Tiong Djin: 1901~1970. 인도네시아의 독립운동가, 정치가. 1949년 인도네시아의 독립으로 초대 대통령에 취임. 1966년 군부 쿠데타로 대통령직 권한 상실.

수하르토

Haji Mohammad Soeharto: 1921~2008. 인도네시아의 군사, 정치 지도자. 1966년부터 1998년까지 인도네시아를 독재.

스탈린

Ioseb Besarionis dze Jughashvili: 1878~1953. 러시아의 정치가, 공산주의

운동가. 1924년부터 1953년까지 소비에트 연방의 최고 권력자.

스티브 피츠제랄드

Stephen Fitzgerald: 1938~ . 1973년부터 1976년까지 호주 초대 주중국대사 역임. 중국전문가로서 활동

시아누크

Samdech Norodom Sihanouk: 1922~2012. 캄보디아의 전 국왕이며 정치인. 1941년부터 2004년까지 캄보디아의 국왕이면서 대통령, 수상, 국회의장 등을 겸임.

아라타스

Ali Alatas: 1932~2008. 1988년부터 1999년까지 인도네시아의 외무장관 역임. 1990년 인도네시아와 중국과의 국교회복에 공헌.

우누

U Nu: 1907~1995. 미얀마의 독립운동가, 정치인. 미얀마공화국의 초대 수상 역임.

윌리엄 샤프란

William Safran: 1930~ . 독일출생의 사회정치학자. 디아스포라를 구성하는 특정한 조건을 분석적으로 제시하여 일반적인 이주공동체와 구별된 디아스포라를 정의.

조지3세

George III: 1738~1820. 영국의 국왕. 청나라와의 무역을 확대하기 위해 1788년 1차, 1793년 2차 사절단을 파견. 건륭제의 거절로 실패.

토마스 모어

Thomas More: 1478~1535. 잉글랜드 왕국의 법률가, 저술가, 사상가, 정치가이며 기독교의 성인. 1516년 소설이자 정치 철학 저작인 <유토피아>를 저술.

아이젠하워

Dwight David “Ike” Eisenhower: 1890~1969. 한국전쟁에 참전. 1953년부터 1962년까지 미국의 34대 대통령을 역임.

엥겔스

Friedrich Engels: 1820~1895. 독일의 사회주의 철학자, 경제학자. 마르크스와 함께 과학적 사회주의 이론, 변증법적 사적 유물론 등을 창시.

흐루시초프

Nikita Sergeevich Khrushchyov: 1894~1971. 러시아의 혁명가. 1953년부터 1964년까지 소비에트연방의 국가원수 겸 공산당 서기장 역임. 1958년부터 소련 총리 겸 소련 국가 평의회 의장. 1964년 실각.